NCS

TS 한국 교통안전공단

직업기초능력평가

NCS TS 한국교통안전공단

직업기초능력평가

초판 발행 2021년 3월 31일
2쇄 발행 2021년 10월 15일

편 저 자 | 취업적성연구소
발 행 처 | ㈜서원각
등록번호 | 1999-1A-107호
주 소 | 경기도 고양시 일산서구 덕산로 88-45(가좌동)
교재주문 | 031-923-2051
팩 스 | 031-923-3815
교재문의 | 카카오톡 플러스 친구[서원각]
영상문의 | 070-4233-2505
홈페이지 | www.goseowon.com
책임편집 | 정상민
디 자 인 | 이규희

▷ ISBN과 가격은 표지 뒷면에 있습니다.
▷ 파본은 구입하신 곳에서 교환해드립니다.

PREFACE

우리나라 기업들은 1960년대 이후 현재까지 비약적인 발전을 이루었다. 이렇게 급속한 성장을 이룰 수 있었던 배경에는 우리나라 국민들의 근면성 및 도전정신이 있었다. 그러나 빠르게 변화하는 세계 경제의 환경에 적응하기 위해서는 근면성과 도전정신 이외에 또 다른 성장 요인이 필요하다.

최근 많은 공사 · 공단에서는 기존의 직무 관련성에 대한 고려 없이 인 · 적성 지식 중심으로 치러지던 필기전형을 탈피하고, 산업현장에서 직무를 수행하기 위해 요구되는 능력을 산업부문별 · 수준별로 체계화 및 표준화한 NCS를 기반으로 하여 채용공고 단계에서 제시되는 '직무 설명자료'상의 직업기초능력과 직무수행능력을 측정하기 위한 직업기초능력평가, 직무수행능력평가 등을 도입하고 있다.

한국교통안전공단에서도 업무에 필요한 역량 및 책임감과 적응력 등을 구비한 인재를 선발하기 위하여 고유의 필기전형을 실시하고 있다. 본서는 한국교통안전공단 채용 대비를 위한 필독서로 한국교통안전공단 직업기초능력평가의 출제경향을 철저히 분석하여 응시자들이 보다 쉽게 시험유형을 파악하고 효율적으로 대비할 수 있도록 구성하였다.

신념을 가지고 도전하는 사람은 반드시 그 꿈을 이룰 수 있습니다. 처음에 품은 신념과 열정이 취업 성공의 그 날까지 빛바래지 않도록 서원각이 수험생 여러분을 응원합니다.

STRUCTURE

핵심이론정리 및 출제예상문제

각 영역별 핵심이론 및 다양한 유형의 출제예상문제를 다수 수록하여 실전에 완벽하게 대비할 수 있습니다.

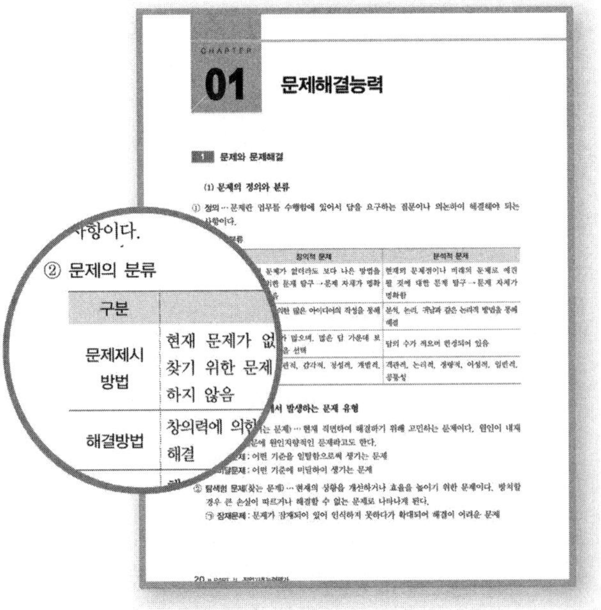

면접

면접의 기본과 면접기출을 수록하여 취업의 마무리까지 깔끔하게 책임집니다.

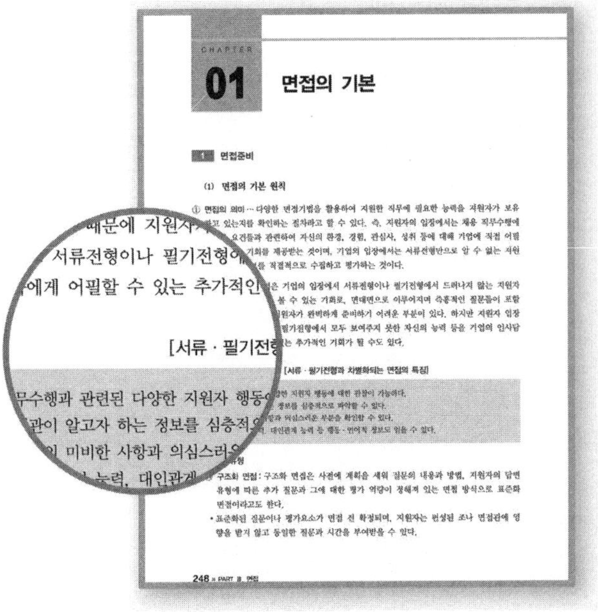

CONTENTS

PART

I

한국교통안전공단 소개

CHAPTER

01 공단 소개 및 채용안내

1 공단 소개

(1) 경영목표 및 전략

① 미션 … 안전하며 편리하고 쾌적한 교통환경을 조성하여 모든 국민이 행복한 세상을 만든다.

② 비전 … 안전하고 스마트한 미래교통의 리더, 국민과 함께하는 TS

③ 핵심가치 … 안전 최우선, 도전과 혁신, 공익과 상생, 소통과 화합

④ 2025 경영목표

㉠ 교통안전 선진국 수준(0.6명) 달성

㉡ 자율주행 레벨4 상용화 기반구축

㉢ 철도사고 30% 이상 감축

㉣ 고객만족도 최우수(S등급)

㉤ 안전 · 부패사고 제로화(Zero)

⑤ 전략방향 및 17대 전략과제

전략방향	사람중심 스마트 교통안전구현	미래 첨단 자동차안전 확보	철도 · 항공 안전관리체계 강화	국민체감 교통 新가치 창출	지속가능 경영인프라 확충
17대 전략과제	• 보행자 중심 안전한 교통 환경 구현 • 교통약자 및 新교통수단 안전 관리 확대 • 사업용차 스마트 안전관리 실현 • 첨단교통안전 체계관리 강화	• 미래형 자동차 운행생태계 구축 • 첨단기술기반 자동차안전도 확보 • 공공성 중심 자동차검사 품질 강화	• 스마트한 철도 안전관리 구현 • 철도 전 생애 주기 안전관리 강화 • 드론 등 항공 안전운행 환경 조성	• 일자리창출 및 경제활력 기여 • 소비자권익 및 교통복지 강화 • 친환경 교통 정책 선도 • 수요자중심 교통서비스 확대	• 안전 최우선 경영체계 확립 • 효율적 경영 인프라 최적화 • 미래지향적 조직문화 구현

(2) 설립목적 및 연혁

① 설립목적(교통사고 없는 밝은 미래를 위하여) … 교통사고 예방을 위한 사업 및 교통체계 운영 · 관리 지원을 위한 사업을 수행함으로써 안전한 교통환경을 조성하고, 교통안전 관리의 효율화를 도모하며, 국민의 생명 · 신체 및 재산의 보호에 이바지함을 목적으로 한다. 〈한국교통안전공단법 제1조〉

② 주요연혁

㉠ 2000년 이후

2020	08. 07	철도역사의 안전 및 이용편의 수준평가 시행	2019	01. 01	자동차안전연구원을 부설기관으로 운영
	08. 20	첨단자동차검사연구센터 준공		12. 02	시흥 드론교육훈련센터 착공
	09. 09	화성 드론자격연구센터 개소		12. 09	화성 드론자격연구센터 착공한국
	10. 05	동탄자동차검사소 개소			
	11. 02	시흥 드론교육훈련센터 개소			
2018	01. 01	한국교통안전공단법 공포	2017	03	화성 교통안전체험교육센터 개소
	01. 01	한국교통안전공단으로 명칭 변경			
	11	위험물질운송안전관리센터 운영			
	12. 10	자율주행자동차 테스트베드(K-City) 준공			
	12. 27	김천 첨단자동차검사연구센터 착공			
2016	03	버스 고령운전자 자격유지검사 시행	2015	09. 25	항공장애 표시등 및 주간표지 점검업무 용역 수탁
	05. 30	지역 유관기관 협업, 교통안전행복도시 조성사업 추진			
	11. 25	화성 교통안전체험교육센터 준공			
2014	03. 19	철도종합시험운행 결과검토 시행	2013	12. 03	첨단주행시험로 완공
	03. 19	철도안전관리체계 승인검사 시행			
	04. 07	이륜자동차 배출가스 정기검사 시행			
2012	08	버스운송종사자 자격시험 업무 개시	2011	11. 25	CNG자동차 내압용기 재검사 업무개시
2010	05. 17	가정의날 대통령표창 수상	2009	03. 02	안전운전체험연구교육센터 개소
				03. 30	자동차 종합검사제도 도입
2008	12. 19	안전운전체험연구교육센터 준공	2006	03. 16	철도안전종합심사 업무개시
				06. 07	경기북부지사 사업개시
				06. 08	울산지사 사업개시

2005	11. 08	철도안전센터 설립	2004	01. 26 07. 01	초경량비행장치 조종사 자격시험 및 안전성 인증검사 업무 개시 화물운송종사자 자격시험 및 교육 업무 개시
2003	01. 01 05. 07	자동차이륜차 구조변경승인 업무개시 자동차 주행시험장 준공	2002	04. 12 05. 20 06. 03	자동차 제작결함조사 업무개시 운행자배출가스 정밀검사 시행 공단 본부 이전(경기도 안산 소재)
2000	01. 01 03. 21	자동차사고유자녀등 지원 업무 개시 리빙(교통관광)TV 매각			

ⓛ 2000년 이전

1995	03. 01 04. 05	교통관광 TV 개국 교통안전공단으로 명칭 변경	1993	09. 01 11. 26 12. 11	종합유선방송프로그램(교통, 관광) 공급사업허가(공급처) 성능시험연구소 1단계 건설공사 준공 11개 지부로 조정(서울, 부산경남, 대구경북, 인천, 광주전남, 대전충남, 경기, 강원, 충북, 전북, 제주)
1991	03. 18	자동차성능시험연구소 1단계 건설공사 기공식	1987	05. 15	자동차성능시험연구소 설립
1981	01. 05 07. 01	교통안전진흥공단법시행령 공포(대통령령 10151호) 교통안전진흥공단설립	1979	12. 28	교통안전진흥공단법 제정 공포(법률 제3185호)

(3) 주요사업

도로 교통안전 관리 • 운수회사 교통안전관리 • 사업용 자동차 운전자 운전적성정밀검사 • 버스운전 자격시험, 택시운전 자격시험, 화물종사자 자격시험 • 대중교통현황조사 및 평가 • 교통안전 조사연구, 교육 및 홍보	**자동차 검사** • 자동차 정기 · 종합검사 및 신규검사 • 자동차 튜닝(구조변경)제도, 택시미터 검정 • 첨단자동차검사연구센터 운영 • CNG 내압용기 · 삭도 및 궤도 · 기계식주차장 검사 등
철도교통안전 관리 • 철도안전관리체계 승인 검사 및 정기 · 수시검사 • 철도종사자 자격시험관리 • 철도종합시험운행 결과검토 • 철도안전정보 종합관리시스템 운영 • 철도교통시설안전진단 및 진단결과 평가 등 • 철도역사 안전 및 이용편의 수준평가	**자동차 안전시험/연구** • 자동차안전도평가(KNCAP) • 자동차 제작결함조사 및 교환 · 환불제도 • 자율주행차 안전성 평가 기술 연구 및 K-City 운영 • 친환경 · 첨단 미래형 자동차 연구 및 관련 산업 지원 등
항공 교통안전 관리 • 항공안전 조사연구 및 자율보고제도 운영 • 항공종사자 자격증명시험관리 • 드론 안전 인프라 구축 및 교육 • 초경량비행장치 안전관리 및 교육 • 드론교육훈련센터 및 드론자격연구센터 운영	**교통정보 서비스** • 실시간 대중교통 환승정보(TAGO) • 자동차관리정보시스템 운영 • 운행기록분석(E-TAS) • 실시간 안심통학버스 서비스 • 택시운행 정보관리시스템(TIMS) 구축 · 운영 등
자동차사고 피해가족지원 • 자동차 사고로 사망하거나 중증 후유 장해를 입은 피해자 및 그 가족 지원	**교통안전 체험 교육** • 사업용 자동차 운전자의 교통안전 체험교육 • 에코드라이브 교육 • 신규 버스운전자 자격취득과정 운영

2 채용안내

(1) TS 인재상

① 안전 최우선 … 국민 안전을 최우선으로(전문성, 책임감, 헌신성)

② 도전과 혁신 … 새로운 시대 선도(혁신성, 미래지향, 도전정신)

③ 공익과 상생 … 사회적 가치 추구(공익성, 이타성 등)

④ 소통과 화합 … 사람중심의 사고와 행동(오픈 마인드, 협력)

(2) 채용안내(2021년 하반기 공개채용)

① 모집분야 및 자격요건(신규직)

분야			인원	자격요건	근무 예정지
행정 (7)	6급	일반	3	• 제한없음	전국
		일반 (이전 지역)	1	• 제한없음 * 대학까지의 최종학력(대학원 이상 제외)을 기준으로 대구 · 경북지역 소재 대학교를 졸업(예정)한 자(최종학력이 고졸 이하인 경우에는 고등학교 소재지 기준)	전국
		일반 (취업지원 대상자)	1	• 제한없음 * 국가유공자 등 예우 및 지원에 관한 법률 등 관련 법령에 따른 취업지원대상자	전국
	7급	일반 (고졸)	2	• 최종학력이 고등학교 졸업인 자('22년 2월 졸업예정 포함) 중 임용예정일 기준 만 18세 이상인 자 – 지원가능 : 최종학력 기준 고등학교 졸업예정 · 졸업자, 고등학교 검정고시 합격자, 대학 중퇴 · 재학 · 휴학자 – 지원불가 : 대학 졸업예정 · 졸업자 * 대학 : 전문대, 사이버대, 방통대, 독학학위제, 학점은행제 등 포함	전국
기술 (24)	6급	건축	1	• 건축기사 이상 자격과 운전면허 2종 보통 이상 자격 소지자	전국
		건축 설비	1	• 건축설비기사 이상 자격과 운전면허 2종 보통 이상 자격 소지자	전국
		자동차 검사	10	• 자동차정비(검사)산업기사 이상과 운전면허 1종 보통 이상 자격 소지자	전국

기술 (24)	6급	자동차 검사 (이전 지역)	6	• 자동차정비(검사)산업기사 이상과 운전면허 1종 보통 이상 자격 소지자 * 대학까지의 최종학력(대학원 이상 제외)을 기준으로 대구 · 경북지역 소재 대학교를 졸업(예정)한 자(최종학력이 고졸 이하인 경우에는 고등학교 소재지 기준)	전국
		자동차 검사 (취업지원 대상자)	2	• 자동차정비(검사)산업기사 이상과 운전면허 1종 보통 이상 자격 소지자 * 국가유공자 등 예우 및 지원에 관한 법률 등 관련 법령에 따른 취업지원대상자	전국
		궤도 · 삭도(기계)	1	• 2종 보통 이상 운전면허 자격 소지자로서 아래 요건 중 어느 하나를 만족하는 자 – 일반기계산업기사 또는 기계설계산업기사 또는 건설기계설비산업기사 이상 소지자	전국
		궤도 · 삭도(전기)	1	• 2종 보통 이상 운전면허 자격 소지자로서 아래 요건 중 어느 하나를 만족하는 자 – 전기산업기사 또는 전기공사산업기사 또는 전자산업기사 이상 소지자	전국
	7급	자동차 검사 (고졸)	2	• 최종학력이 고등학교 졸업인 자('22년 2월 졸업예정 포함) 중 임용예정일 기준 만 18세 이상인 자로서 자동차정비(검사) 산업기사 이상과 운전면허 1종 보통 이상 자격소지자 – 지원가능 : 최종학력 기준 고등학교 졸업예정 · 졸업자, 고등학교 검정고시 합격자, 대학 중퇴 · 재학 · 휴학자 – 지원불가 : 대학 졸업예정 · 졸업자 * 대학 : 전문대, 사이버대, 방통대, 독학학위제, 학점은행제 등 포함	전국
연구 교수 (15)	6급	기계 /자동차	9	관련분야 학사 학위 이상 소지자 * 관련분야 : 기계, 자동차, 메카트로닉스 공학 등	전국
		기계 /자동차 (취업지원 대상자)	2	• 관련분야 학사 학위 이상 소지자 * 관련분야 : 기계, 자동차, 메카트로닉스 공학 등 * 국가유공자 등 예우 및 지원에 관한 법률 등 관련 법령에 따른 취업지원대상자	전국
		교통 및 체험교육	2	• 1종 보통 이상 운전면허 자격 소지자로서 관련분야 학사 학위 이상 소지자 * 관련분야 : 교통, 도시계획 등	전국
		교통 및 체험교육(이전지역)	2	• 1종 보통 이상 운전면허 자격 소지자로서 관련분야 학사 학위 이상 소지자 * 관련분야 : 교통, 도시계획 등 * 대학까지의 최종학력(대학원 이상 제외)을 기준으로 대구 · 경북지역 소재 대학교를 졸업(예정)한 자	전국

② 전형절차 및 일정

일정	일자	세부내용 요약
채용공고	2021. 10. 1.(금)	
원서접수	2021. 10. 8.(금) 10:00~10. 18.(월) 18:00	접수처 : kotsa.recruiter.co.kr
서류발표	2021. 11. 2.(화)	접수처에서 개별 확인
필기전형	2021. 11. 7.(일)	장소 : 서울, 대전 중 택 1
필기발표	2021. 11. 11.(목)	접수처에서 개별 확인
인성검사	2021. 11. 12.(금) 10:00~11. 15.(월) 18:00	접수처에서 검사 진행
면접전형	2021. 11. 23.(화)~11. 27.(토)	장소 : 서울 또는 기타 도시 (추후 공지)
합격예정자 발표	2021. 12. 2.(목)	
최종합격자 발표	2021. 12. 7.(화)	임용일자 : 2021. 12. 13.(월)

※ 원서 접수는 공단 채용 사이트를 통해서만 진행(우편 및 직접 제출 등은 불가)
※ 상기 일정 및 장소는 공단 사정에 따라 변경될 수 있으며, 변경시 별도 공지 예정
※ 서류전형은 신규직의 경우 채용예정인원의 10배수, 경력·실무직은 3배수를 다음 전형 대상자로 선정

③ 전형 상세내용

구분	평가내용	비고
서류전형	• (입사지원서 공통) 교육 및 자격사항 • (신규직, 실무직) 자기소개서 · 경력기술서 • (경력직) 직무수행계획서 · 경력기술서	동점자는 전원 합격

<table>
<tr><th>구분</th><th>평가내용</th><th>비고</th></tr>
<tr><td>필기전형
(신규직에
한함,
경력직 ·
실무직 제외)</td><td>• NCS직업기초능력평가(60문제), 전공시험(40문제)
<table>
<tr><th colspan="2">항목</th><th>세부문항/출제과목</th></tr>
<tr><td rowspan="7">직업
기초
능력
(60)</td><td>문제해결능력</td><td>사고력, 문제처리능력</td></tr>
<tr><td>의사소통능력</td><td>문서이해, 문서작성, 경청, 언어구사</td></tr>
<tr><td>정보능력</td><td>컴퓨터 활용, 정보처리</td></tr>
<tr><td>수리능력</td><td>기초연산, 기초통계, 도표분석 · 작성</td></tr>
<tr><td>자원관리능력</td><td>시간자원관리, 예산관리, 물적 · 인적자원관리</td></tr>
<tr><td>조직이해능력</td><td>국제감각, 조직체계 이해, 경영이해,
업무이해</td></tr>
<tr><td>기술능력</td><td>기술이해능력, 기술선택능력, 기술적용능력</td></tr>
<tr><td rowspan="10">전공
평가
(40)</td><td>행정 6급(일반)</td><td>경영 · 경제 · 행정 통합</td></tr>
<tr><td>행정 7급(일반)</td><td>사무업무 관련 상식</td></tr>
<tr><td>기술 6급(건축)</td><td>[건축기사] 필기시험 과목 수준</td></tr>
<tr><td>기술 6급(건축설비)</td><td>[건축설비기사] 필기시험 과목 수준</td></tr>
<tr><td>기술 6 · 7급 통합
(자동차검사)</td><td>[자동차정비산업기사] 필기시험 과목 수준</td></tr>
<tr><td>기술 6급
(궤도 · 삭도(기계))</td><td>[기계설계산업기사]필기시험 과목 수준</td></tr>
<tr><td>기술 6급
(궤도 · 삭도(전기))</td><td>[전기산업기사]필기시험 과목 수준</td></tr>
<tr><td>연구교수(기계/자동차)</td><td>[일반기계기사]필기시험 과목 수준</td></tr>
<tr><td>연구교수(교통 · 체험교육)</td><td>[교통기사]필기시험 과목 수준</td></tr>
</table></td><td>동점자는 서류
우수자순으로
선정
※ 오답감점
없음</td></tr>
<tr><td>인성검사
(경력 · 실무
직
서류합격자,
신규직
필기합격자)</td><td>• 공단 인재상 부합 여부 확인
• 사회성 · 대인관계 등 일반 인성검사 시행(온라인)
※ 검사에 대한 세부사항은 합격자 발표 페이지 참고
※ 인성 및 성격검사 미응시 시 면접전형 제외</td><td>면접
참고자료로
활용</td></tr>
<tr><td>면접전형
(인성검사를
완료한
지원자)</td><td>[경력직]
• 실무와 관련한 과제 기반 PT발표 및 인터뷰
※ 과제 당일공개
• 경험역량면접

[신규직]
• 과제 해결형 토의면접 진행
※ 과제 당일공개, 조별 토의 실시(인원수에 따라 변경 가능)
• 경험역량면접

[실무직]
• 경험역량면접</td><td>동점자 선정
· (신규직)
필기 · 서류 ·
사회형평적
채용대상순
· (경력,
실무)
서류 · 사회
형평적채용
대상순</td></tr>
</table>

CHAPTER

02 공단 관련기사

NEWSROOM 안전속도 5030 정책, 잘 지킬수록 사고 위험 감소!

- 한국교통안전공단, 안전속도 5030 정책에 대한 준수율과 설문조사를 조사하여 공개하다

한국교통안전공단은 대국민들을 대상으로 안전속도 5030 정책에 관하여 설문조사를 한 후, "도시부 속도하양 정책에 대하여 '안전속도 5030'를 알고있는 국민의 62.5%가 지지를 한다"고 응답했으며, 운전자가 5030 도로를 주행한 내역을 조사한 결과, "준수율이 높을수록 사고의 위험이 감소하였으며, 운전자의 78%가 이를 잘 지켰다."고 밝혔다.

공단은 안전속도 5030 정책에 대하여 11,424명의 국민들로부터 온라인 설문조사를 8월 16일을 시작으로 3주간 진행한 결과, 응답자 중 80%가 안전속도 5030을 알고 있다고 응답하였으며 이 중에서도 안전속도 5030 정책을 찬성하는 응답자는 62,5%로 집계되었다.

운전자가 5030이 시행된 도로에서 이를 잘 지키는지 확인하기 위해 전국 17개 시도에서 카카오모빌리티와 같이 제한속도 50km로 선정된 37개의 도로구간에서의 데이터를 확인하였으며 편도 3차로로 된 차로수 중 300m 이상인 곳을 대상으로 시행하였다. 분석결과 준수율은 낮시간대가 저녁시간대보다 높게 나왔으며 교통사고 발생 가능성과 관련된 '차량간 속도의 표준편차' 역시 준수율이 높을수록 감소한다는 결과가 나왔다.

공단 관계자는, "준수율이 높게 유지할수록 것이 속도 편차를 감소시킬수 있으며, 차량 간 비슷한 속도일수록 안전하다"고 말하며, "준수율이 낮은 곳을 사업용차량 운행기록자료(DTG)를 통해 원인을 분석하고 개선책을 마련하는 등 안전속도 5030가 성공적으로 정착할수 있도록 도와줄 계획"이라고 말했다.

공단 권용복 이사장은 "'안전속도 5030 정책'이 분석결과 사고 위험을 낮추는 역할이라는 뜻"을 강조하고 "안전한 교통환경을 위해 꾸준히 협업할 것"이라고 말했다.

2021. 9. 29.

면접질문

- 안전속도 5030 준수율을 높일 수 있는 방안을 말해 보시오.

NEWSROOM 불법 화물차 판스프링에서 학교 안전펜스로

– 어린이 보호구역에 울타리 배치 캠페인

한국교통안전공단이 안전한 도로를 만들기 위해 8월 3일(화)부터 경찰청, 현대자동차, 국토교통부, 서울시와 같이 '어린이 보호구역 울타리 배치 캠페인 및 불법 화물차 판스프링 제거'을 전개한다고 밝혔다.

이번 캠페인은 공단과 경찰청 · 현대자동차 · 국토교통부 · 서울시가 함께 진행하였으며 어린이 통학로를 보다 안전한 환경으로 만들고 불법 판스프링으로 사고 예방을 막기 위한 사업이다. 불법 판스프링은 무상으로 현대 블루핸즈에 방문한 화물차 중심으로 제거하며, 제거된 판스프링을 어린이 보호구역에 안전 울타리를 만드는데 이용하는 것이다.

판스프링은 화물차의 충격을 흡수하고 화물차 무게를 버텨주지만, 일부 불법으로 적재함 지지대로 설치돼 도로에 떨어질 경우 각종 사고 발생 위험이 있어 문제가 지속돼왔다. 이에 공단은 지난해 9월 국토교통부와 같이 주행과 충격에 지지대가 떨어지지 않도록 다양한 설치기준을 만들어왔으며 현재까지 약 7,700대의 차량이 튜닝을 하였다.

그러나 현재까지 법규에 맞는 튜닝 절차를 거스른채 불법으로 판스프링을 설치하고 다니는 차가 확인되어져, 관계기관이 합동으로 전국 현대 블루핸즈 사업소에서 8월 3일(화)부터 10월 31(일)까지 캠페인을 진행한다.

향후, 어린이 보호구역에 제거된 판스프링으로 울타리 제작에 사용함으로 안전 및 환경보호에 기여하게 된다. 또한, 공단은 위 캠페인에 적극적인 참여를 이끌기 위해 운전자 교육과 불법자동차 위험성 홍보를 병행한다.

공단 권용복 이사장은 "화물차의 부정적인 인식과 대형 사고로 이어질수 있는 화물차의 안전성 확보를 개선하기 위해 운전자분들이 적극적으로 참여하는것이 무엇보다 중요하다"고 강조하였으며, "이번 캠페인은 무엇보다도 화물차의 안전성을 가질수 있는 것에서, 어린이 교통사고를 울타리를 통해 방지할 수 있다는 일석이조의 효과를 가져올 수 있을것으로 생각된다"고 밝혔다.

2021. 8. 2.

면접질문

- 어린이 교통사고와 화물차의 안정성을 함께 개선할 수 있는 캠페인에는 어떤 것이 있는지 말해 보시오.

PART

Ⅱ

직업기초능력평가

CHAPTER

01 문제해결능력

1 문제와 문제해결

(1) 문제의 정의와 분류

① 정의 … 문제란 업무를 수행함에 있어서 답을 요구하는 질문이나 의논하여 해결해야 되는 사항이다.

② 문제의 분류

구분	창의적 문제	분석적 문제
문제제시 방법	현재 문제가 없더라도 보다 나은 방법을 찾기 위한 문제 탐구 → 문제 자체가 명확하지 않음	현재의 문제점이나 미래의 문제로 예견될 것에 대한 문제 탐구 → 문제 자체가 명확함
해결방법	창의력에 의한 많은 아이디어의 작성을 통해 해결	분석, 논리, 귀납과 같은 논리적 방법을 통해 해결
해답 수	해답의 수가 많으며, 많은 답 가운데 보다 나은 것을 선택	답의 수가 적으며 한정되어 있음
주요특징	주관적, 직관적, 감각적, 정성적, 개별적, 특수성	객관적, 논리적, 정량적, 이성적, 일반적, 공통성

(2) 업무수행과정에서 발생하는 문제 유형

① 발생형 문제(보이는 문제) … 현재 직면하여 해결하기 위해 고민하는 문제이다. 원인이 내재되어 있기 때문에 원인지향적인 문제라고도 한다.

㉠ 일탈문제 : 어떤 기준을 일탈함으로써 생기는 문제

㉡ 미달문제 : 어떤 기준에 미달하여 생기는 문제

② 탐색형 문제(찾는 문제) … 현재의 상황을 개선하거나 효율을 높이기 위한 문제이다. 방치할 경우 큰 손실이 따르거나 해결할 수 없는 문제로 나타나게 된다.

㉠ 잠재문제 : 문제가 잠재되어 있어 인식하지 못하다가 확대되어 해결이 어려운 문제

㉡ **예측문제** : 현재로는 문제가 없으나 현 상태의 진행 상황을 예측하여 찾아야 앞으로 일어날 수 있는 문제가 보이는 문제

㉢ **발견문제** : 현재로서는 담당 업무에 문제가 없으나 선진기업의 업무 방법 등 보다 좋은 제도나 기법을 발견하여 개선시킬 수 있는 문제

③ **설정형 문제**(미래 문제) … 장래의 경영전략을 생각하는 것으로 앞으로 어떻게 할 것인가 하는 문제이다. 문제해결에 창조적인 노력이 요구되어 창조적 문제라고도 한다.

예제 1

D회사 신입사원으로 입사한 귀하는 신입사원 교육에서 업무수행과정에서 발생하는 문제 유형 중 설정형 문제를 하나씩 찾아오라는 지시를 받았다. 이에 대해 귀하는 교육받은 내용을 다시 복습하려고 한다. 설정형 문제에 해당하는 것은?

① 현재 직면하여 해결하기 위해 고민하는 문제
② 현재의 상황을 개선하거나 효율을 높이기 위한 문제
③ 앞으로 어떻게 할 것인가 하는 문제
④ 원인이 내재되어 있는 원인지향적인 문제

[출제의도]
업무수행 중 문제가 발생하였을 때 문제 유형을 구분하는 능력을 측정하는 문항이다.

[해설]
업무수행과정에서 발생하는 문제 유형으로는 발생형 문제, 탐색형 문제, 설정형 문제가 있으며 ①④는 발생형 문제이며 ②는 탐색형 문제, ③이 설정형 문제이다.

답 ③

(3) 문제해결

① **정의** … 목표와 현상을 분석하고 이 결과를 토대로 과제를 도출하여 최적의 해결책을 찾아 실행 · 평가해 가는 활동이다.

② **문제해결에 필요한 기본적 사고**

㉠ **전략적 사고** : 문제와 해결방안이 상위 시스템과 어떻게 연결되어 있는지를 생각한다.

㉡ **분석적 사고** : 전체를 각각의 요소로 나누어 그 의미를 도출하고 우선순위를 부여하여 구체적인 문제해결방법을 실행한다.

㉢ **발상의 전환** : 인식의 틀을 전환하여 새로운 관점으로 바라보는 사고를 지향한다.

㉣ **내 · 외부자원의 활용** : 기술, 재료, 사람 등 필요한 자원을 효과적으로 활용한다.

③ **문제해결의 장애요소**

㉠ 문제를 철저하게 분석하지 않는 경우
㉡ 고정관념에 얽매이는 경우
㉢ 쉽게 떠오르는 단순한 정보에 의지하는 경우
㉣ 너무 많은 자료를 수집하려고 노력하는 경우

④ 문제해결방법

㉠ 소프트 어프로치 : 문제해결을 위해서 직접적인 표현보다는 무언가를 시사하거나 암시를 통하여 의사를 전달하여 문제해결을 도모하고자 한다.

㉡ 하드 어프로치 : 상이한 문화적 토양을 가지고 있는 구성원을 가정하고, 서로의 생각을 직설적으로 주장하고 논쟁이나 협상을 통해 서로의 의견을 조정해 가는 방법이다.

㉢ 퍼실리테이션(facilitation) : 촉진을 의미하며 어떤 그룹이나 집단이 의사결정을 잘 하도록 도와주는 일을 의미한다.

2 문제해결능력을 구성하는 하위능력

(1) 사고력

① 창의적 사고 … 개인이 가지고 있는 경험과 지식을 통해 새로운 가치 있는 아이디어를 산출하는 사고능력이다.

㉠ 창의적 사고의 특징

- 정보와 정보의 조합
- 사회나 개인에게 새로운 가치 창출
- 창조적인 가능성

예제 2

M사 홍보팀에서 근무하고 있는 귀하는 입사 5년차로 창의적인 기획안을 제출하기로 유명하다. S부장은 이번 신입사원 교육 때 귀하에게 창의적인 사고란 무엇인지 교육을 맡아달라고 부탁하였다. 창의적인 사고에 대한 귀하의 설명으로 옳지 않은 것은?

① 창의적인 사고는 새롭고 유용한 아이디어를 생산해 내는 정신적인 과정이다.
② 창의적인 사고는 특별한 사람들만이 할 수 있는 대단한 능력이다.
③ 창의적인 사고는 기존의 정보들을 특정한 요구조건에 맞거나 유용하도록 새롭게 조합시킨 것이다.
④ 창의적인 사고는 통상적인 것이 아니라 기발하거나, 신기하며 독창적인 것이다.

[출제의도]
창의적 사고에 대한 개념을 정확히 파악하고 있는지를 묻는 문항이다.
[해설]
흔히 사람들은 창의적인 사고에 대해 특별한 사람들만이 할 수 있는 대단한 능력이라고 생각하지만 그리 대단한 능력이 아니며 이미 알고 있는 경험과 지식을 해체하여 다시 새로운 정보로 결합하여 가치 있는 아이디어를 산출하는 사고라고 할 수 있다.

답 ②

㉡ 발산적 사고 : 창의적 사고를 위해 필요한 것으로 자유연상법, 강제연상법, 비교발상법 등을 통해 개발할 수 있다.

구분	내용
자유연상법	생각나는 대로 자유롭게 발상 ex) 브레인스토밍
강제연상법	각종 힌트에 강제적으로 연결 지어 발상 ex) 체크리스트
비교발상법	주제의 본질과 닮은 것을 힌트로 발상 ex) NM법, Synectics

Point 》브레인스토밍

㉠ 진행방법

- 주제를 구체적이고 명확하게 정한다.
- 구성원의 얼굴을 볼 수 있는 좌석 배치와 큰 용지를 준비한다.
- 구성원들의 다양한 의견을 도출할 수 있는 사람을 리더로 선출한다.
- 구성원은 다양한 분야의 사람들로 5~8명 정도로 구성한다.
- 발언은 누구나 자유롭게 할 수 있도록 하며, 모든 발언 내용을 기록한다.
- 아이디어에 대한 평가는 비판해서는 안 된다.

㉡ 4대 원칙

- 비판엄금(Support) : 평가 단계 이전에 결코 비판이나 판단을 해서는 안 되며 평가는 나중까지 유보한다.
- 자유분방(Silly) : 무엇이든 자유롭게 말하고 이런 바보 같은 소리를 해서는 안 된다는 등의 생각은 하지 않아야 한다.
- 질보다 양(Speed) : 질에는 관계없이 가능한 많은 아이디어들을 생성해내도록 격려한다.
- 결합과 개선(Synergy) : 다른 사람의 아이디어에 자극되어 보다 좋은 생각이 떠오르고, 서로 조합하면 재미있는 아이디어가 될 것 같은 생각이 들면 즉시 조합시킨다.

② 논리적 사고 … 사고의 전개에 있어 전후의 관계가 일치하고 있는가를 살피고 아이디어를 평가하는 사고능력이다.

㉠ 논리적 사고를 위한 5가지 요소 : 생각하는 습관, 상대 논리의 구조화, 구체적인 생각, 타인에 대한 이해, 설득

㉡ 논리적 사고 개발 방법

- 피라미드 구조 : 하위의 사실이나 현상부터 사고하여 상위의 주장을 만들어가는 방법
- so what기법 : '그래서 무엇이지?'하고 자문자답하여 주어진 정보로부터 가치 있는 정보를 이끌어 내는 사고 기법

③ 비판적 사고 … 어떤 주제나 주장에 대해서 적극적으로 분석하고 종합하며 평가하는 능동적인 사고이다.

㉠ 비판적 사고 개발 태도 : 비판적 사고를 개발하기 위해서는 지적 호기심, 객관성, 개방성, 융통성, 지적 회의성, 지적 정직성, 체계성, 지속성, 결단성, 다른 관점에 대한 존중과 같은 태도가 요구된다.

㉡ 비판적 사고를 위한 태도

- 문제의식 : 비판적인 사고를 위해서 가장 먼저 필요한 것은 바로 문제의식이다. 자신이 지니고 있는 문제와 목적을 확실하고 정확하게 파악하는 것이 비판적인 사고의 시작이다.
- 고정관념 타파 : 지각의 폭을 넓히는 일은 정보에 대한 개방성을 가지고 편견을 갖지 않는 것으로 고정관념을 타파하는 일이 중요하다.

(2) 문제처리능력과 문제해결절차

① 문제처리능력 … 목표와 현상을 분석하고 이를 토대로 문제를 도출하여 최적의 해결책을 찾아 실행 · 평가하는 능력이다.

② 문제해결절차 … 문제 인식 → 문제 도출 → 원인 분석 → 해결안 개발 → 실행 및 평가

㉠ 문제 인식 : 문제해결과정 중 'what'을 결정하는 단계로 환경 분석 → 주요 과제 도출 → 과제 선정의 절차를 통해 수행된다.

- 3C 분석 : 환경 분석 방법의 하나로 사업환경을 구성하고 있는 요소인 자사(Company), 경쟁사(Competitor), 고객(Customer)을 분석하는 것이다.

예제 3

L사에서 주력 상품으로 밀고 있는 TV의 판매 이익이 감소하고 있는 상황에서 귀하는 B부장으로부터 3C분석을 통해 해결방안을 강구해 오라는 지시를 받았다. 다음 중 3C에 해당하지 않는 것은?

① Customer ② Company

③ Competitor ④ Content

[출제의도]
3C의 개념과 구성요소를 정확히 숙지하고 있는지를 측정하는 문항이다.

[해설]
3C 분석에서 사업 환경을 구성하고 있는 요소인 자사(Company), 경쟁사(Competitor), 고객을 3C(Customer)라고 한다. 3C 분석에서 고객 분석에서는 '고객은 자사의 상품 · 서비스에 만족하고 있는지'를, 자사 분석에서는 '자사가 세운 달성목표와 현상 간에 차이가 없는지'를 경쟁사 분석에서는 '경쟁기업의 우수한 점과 자사의 현상과 차이가 없는지'에 대한 질문을 통해서 환경을 분석하게 된다.

답 ④

• SWOT 분석 : 기업내부의 강점과 약점, 외부환경의 기회와 위협요인을 분석 · 평가하여 문제해결 방안을 개발하는 방법이다.

		내부환경요인	
		강점(Strengths)	약점(Weaknesses)
외부환경요인	기회 (Opportunities)	SO 내부강점과 외부기회 요인을 극대화	WO 외부기회를 이용하여 내부약점을 강점으로 전환
	위협 (Threat)	ST 외부위협을 최소화하기 위해 내부 강점을 극대화	WT 내부약점과 외부위협을 최소화

ⓛ **문제 도출** : 선정된 문제를 분석하여 해결해야 할 것이 무엇인지를 명확히 하는 단계로, 문제 구조 파악 → 핵심 문제 선정 단계를 거쳐 수행된다.

• Logic Tree : 문제의 원인을 파고들거나 해결책을 구체화할 때 제한된 시간 안에서 넓이와 깊이를 추구하는데 도움이 되는 기술로 주요 과제를 나무모양으로 분해 · 정리하는 기술이다.

ⓒ **원인 분석** : 문제 도출 후 파악된 핵심 문제에 대한 분석을 통해 근본 원인을 찾는 단계로 Issue 분석 → Data 분석 → 원인 파악의 절차로 진행된다.

ⓔ **해결안 개발** : 원인이 밝혀지면 이를 효과적으로 해결할 수 있는 다양한 해결안을 개발하고 최선의 해결안을 선택하는 것이 필요하다.

ⓜ **실행 및 평가** : 해결안 개발을 통해 만들어진 실행계획을 실제 상황에 적용하는 활동으로 실행계획 수립 → 실행 → Follow-up의 절차로 진행된다.

예제 4

C사는 최근 국내 매출이 지속적으로 하락하고 있어 사내 분위기가 심상치 않다. 이에 대해 Y부장은 이 문제를 극복하고자 문제처리 팀을 구성하여 해결방안을 모색하도록 지시하였다. 문제처리 팀의 문제해결 절차를 올바른 순서로 나열한 것은?

① 문제 인식 → 원인 분석 → 해결안 개발 → 문제 도출 → 실행 및 평가
② 문제 도출 → 문제 인식 → 해결안 개발 → 원인 분석 → 실행 및 평가
③ 문제 인식 → 원인 분석 → 문제 도출 → 해결안 개발 → 실행 및 평가
④ 문제 인식 → 문제 도출 → 원인 분석 → 해결안 개발 → 실행 및 평가

[출제의도]
실제 업무 상황에서 문제가 일어났을 때 해결 절차를 알고 있는지를 측정하는 문항이다.

[해설]
일반적인 문제해결절차는 '문제 인식 → 문제 도출 → 원인 분석 → 해결안 개발 → 실행 및 평가'로 이루어진다.

답 ④

출제예상문제

1 지하철 이용과 관련한 다음 명제들을 통해 추론한 설명으로 올바른 것은 어느 것인가?

- 1호선을 타 본 사람은 2호선도 타 보았다.
- 2호선을 타 본 사람은 5호선도 타 보았다.
- 5호선을 타 본 사람은 3호선을 타 보지 않았다.
- 3호선을 타 본 사람은 4호선을 타 보지 않았다.
- 4호선을 타 본 사람은 1호선을 타 보지 않았다.

① 5호선을 타 보지 않은 사람은 1호선을 타 보았다.
② 3호선을 타 본 사람은 1호선을 타 보지 않았다.
③ 4호선을 타 보지 않은 사람은 5호선을 타 보았다.
④ 2호선을 타 본 사람은 4호선을 타 보았다.
⑤ 5호선을 타 보지 않은 사람은 3호선을 타 보았다.

Tip 대우 명제를 이용하여 해결하는 문제이다. 대우 명제를 생각하기 전에 주어진 명제들의 삼단논법에 의한 연결 형태를 먼저 찾아보아야 한다. 주어진 다섯 개의 명제들 중 첫 번째, 두 번째, 세 번째 명제는 단순 삼단논법으로 연결되어 1호선→2호선→5호선→~3호선의 관계가 성립됨을 쉽게 알 수 있다.
따라서 이것의 대우 명제인 3호선→~1호선(3호선을 타 본 사람은 1호선을 타 보지 않았다)도 옳은 명제가 된다.

2 TS공단 신입사원 甲은 거래처 방문 중 길을 잃어 주변에 있는 사람에게 도움을 청하였다. 다음 대화와 〈지도〉를 보고 甲이 가려는 곳의 위치를 고르면?

> 甲 : 저기 실례합니다만, 혹시 이 근처에 장성공원이 어디에 있는지 아시나요?
> 乙 : 아, 장성공원이라면 오른쪽에 주엽고등학교를 지나서 가시다 보면 왼편 대각선 방향에 있어요. 마침 저도 그 근처에 가는 길인데 같이 가시죠.
> 甲 : 감사합니다만, 저는 장성공원 근처에 있는 TS공단 ○○지부를 찾고 있어서요. 장성공원에서 가깝다고 들었거든요.
> 乙 : 음, TS공단 ○○지부라면 장성공원 쪽으로 가시는 것보다는 여기서 왼쪽으로 두 블록 더 가시면 나들가게가 나오는데 나들가게 앞 삼거리에서 좌회전하시면 오른쪽에 바로 있어요. 이렇게 가시는 게 더 찾기 쉬우실 거예요.
> 甲 : 감사합니다.
>
> 〈지도〉
>
> 
>

① ⓐ ② ⓑ

③ ⓒ ④ ⓓ

⑤ ⓔ

Tip 甲과 乙의 대화를 통해 현재 위치를 추론하면 ★ 도로상이다. 따라서 TS공단 ○○지부의 위치는 ⓑ가 된다.

Answer 1.② 2.②

3 다음 중 SWOT 분석기법과 함께 문제해결을 위한 대표적인 툴(tool)인 3C 기법의 분석 요소에 대한 설명으로 옳지 않은 것은?

① 우리 회사의 제품이 고객에게 만족스러운 기능을 제공하였는가를 확인해 본다.

② 회사에서 목표한 매출이 제대로 달성되었는지를 확인해 본다.

③ 국제 경제에 중대한 변화를 가져 올 요소가 무엇인지를 확인해 본다.

④ 우리 회사 직원들이 제공한 서비스 내용이 고객에게 감동을 주었는지를 확인해 본다.

⑤ 자사의 제품과 경쟁사의 제품과의 장단점은 무엇이고 어떠한 차이점이 있는지를 확인해 본다.

Tip 국제 경제에 중대한 변화를 가져 올 요소는 전반적인 업계의 환경이 변하는 것으로 이것은 자사, 고객, 경쟁사에 해당하는 사항이 아니며, SWOT 환경 분석기법상의 외부 요인으로 구분할 수 있다. 따라서 ③와 같은 내용은 3C 분석에서 고려할 만한 요소라고 볼 수는 없다.
①④ 고객의 만족을 확인하고자 하는 것으로 '고객(Customer)' 요인에 대한 분석이다.
② 자사의 목표 달성을 확인하고자 하는 것으로 '자사(Company)' 요인에 대한 분석이다.
⑤ 경쟁사와의 비교, 경쟁사에 대한 정보 분석 등은 '경쟁사(Competitor)' 요인에 대한 분석이다.

4 다음 항목들 중 비판적 사고를 개발하기 위한 태도로 적절한 것들로 짝지어진 것은?

• 브레인스토밍	• 결단성
• 비교 발상법	• 지적 호기심
• 생각하는 습관	• 타인에 대한 이해
• 다른 관점에 대한 존중	

① 결단성, 지적 호기심, 다른 관점에 대한 존중

② 생각하는 습관, 타인에 대한 이해, 다른 관점에 대한 존중

③ 비교 발상법, 지적 호기심, 생각하는 습관

④ 브레인스토밍, 지적 호기심, 타인에 대한 이해

⑤ 브레인스토밍, 다른 관점에 대한 존중

Tip 제시된 항목들은 다음과 같은 특징을 갖는다.

- **브레인스토밍**(창의적 사고) : 브레인스토밍은 집단의 효과를 살려서 아이디어의 연쇄반응을 일으켜 자유분방한 아이디어를 내고자 하는 것으로, 창의적인 사고를 위한 발산 방법 중 가장 흔히 사용되는 방법이다.
- **결단성**(비판적 사고) : 모든 필요한 정보가 획득될 때까지 불필요한 논증, 속단을 피하고 모든 결정을 유보하지만, 증거가 타당할 땐 결론을 맺는다.
- **비교 발상법**(창의적 사고) : 비교 발상법은 주제와 본질적으로 닮은 것을 힌트로 하여 새로운 아이디어를 얻는 방법이다.
- **지적 호기심**(비판적 사고) : 여러 가지 다양한 질문이나 문제에 대한 해답을 탐색하고 사건의 원인과 설명을 구하기 위하여 질문을 제기한다.
- **생각하는 습관**(논리적 사고) : 논리적 사고에 있어서 가장 기본이 되는 것은 왜 그런지에 대해서 늘 생각하는 습관을 들이는 것이다.
- **타인에 대한 이해**(논리적 사고) : 반론을 하든 찬성을 하든 논의를 함으로써 이해가 깊어지거나 논점이 명확해질 수 있다.
- **다른 관점에 대한 존중**(비판적 사고) : 타인의 관점을 경청하고 들은 것에 대하여 정확하게 반응한다.

Answer 3.③ 4.①

5 다음 설명을 참고할 때, 대출금 지급이 조기에 만료되는 경우를 〈보기〉에서 모두 고른 것은? (단, 모두 주택연금 대출자로 가정한다)

> [대출금 지급의 조기 만료]
>
> 주택담보노후연금대출을 받고 본인에게 다음 각 항목의 사유 중 하나라도 발생한 경우 은행으로부터 독촉, 통지 등이 없어도 본인은 당연히 은행에 대한 당해 채무의 기한의 이익을 상실하여 곧 이를 갚아야 할 의무를 지며, 대출 기한일과 관계없이 대출금 지급이 조기에 종료됩니다.
> - 본인 및 배우자가 모두 사망한 경우
> - 본인이 사망한 후 배우자가 6월 이내에 담보주택의 소유권이전등기 및 채권자에 대한 보증부대출 채무의 인수를 마치지 아니한 경우
> - 본인 및 배우자 담보주택에서 다른 장소로 이사한 경우
> - 본인 및 배우자가 1년 이상 계속하여 담보주택에서 거주하지 아니한 경우. 다만, 입원 등 은행이 정하여 인터넷 홈페이지에 공고하는 불가피한 사유로 거주하지 아니한 경우는 제외한다.
> - 본인이 담보주택의 소유권을 상실한 경우
> - 주택담보노후연금대출 원리금이 근저당권의 설정 최고액을 초과할 것으로 예상되는 경우로서 채권자의 설정 최고액 변경 요구에 응하지 아니하는 경우
> - 그밖에 은행의 주택금융운영위원회가 정하는 일정한 사유가 발생한 경우

> 〈보기〉
>
> ㈎ 7개월 전 대출 명의자인 남편이 사망하였으며, 은행에 보증부대출 채무 인수를 두 달 전 완료하여 소유권이전등기는 하지 않은 배우자 A씨
> ㈏ 5/1일부터 이듬해 4/30일까지의 기간 중 본인 및 배우자 모두 병원 입원 기간이 각각 1년을 초과하는 B씨 부부
> ㈐ 주택연금대출을 받고 3개월 후 살고 있던 집을 팔고 더 큰 집을 사서 이사한 C씨
> ㈑ 연금 대출금과 수시 인출금의 합이 담보주택에 대해 은행에서 행사할 수 있는 근저당권 최고금액을 초과하여 은행의 설정 최고액 변경 요구에 따라 필요한 절차를 수행하고 있는 D씨

① ㈎, ㈐
② ㈏, ㈑
③ ㈎, ㈏, ㈑
④ ㈎, ㈐, ㈑
⑤ ㈏, ㈐, ㈑

Tip
㈎ 6개월 이내에 보증부대출 채무 인수는 마쳤으나 소유권이전등기를 하지 않았으므로 대출금 조기 만료에 해당된다. (O)
㈏ 병원 입원 기간은 해당 사유에서 제외되므로 대출금이 조기 만료되지 않는다. (X)
㈐ 본인이 담보주택의 소유권을 상실한 경우로 대출금 조기 만료에 해당된다. (O)
㈑ S씨의 대출금과 근저당권 상황은 대출금 조기 만료에 해당될 수 있으나, 채권자인 은행의 설정 최고액 변경 요구에 응하고 있으므로 조기 만료에 해당되지 않는다. (X)

6 영업팀 직원인 갑, 을, 병 3명은 어젯밤 과음을 한 것으로 의심되고 있다. 이에 대한 이들의 진술이 다음과 같을 때, 과음을 한 것이 확실한 직원과 과음을 하지 않은 것이 확실한 직원을 순서대로 바르게 짝지은 것은? (단, 과음을 한 직원은 거짓말을 하고, 과음을 하지 않은 직원은 사실을 말하였다)

> 갑 : "우리 중 1명만 거짓말을 하고 있습니다."
> 을 : "우리 중 2명이 거짓말을 하고 있습니다."
> 병 : "갑, 을 중 1명만 거짓말을 하고 있습니다."

① 갑, 을
② 을, 아무도 없음
③ 갑, 아무도 없음
④ 갑과 을, 병
⑤ 아무도 없음, 을

Tip 갑, 을, 병의 진술과 과음을 한 직원의 수를 기준으로 표를 만들어 보면 다음과 같다.

과음직원 / 진술자	0명	1명	2명	3명
갑	거짓	참	거짓	거짓
을	거짓	거짓	참	거짓
병	거짓	참	참	거짓

- 과음을 한 직원의 수가 0명인 경우, 갑, 을, 병 모두 거짓을 말한 것이 되어 결국 모두 과음을 한 것이 된다. 따라서 이 경우는 과음을 한 직원의 수가 0명이라는 전제와 모순이 생기게 된다.
- 과음을 한 직원의 수가 1명인 경우, 을만 거짓을 말한 것이므로 과음을 한 직원의 수가 1명이라는 전제에 부합한다. 이 경우에는 을이 과음을 한 것이 되며, 갑과 병은 과음을 하지 않은 것이 된다.
- 과음을 한 직원의 수가 2명인 경우, 갑만 거짓을 말한 것이 되므로 과음을 한 직원의 수가 1명이 된다. 따라서 이 역시 과음을 한 직원의 수가 2명이라는 전제와 모순이 생기게 된다.
- 과음을 한 직원의 수가 3명인 경우, 갑, 을, 병 모두 거짓을 말한 것이 되어 과음을 한 직원의 수가 3명이 될 것이며, 이는 전제와 부합하게 된다.

따라서 4가지의 경우 중 모순 없이 발생 가능한 경우는 과음을 한 직원의 수가 1명 또는 3명인 경우가 되는데, 이 두 경우에 모두 거짓을 말한 을은 과음을 한 직원이라고 확신할 수 있다. 그러나 이 두 경우에 모두 사실을 말한 사람은 없으므로, 과음을 하지 않은 것이 확실한 직원은 아무도 없다.

Answer 5.① 6.②

7 다음 자료를 바탕으로 판단할 때, 사장이 한 번에 최대금액을 갖는 가장 빠른 달과 그 금액은?

- A기업에서는 사장과 65명의 직원들이 매달 66만 원을 나누어 가지려고 한다. 매달 사장은 66만 원을 누구에게 얼마씩 나누어 줄지 제안할 수 있으며, 매달 그 방법을 새롭게 제안할 수 있다. 나누어 갖게 되는 돈은 만 원 단위이며, 그 총합은 매달 항상 66만 원이다.
- 매달 65명의 직원들은 사장의 제안에 대해 각자 찬성, 반대, 기권할 수 있다. 직원들은 그 달 자신의 몫에만 관심이 있다. 직원들은 자신의 몫이 전월보다 늘어나는 제안에는 찬성표를 행사하지만, 줄어드는 제안에는 반대표를 행사한다. 자신의 몫이 전월과 동일하면 기권한다.
- 찬성표가 반대표보다 많으면 사장이 제안한 방법은 그 달에 시행된다. 재투표는 없으며, 사장의 제안이 시행되지 않아 66명 모두가 돈을 갖지 못하는 달은 없다.
- 첫 번째 달에는 직원 33명이 각각 2만 원을 받았다.
- 두 번째 달부터 사장은 한 번에 최대금액을 가장 빨리 받기 위하여 합리적으로 행동한다.

	가장 빠른 달	최대금액		가장 빠른 달	최대금액
①	7번째 달	62만 원	②	7번째 달	63만 원
③	8번째 달	62만 원	④	8번째 달	63만 원
⑤	8번째 달	64만 원			

Tip 다음의 자료에서 찬성이 반대보다 많아야 돈을 나눌 수 있음을 알 수 있다. 또한 찬성이 전체 직원의 과반수를 말하는 것이 아니며 찬성 1명, 반대 0명, 기권 64명이라도 제안이 시행되어 돈을 나눌 수 있다.

직원은 전월보다 받는 돈이 많아지면 찬성, 적어지면 반대, 같으면 기권이며 연속으로 2달 이상 돈을 못 받는 직원은 모두 기권이다. 따라서 첫 달에 돈을 못 받은 직원은 계속 돈을 안 주며 그 수는 계속해서 늘어난다. 직원에게 나눠주고 남는 돈은 사장이 모두 갖게 된다.

- 첫 번째 달 : 직원 33명이 각각 2만 원 받음
- 두 번째 달 : 첫 번째 달에 2만 원을 받았던 직원 33명 중 17명에게 3만 원씩 주고 나머지 16명에게 돈을 주지 않음→찬성 17, 반대 16, 기권 32
- 세 번째 달 : 두 번째 달에 3만 원을 받았던 직원 17명 중 9명에게 4만 원씩 주고 나머지 8명에게 돈을 주지 않음→찬성9, 반대8, 기권48
- 네 번째 달 : 세 번째 달에 4만 원을 받았던 직원 9명 중 5명에게 5만 원씩 주고 나머지 4명에게 돈을 주지 않음→찬성5, 반대4, 기권56
- 다섯 번째 달 : 네 번째 달에 5만 원을 받았던 직원 5명 중 3명에게 6만 원씩 주고 나머지 2명에게 돈을 주지 않음→찬성3, 반대2, 기권60
- 여섯 번째 달 : 다섯 번째 달에 6만 원을 받았던 직원 3명 중 2명에게 7만 원씩 주고 나머지 1명에게 돈을 주지 않음→찬성2, 반대1, 기권62
- 일곱 번째 달 : 기권한 직원들 중 3명에게 1만 원씩 주고 여섯 번째 달에 7만 원을 받았던 직원 2명에게 돈을 주지 않음→찬성3, 반대2, 기권60

따라서 일곱 번째 달에 사장은 66 − 3 = 63만 원을 갖으며 이것이 최대 금액이다.

8 홍보팀에서는 신입직원 6명(A, B, C, D, E, F)을 선배직원 3명(갑, 을, 병)이 각각 2명씩 맡아 문서작성 및 결재 요령에 대하여 1주일 간 교육을 실시하고 있다. 다음 조건을 만족할 때, 신입직원과 교육을 담당한 선배직원의 연결에 대한 설명이 올바른 것은?

- B와 F는 같은 조이다.
- 갑은 A에게 문서작성 요령을 가르쳐 주었다.
- 을은 C와 F에게 문서작성 및 결재 요령에 대하여 가르쳐 주지 않았다.

① 병은 A를 교육한다.
② D는 을에게 교육을 받지 않는다.
③ C는 갑에게 교육을 받는다.
④ 을은 C를 교육한다.
⑤ 갑과 병 중에 E를 교육하는 사람이 있다.

Tip 주어진 조건에서 확정 조건은 다음과 같다.

B, F	A, ( )	C, D, E 중 2명
( )	갑	( )

그런데 세 번째 조건에서 을은 C와 F에게 교육을 하지 않았다고 하였으므로 F가 있는 조와 이미 갑이 교육을 하는 조를 맡지 않은 것이 된다. 따라서 맨 오른쪽은 을이 되어야 하고 B, F로 이뤄진 조는 병이 교육할 수밖에 없다.
또한 이 경우, 을이 C를 교육하지 않았다고 하였으므로 을의 조는 D와 E가 남게 되며, C는 A와 한 조가 되어 결국 다음과 같이 정리될 수 있다.

B, F	A, C	D, E
병	갑	을

따라서 'C는 갑에게 교육을 받는다.'가 정답이 된다.

Answer 7.② 8.③

9 K지점으로부터 은행, 목욕탕, 편의점, 미용실, 교회 건물이 각각 다음과 같은 조건에 맞게 위치해 있다. 모두 K지점으로부터 일직선상에 위치해 있다고 할 때, 다음 설명 중 올바른 것은 어느 것인가? (언급되지 않은 다른 건물은 없다고 가정한다)

> • K지점으로부터 50m 이상 떨어져 있는 건물은 목욕탕, 미용실, 은행이다.
> • 목욕탕과 교회 건물 사이에는 편의점을 포함한 2개의 건물이 있다.
> • 5개의 건물은 각각 K지점에서 15m, 40m, 60m, 70m, 100m 떨어진 거리에 있다.

① 목욕탕과 편의점과의 거리는 40m이다.
② 연이은 두 건물 간의 거리가 가장 먼 것은 은행과 편의점이다.
③ 미용실과 편의점의 사이에는 1개의 건물이 있다.
④ K지점에서 미용실이 가장 멀리 있다면 은행과 교회는 45m 거리에 있다.
⑤ K지점에서 미용실이 가장 멀리 있다면 교회와 목욕탕과의 거리는 편의점과 미용실과의 거리보다 멀다.

Tip 5개의 건물이 위치한 곳을 그림과 기호로 표시하면 다음과 같다.

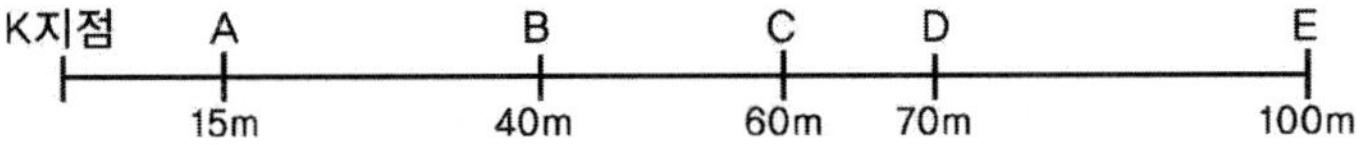

첫 번째 조건을 통해 목욕탕, 미용실, 은행은 C, D, E 중 한 곳, 교회와 편의점은 A, B 중 한 곳임을 알 수 있다.
두 번째 조건에 의하면 목욕탕과 교회 사이에 편의점과 또 하나의 건물이 있어야 한다. 이 조건을 충족하려면 A가 교회, B가 편의점이어야 하며 또한 D가 목욕탕이어야 한다. C와 E는 어느 곳이 미용실과 은행의 위치인지 주어진 조건만으로 알 수 없다.
따라서 보기 ④에서 언급된 바와 같이 미용실이 E가 된다면 은행은 C가 되어 교회인 A와 45m 거리에 있게 된다.

10 갑, 을, 병 세 사람은 면세점에서 A, B, C 브랜드 중 하나의 가방을 각각 구입하려고 한다. 각 브랜드의 제품에 대한 평가와 갑, 을, 병 각자의 제품을 고르는 기준이 다음과 같을 때, 소비자들이 구매할 제품으로 바르게 짝지어진 것은?

〈브랜드별 소비자 제품평가〉

	A	B	C
브랜드명성	10	7	7
경제성	4	8	5
디자인	8	6	7
소재	9	6	3

〈소비자별 구매기준〉

갑 : 브랜드명성이 가장 좋게 평가된 제품을 선택한다.
을 : 모든 속성을 종합적으로 가장 좋은 대안을 선택한다.
병 : 경제성 점수가 가장 높은 제품을 선택한다.

	갑	을	병
①	A	A	A
②	A	A	B
③	A	B	A
④	B	A	B
⑤	B	C	B

Tip

㉠ 갑 : 브랜드명성이 가장 좋게 평가된 A 브랜드 제품을 선택한다.
㉡ 을 : 각 제품의 속성을 종합적으로 평가하면 다음과 같다.
- A : 10+4+8+9=31
- B : 7+8+6+6=27
- C : 7+5+7+3=22

∴ A 브랜드 제품을 선택한다.
㉢ 병 : 경제성 점수가 가장 높은 B 브랜드 제품을 선택한다.

Answer 9.④ 10.②

| 11~12 | 다음은 우체국택배 이용에 대한 안내문이다. 물음에 답하시오.

❑ 우체국택배(방문접수)

고객이 원하는 장소로 우체국직원이 방문하여 접수하는 서비스

구분/중량 (크기)	2kg까지 (60cm까지)	5kg까지 (80cm까지)	10kg까지 (120cm까지)	20kg까지 (140cm까지)	30kg까지 (160cm까지)
익일배달	5,000원	6,000원	7,500원	9,500원	12,000원
제주(익일배달)	6,500원	8,500원	10,000원	12,000원	14,500원
제주(D+2일)	5,000원	6,000원	7,500원	9,500원	12,000원

❑ 소포우편(창구접수)

고객이 우체국으로 방문하여 창구에서 접수하는 서비스

구분/중량 (크기)		1kg까지 (50cm까지)	3kg까지 (80cm까지)	5kg까지 (100cm까지)	7kg까지 (100cm까지)
등기소포 (익일배달)	익일배달	3,500원	4,000원	4,500원	5,000원
	제주(익일배달)	5,000원	6,500원	7,000원	7,500원
	제주(D+2일)	3,500원	4,000원	4,500원	5,000원
일반소포 (D+3일)	D+3일배달	2,200원	2,700원	3,200원	3,700원
구분/중량 (크기)		10kg까지 (100cm까지)	15kg까지 (120cm까지)	20kg까지 (120cm까지)	30kg까지 (160cm까지)
등기소포 (익일배달)	익일배달	6,000원	7,000원	8,000원	11,000원
	제주(익일배달)	8,500원	8,500원	10,500원	13,500원
	제주(D+2일)	6,000원	7,000원	8,000원	11,000원
일반소포 (D+3일)	D+3일배달	4,700원	5,700원	6,700원	9,700원

❑ 이용 시 유의사항

- 중량은 최대 30kg 이하이며, 크기(가로, 세로, 높이의 합)는 최대 160㎝ 이하입니다. 다만, 한 변의 최대 길이는 100㎝ 이내에 한하여 취급합니다.
- 당일특급 우편물의 경우 중량은 20kg 이하이며, 크기는 140cm 이내에 한하여 취급합니다.
- 일반소포는 등기소포와 달리 기록취급이 되지 않으므로 분실 시 손해배상이 되지 않습니다.
- 중량/크기 중 큰 값을 기준으로 다음 단계의 요금을 적용합니다.
- 도서지역 등 특정지역의 배달 소요기간은 위 내용과 다를 수 있습니다.
- 제주지역(익일배달)은 항공기 운송 여건에 따라 지역마다 마감시간이 상이합니다.

11 다음 중 당일특급 우편물 이용이 가능한 가장 큰 물건은? (단, 중량은 10kg으로 모두 동일하다)

①
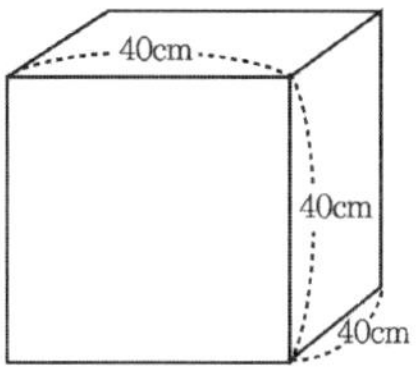

②
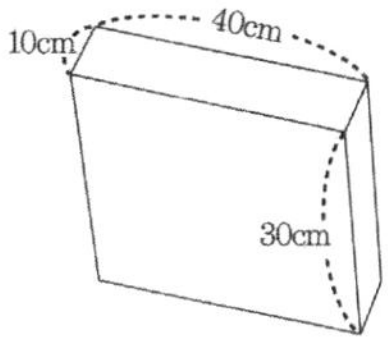

③
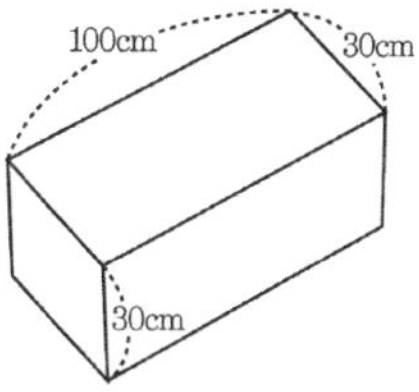

④
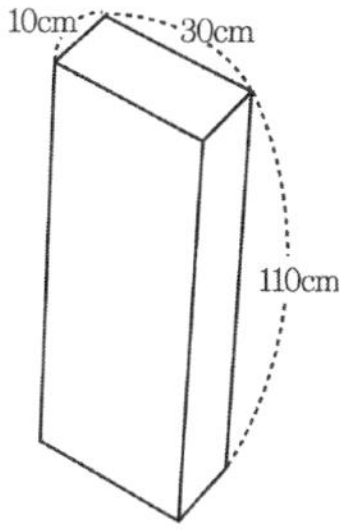

⑤
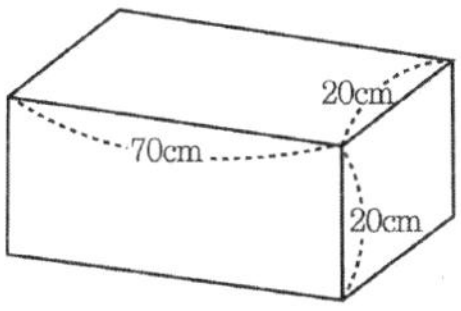

Tip 이용 시 유의사항에 따르면 크기는 가로, 세로, 높이의 합이며, 한 변의 최대 길이는 100cm 이내에 한하여 취급한다. 또한 당일특급 우편물의 경우 크기 140cm 이내에 한하여 취급하므로, 당일특급 우편물 이용이 가능한 가장 큰 물건은 ①이다.

12 다음은 광화문 우체국에서 접수한 서비스 내역의 일부이다. 다음 중 이용요금을 가장 많이 지불한 사람은?

① 우체국택배를 이용하여 크기 80cm, 무게 5kg인 물건을 제주(익일배달)로 보낸 甲
② 등기소포를 이용하여 크기 110cm, 무게 7kg인 물건을 부산으로 보낸 乙
③ 우체국택배를 이용하여 크기 60cm, 무게 10kg인 물건을 대구로 보낸 丙
④ 일반소포를 이용하여 크기 50cm, 무게 7kg인 물건을 대전으로 보낸 丁
⑤ 등기소포를 이용하여 크기 120cm, 무게 20kg인 물건을 제주(D+2일)로 보낸 戊

Tip 이용 시 유의사항에 따르면 중량/크기 중 큰 값을 기준으로 다음 단계의 요금을 적용한다. 이에 따라 각각의 이용요금을 계산하면 甲 8,500원, 乙 7,000원, 丙 7,500원, 丁 3,700원, 戊 8,000원이다.

Answer 11.① 12.①

▌13~17▌ 다음의 조건이 모두 참일 때, 반드시 참인 것을 고르시오.

13

- 민수는 병식이보다 나이가 많다.
- 나이가 많은 사람이 용돈을 더 많이 받는다.
- 기완이는 병식이보다 더 많은 용돈을 받는다.

① 기완이의 나이가 가장 많다.
② 민수의 나이가 가장 많다.
③ 병식이가 가장 어리다.
④ 민수는 기완이보다 나이가 많다.
⑤ 기완이는 민수보다 나이가 많다.

Tip 세 사람의 나이는 '민수〉병식, 기완〉병식'이고, 기완이와 민수 중 나이가 누가 더 많은지는 알 수 없다.
주어진 정보로 알 수 있는 사실은 병식이가 가장 어리다는 것이다.

14

- 책 읽는 것을 좋아하는 사람은 집중력이 높다.
- 성적이 좋지 않은 사람은 집중력이 높지 않다.
- 미경이는 1학년 5반이다.
- 1학년 5반의 어떤 학생은 책 읽는 것을 좋아한다.

① 미경이는 책 읽는 것을 좋아한다.
② 미경이는 집중력이 높지 않다.
③ 1학년 5반의 모든 학생은 성적이 좋다.
④ 1학년 5반의 어떤 학생은 집중력이 높다.
⑤ 1학년 5반은 성적이 좋지 않다.

Tip 1학년 5반의 어떤 학생은 책 읽는 것을 좋아하고, 책 읽는 것을 좋아하는 사람은 집중력이 높으므로 1학년 5반의 어떤 학생은 집중력이 높다는 결론은 반드시 참이 된다.

15

- 어떤 육식동물은 춤을 잘 춘다.
- 모든 호랑이는 노래를 잘한다.
- 모든 늑대는 춤을 잘 춘다.
- 호랑이와 늑대는 육식동물이다.

① 어떤 늑대는 노래를 잘한다.
② 어떤 육식동물은 노래를 잘한다.
③ 모든 호랑이는 춤도 잘 추고, 노래도 잘한다.
④ 모든 육식동물은 춤을 잘 춘다.
⑤ 모든 동물은 재능이 많다.

Tip 모든 호랑이는 어떤 육식동물에 포함되므로 '모든 호랑이는 노래를 잘한다.'라는 전제를 통해 참이 되는 것을 알 수 있다.

16

- 모든 호랑이는 뱀을 먹지 않는다.
- 어떤 뱀은 개구리를 먹는다.
- 어떤 여우는 뱀을 먹는다.
- 뱀을 먹는 동물은 개구리를 먹는다.

① 호랑이는 개구리를 먹지 않는다.
② 어떤 여우도 개구리를 먹지 않는다.
③ 어떤 여우는 개구리를 먹는다.
④ 모든 호랑이는 여우를 먹는다.
⑤ 모든 여우는 호랑이를 먹는다.

Tip 어떤 여우는 뱀을 먹는다.→뱀을 먹는 동물은 개구리를 먹는다.
∴ 어떤 여우는 개구리를 먹는다.

Answer 13.③ 14.④ 15.② 16.③

17

- 동호회 정모에 찬수가 참석하면 민희도 반드시 참석한다.
- 지민이와 태수 중 적어도 한 명은 반드시 참석한다.
- 저번 주 동호회 정모에서 지민이는 민희를 만났다.
- 이번 주 동호회 정모에 지민이와 민희 둘 다 나오지 않았다.

① 찬수는 이번 주 동호회 모임에 나왔다.
② 태수는 저번 주 동호회 모임에 나왔다.
③ 찬수는 저번 주 동호회 모임에 나왔다.
④ 태수는 이번 주 동호회 모임에 나왔다.
⑤ 지민이는 이번 주 동호회 모임에 나왔다.

Tip

	저번 주	이번 주
찬수	?	불참
민희	참석	불참
지민	참석	불참
태수	?	참석

18 서울 출신 두 명과 강원도 출신 두 명, 충청도, 전라도, 경상도 출신 각 1명이 다음의 조건대로 줄을 선다. 앞에서 네 번째에 서는 사람의 출신지역은 어디인가?

- 충청도 사람은 맨 앞 또는 맨 뒤에 선다.
- 서울 사람은 서로 붙어 서있어야 한다.
- 강원도 사람 사이에는 다른 지역 사람 1명이 서있다.
- 경상도 사람은 앞에서 세 번째에 선다.

① 서울
② 강원도
③ 충청도
④ 전라도
⑤ 경상도

Tip 경상도 사람은 앞에서 세 번째에 서고 강원도 사람 사이에는 다른 지역 사람이 서있어야 하므로 강원도사람은 경상도 사람의 뒤쪽으로 서게 된다. 서울 사람은 서로 붙어있어야 하므로 첫 번째, 두 번째에 선다. 충청도 사람은 맨 앞 또는 맨 뒤에 서야하므로 맨 뒤에 서게 된다. 강원도 사람 사이에는 자리가 정해지지 않은 전라도 사람이 서게 된다.

∴ 서울－서울－경상도－강원도－전라도－강원도－충청도

19 다음은 우리나라의 연도별 · 유형별 정치 참여도를 나타낸 자료이다. 〈보기〉에 주어진 조건을 참고할 때, ㉠~㉣에 들어갈 알맞은 정치 참여방법을 순서대로 올바르게 나열한 것은 어느 것인가?

	㉠	온라인상 의견 피력하기	정부나 언론에 의견제시	㉡	탄원서 · 진정서 · 청원서 제출하기	㉢	공무원 · 정치인에 민원전달	㉣
2014	53.9	15.0	9.5	21.2	8.8	9.2	10.3	12.8
2015	58.8	14.7	8.8	17.5	7.9	7.6	9.1	9.2
2016	69.3	13.3	6.7	14.9	5.6	6.9	6.1	10.3
2017	74.1	12.2	6.4	14.5	5.8	14.4	5.6	8.5

〈보기〉

1. 주변인과 대화를 하거나 시위 등에 참여하는 방법은 2014년보다 2017년에 그 비중이 더 증가하였다.
2. 2017년에 서명운동에 참여하거나 주변인과 대화를 하는 방법으로 정치에 참여하는 사람의 비중은 모두 온라인상 의견을 피력하는 방법으로 정치에 참여하는 사람의 비중보다 더 많다.
3. 2014~2016년 기간 동안은 시위에 참여하거나 불매운동을 하는 방법으로 정치에 참여한 사람의 비중이 온라인상 의견을 피력하는 방법으로 정치에 참여한 사람의 비중보다 항상 적었다.

① 서명운동 참여하기 – 주변인과 대화하기 – 시위 · 집회 참여하기 – 불매운동 참여하기
② 주변인과 대화하기 – 서명운동 참여하기 – 시위 · 집회 참여하기 – 불매운동 참여하기
③ 주변인과 대화하기 – 서명운동 참여하기 – 불매운동 참여하기 – 시위 · 집회 참여하기
④ 주변인과 대화하기 – 시위 · 집회 참여하기 – 서명운동 참여하기 – 불매운동 참여하기
⑤ 불매운동 참여하기 – 주변인과 대화하기 – 서명운동 참여하기 – 시위 · 집회 참여하기

Tip 보기1에 의하면 ㉠과 ㉢이 주변인과 대화하기 또는 시위 · 집회 참여하기 중 하나임을 알 수 있다. 또한 보기2에 의하면 ㉠, ㉡, ㉢ 중 서명운동 참여하기와 주변인과 대화하기가 해당됨을 알 수 있다. 따라서 ㉡이 서명운동 참여하기임을 확인할 수 있다.
보기3에서는 ㉢과 ㉣이 시위 · 집회 참여하기 또는 불매운동 참여하기 중 하나임을 의미하고 있으므로 보기1과 함께 판단했을 때, ㉢이 시위 · 집회 참여하기, ㉣이 불매운동 참여하기가 되며 이에 따라 ㉠은 주변인과 대화하기가 된다.

Answer 17.④ 18.② 19.②

20 다음은 SWOT에 대한 설명이다. 다음 중 시장의 위협을 회피하기 위해 강점을 사용하는 전략의 예로 적절한 것은?

〈SWOT 분석〉

SWOT분석이란 기업의 환경 분석을 통해 마케팅 전략을 수립하는 기법이다. 조직 내부 환경으로는 조직이 우위를 점할 수 있는 강점(Strength), 조직의 효과적인 성과를 방해하는 자원 · 기술 · 능력면에서의 약점(Weakness), 조직 외부 환경으로는 조직 활동에 이점을 주는 기회(Opportunity), 조직 활동에 불이익을 미치는 위협(Threat)으로 구분된다.

		내부환경요인	
		강점 (Strength)	약점 (Weakness)
외부환경요인	기회 (Opportunity)	SO	WO
	위협 (Threat)	ST	WT

① 세계적인 유통라인을 내세워 개발도상국으로 사업을 확장한다.
② 저가 정책으로 마진이 적지만 인구 밀도에 비해 대형마트가 부족한 도시에 진출한다.
③ 부품의 10년 보증 정책을 통해 대기업의 시장 독점을 이겨낸다.
④ 고가의 연구비를 타사와 제휴를 통해 부족한 정부 지원을 극복한다.
⑤ 친환경적 장점을 내세워 관련 법령에 해당하는 정부 지원을 받는다.

Tip 시장의 위협을 회피하기 위해 강점을 사용하는 전략은 ST전략에 해당한다.
③ 부품의 10년 보증 정책은 강점, 통해 대기업의 시장 독점은 위협에 해당한다.(ST전략)
① 세계적인 유통라인은 강점, 개발도상국은 기회에 해당한다.(SO전략)
② 마진이 적은 것은 약점, 인구 밀도에 비해 대형마트가 부족한 도시는 기회에 해당한다.(WO전략)
④ 고가의 연구비는 약점, 부족한 정부 지원은 위협에 해당한다.(WT전략)
⑤ 친환경적 장점은 강점, 정부 지원을 받는 것은 기회에 해당한다.(SO전략)

▌21~22▐ 다음 〈표〉와 〈선정절차〉는 정부가 추진하는 신규 사업에 지원한 A~E 기업의 현황과 사업 선정절차에 대한 자료이다. 물음에 답하시오.

〈표〉 A~E 기업 현황

기업	직원수 (명)	임원수 (명)		임원평균 근속기간 (년)	시설현황				통근차량 대수 (대)
					사무실		휴게실 면적 (㎡)	기업 총면적 (㎡)	
		이사	감사		수 (개)	총면적 (㎡)			
A	132	10	3	2.1	5	450	2,400	3,800	3
B	160	5	1	4.5	7	420	200	1,300	2
C	120	4	3	3.1	5	420	440	1,000	1
D	170	2	12	4.0	7	550	300	1,500	2
E	135	4	6	2.9	6	550	1,000	2,500	2

※ 여유면적 = 기업 총면적 – 사무실 총면적 – 휴게실 면적

〈선정절차〉

• 1단계 : 아래 4개 조건을 모두 충족하는 기업을 예비 선정한다.
– 사무실조건 : 사무실 1개당 직원수가 25명 이하여야 한다.
– 임원조건 : 임원 1인당 직원수가 15명 이하여야 한다.
– 차량조건 : 통근 차량 1대당 직원수가 100명 이하여야 한다.
– 여유면적조건 : 여유면적이 650㎡ 이상이어야 한다.
• 2단계 : 예비 선정된 기업 중 임원평균근속기간이 가장 긴 기업을 최종 선정한다.

Answer 20.③

21 1단계 조건을 충족하여 예비 선정되는 기업을 모두 고르면?

① A, B ② B, C

③ C, D ④ D, E

⑤ E, A

Tip 각 기업의 1단계 조건 충족 여부는 다음과 같다.

기업	사무실조건 (25명/개 이하)	임원조건 (15명/명 이하)	차량조건 (100명/대 이하)	여유면적조건 ($650m^2$ 이상)
A	26.4명/개 ×	10.2명/명 ○	44명/대 ○	$950m^2$ ○
B	22.9명/개 ○	26.7명/명 ×	80명/대 ○	$680m^2$ ○
C	24명/개 ○	17.1명/명 ×	120명/대 ×	$140m^2$ ×
D	24.3명/개 ○	8.6명/명 ○	85명/대 ○	$650m^2$ ○
E	22.5명/개 ○	13.5명/명 ○	67.5명/대 ○	$950m^2$ ○

22 정부가 추진하는 신규 사업에 최종 선정되는 기업은?

① A ② B

③ C ④ D

⑤ E

Tip 예비 선정된 기업인 D, E 중 임원평균근속기간이 더 긴 D 기업이 최종 선정된다.

23 A공단은 사내 식사 제공을 위한 외식 업체를 선정하기 위해 다음과 같이 5개 업체에 대한 평가를 실시하였다. 다음 평가 방식과 평가 결과에 의해 외식 업체로 선정될 업체는 어느 곳인가?

〈최종결과표〉

(단위 : 점)

구분	A업체	B업체	C업체	D업체	E업체
제안가격	84	82	93	90	93
위생도	92	90	91	83	92
업계평판	92	89	91	95	90
투입인원	90	92	94	91	93

〈선정 방식〉

- 각 평가항목별 다음과 같은 가중치를 부여하여 최종 점수 고득점 업체를 선정한다.
  - 투입인원 점수 15%
  - 업계평판 점수 15%
  - 위생도 점수 30%
  - 제안가격 점수 40%
- 어느 항목이라도 5개 업체 중 최하위 득점이 있을 경우(최하위 점수가 90점 이상일 경우 제외), 최종 업체로 선정될 수 없음.
- 동점 시, 가중치가 높은 항목 순으로 고득점 업체가 선정

① A업체　② B업체

③ C업체　④ D업체

⑤ E업체

Tip 평가 점수를 계산하기 전에, 제안가격과 업계평판에서 90점 미만으로 최하위를 기록한 B업체와 위생도에서 최하위를 기록한 D업체는 선정될 수 없다. 따라서 나머지 A, C, E업체의 가중치를 적용한 점수를 계산해 보면 다음과 같다.

- A업체 : 84 × 0.4 + 92 × 0.3 + 92 × 0.15 + 90 × 0.15 = 88.5점
- C업체 : 93 × 0.4 + 91 × 0.3 + 91 × 0.15 + 94 × 0.15 = 92.25점
- E업체 : 93 × 0.4 + 92 × 0.3 + 90 × 0.15 + 93 × 0.15 = 92.25점

C와 E업체가 동점인 상황에서 가중치가 가장 높은 제안가격의 점수가 같으므로, 다음 항목인 위생도 점수에서 더 높은 점수를 얻은 E업체가 최종 선정될 업체는 E업체가 된다.

Answer 21.④ 22.④ 23.⑤

24 자동차검사 설비 수리를 하기 위해 본사에서 파견된 8명의 기술자들이 출장지에서 하룻밤을 묵게 되었다. 1개 층에 4개의 객실(101~104호, 201~204호, 301~304호, 401~404호)이 있는 3층으로 된 조그만 여인숙에 1인당 객실 1개씩을 잡고 투숙하였고 다음과 같은 조건을 만족할 경우, 12개의 객실 중 8명이 묵고 있지 않은 객실 4개를 모두 알기 위하여 필요한 사실이 될 수 있는 것은 다음 보기 중 어느 것인가? (출장자 일행 외의 다른 투숙객은 없는 것으로 가정한다)

- 출장자들은 1, 2, 3층에 각각 객실 2개, 3개, 3개에 투숙하였다.
- 출장자들은 1, 2, 3, 4호 라인에 각각 2개, 2개, 1개, 3개 객실에 투숙하였다.

① 302호에 출장자가 투숙하고 있다.

② 203호에 출장자가 투숙하고 있지 않다.

③ 102호에 출장자가 투숙하고 있다.

④ 202호에 출장자가 투숙하고 있지 않다.

⑤ 103호에 출장자가 투숙하고 있다.

Tip 객실의 층과 라인의 배열을 그림으로 표현하면 다음과 같다.

301호	302호	303호	304호
201호	202호	203호	204호
101호	102호	103호	104호

두 번째 조건에서 4호 라인에는 3개의 객실에 투숙하였다고 했으므로 104호, 204호, 304호에는 출장자가 있게 된다. 또한 3호 라인에는 1개의 객실에만 출장자가 투숙하였다고 했는데, 만일 203호나 303호에 투숙하였을 경우, 2층과 3층의 나머지 객실이 정해질 수 없다. 그러나 103호에 투숙하였을 경우, 1층의 2개 객실이 정해지게 되며 2층과 3층은 3호 라인을 제외한 1호와 2호 라인 모두에 출장자가 투숙하여야 한다. 따라서 보기 ⑤의 사실이 확인된다면 8명의 출장자가 투숙한 8개의 객실과 투숙하지 않는 4개의 객실 모두를 다음과 같이 알아낼 수 있다.

301호	302호	303호	304호
201호	202호	203호	204호
101호	102호	103호	104호

25 다음 제시된 조건을 보고, 만일 영호와 옥숙을 같은 날 보낼 수 없다면, 목요일에 보내야 하는 남녀사원은 누구인가?

> 영업부의 박 부장은 월요일부터 목요일까지 매일 남녀 각 한 명씩 두 사람을 회사 홍보 행사 담당자로 보내야 한다. 영업부에는 현재 남자 사원 4명(길호, 철호, 영호, 치호)과 여자 사원 4명(영숙, 옥숙, 지숙, 미숙)이 근무하고 있으며, 다음과 같은 제약 사항이 있다.
> ㉠ 매일 다른 사람을 보내야 한다.
> ㉡ 치호는 철호 이전에 보내야 한다.
> ㉢ 옥숙은 수요일에 보낼 수 없다.
> ㉣ 철호와 영숙은 같이 보낼 수 없다.
> ㉤ 영숙은 지숙과 미숙 이후에 보내야 한다.
> ㉥ 치호는 영호보다 앞서 보내야 한다.
> ㉦ 옥숙은 지숙 이후에 보내야 한다.
> ㉧ 길호는 철호를 보낸 바로 다음 날 보내야 한다.

① 길호와 영숙　　② 영호와 영숙
③ 치호와 옥숙　　④ 길호와 옥숙
⑤ 영호와 미숙

Tip 남자사원의 경우 ㉡, ㉥, ㉧에 의해 다음과 같은 두 가지 경우가 가능하다.

	월요일	화요일	수요일	목요일
경우 1	치호	영호	철호	길호
경우 2	치호	철호	길호	영호

[경우 1]
옥숙은 수요일에 보낼 수 없고, 철호와 영숙은 같이 보낼 수 없으므로 옥숙과 영숙은 수요일에 보낼 수 없다. 또한 영숙은 지숙과 미숙 이후에 보내야 하고, 옥숙은 지숙 이후에 보내야 하므로 조건에 따르면 다음과 같다.

	월요일	화요일	수요일	목요일
남	치호	영호	철호	길호
여	지숙	옥숙	미숙	영숙

[경우 2]

		월요일	화요일	수요일	목요일
	남	치호	철호	길호	영호
경우 2-1	여	미숙	지숙	영숙	옥숙
경우 2-2	여	지숙	미숙	영숙	옥숙
경우 2-3	여	지숙	옥숙	미숙	영숙

문제에서 영호와 옥숙을 같이 보낼 수 없다고 했으므로, [경우 1], [경우 2-1], [경우 2-2]는 해당하지 않는다. 따라서 [경우 2-3]에 의해 목요일에 보내야 하는 남녀사원은 영호와 영숙이다.

Answer 24.⑤ 25.②

CHAPTER

02 의사소통능력

1 의사소통과 의사소통능력

(1) 의사소통

① **개념** … 사람들 간에 생각이나 감정, 정보, 의견 등을 교환하는 총체적인 행위로, 직장생활에서의 의사소통은 조직과 팀의 효율성과 효과성을 성취할 목적으로 이루어지는 구성원 간의 정보와 지식 전달 과정이라고 할 수 있다.

② **기능** … 공동의 목표를 추구해 나가는 집단 내의 기본적 존재 기반이며 성과를 결정하는 핵심 기능이다.

③ **의사소통의 종류**
㉠ 언어적인 것 : 대화, 전화통화, 토론 등
㉡ 문서적인 것 : 메모, 편지, 기획안 등
㉢ 비언어적인 것 : 몸짓, 표정 등

④ **의사소통을 저해하는 요인** … 정보의 과다, 메시지의 복잡성 및 메시지 간의 경쟁, 상이한 직위와 과업지향형, 신뢰의 부족, 의사소통을 위한 구조상의 권한, 잘못된 매체의 선택, 폐쇄적인 의사소통 분위기 등

(2) 의사소통능력

① **개념** … 직장생활에서 문서나 상대방이 하는 말의 의미를 파악하는 능력, 자신의 의사를 정확하게 표현하는 능력, 간단한 외국어 자료를 읽거나 외국인의 의사표시를 이해하는 능력을 포함한다.

② **의사소통능력 개발을 위한 방법**
㉠ 사후검토와 피드백을 활용한다.
㉡ 명확한 의미를 가진 이해하기 쉬운 단어를 선택하여 이해도를 높인다.
㉢ 적극적으로 경청한다.
㉣ 메시지를 감정적으로 곡해하지 않는다.

2 의사소통능력을 구성하는 하위능력

(1) 문서이해능력

① 문서와 문서이해능력

㉠ 문서 : 제안서, 보고서, 기획서, 이메일, 팩스 등 문자로 구성된 것으로 상대방에게 의사를 전달하여 설득하는 것을 목적으로 한다.

㉡ 문서이해능력 : 직업현장에서 자신의 업무와 관련된 문서를 읽고, 내용을 이해하고 요점을 파악할 수 있는 능력을 말한다.

예제 1

다음은 신용카드 약관의 주요내용이다. 규정 약관을 제대로 이해하지 못한 사람은?

> [부가서비스]
> 카드사는 법령에서 정한 경우를 제외하고 상품을 새로 출시한 후 1년 이내에 부가서비스를 줄이거나 없앨 수가 없다. 또한 부가서비스를 줄이거나 없앨 경우에는 그 세부내용을 변경일 6개월 이전에 회원에게 알려주어야 한다.
> [중도 해지 시 연회비 반환]
> 연회비 부과기간이 끝나기 이전에 카드를 중도해지하는 경우 남은 기간에 해당하는 연회비를 계산하여 10 영업일 이내에 돌려줘야 한다. 다만, 카드 발급 및 부가서비스 제공에 이미 지출된 비용은 제외된다.
> [카드 이용한도]
> 카드 이용한도는 카드 발급을 신청할 때에 회원이 신청한 금액과 카드사의 심사 기준을 종합적으로 반영하여 회원이 신청한 금액 범위 이내에서 책정되며 회원의 신용도가 변동되었을 때에는 카드사는 회원의 이용한도를 조정할 수 있다.
> [부정사용 책임]
> 카드 위조 및 변조로 인하여 발생된 부정사용 금액에 대해서는 카드사가 책임을 진다. 다만, 회원이 비밀번호를 다른 사람에게 알려주거나 카드를 다른 사람에게 빌려주는 등의 중대한 과실로 인해 부정사용이 발생하는 경우에는 회원이 그 책임의 전부 또는 일부를 부담할 수 있다.

① 혜수 : 카드사는 법령에서 정한 경우를 제외하고는 1년 이내에 부가서비스를 줄일 수 없어.

② 진성 : 카드 위조 및 변조로 인하여 발생된 부정사용 금액은 일괄 카드사가 책임을 지게 돼.

③ 영훈 : 회원의 신용도가 변경되었을 때 카드사가 이용한도를 조정할 수 있어.

④ 영호 : 연회비 부과기간이 끝나기 이전에 카드를 중도 해지하는 경우에는 남은 기간에 해당하는 연회비를 카드사는 돌려줘야 해.

[출제의도]
주어진 약관의 내용을 읽고 그에 대한 상세 내용의 정보를 이해하는 능력을 측정하는 문항이다.

[해설]
② 부정사용에 대해 고객의 과실이 있으면 회원이 그 책임의 전부 또는 일부를 부담할 수 있다.

답 ②

② 문서의 종류

㉠ **공문서** : 정부기관에서 공무를 집행하기 위해 작성하는 문서로, 단체 또는 일반회사에서 정부기관을 상대로 사업을 진행할 때 작성하는 문서도 포함된다. 엄격한 규격과 양식이 특징이다.

㉡ **기획서** : 아이디어를 바탕으로 기획한 프로젝트에 대해 상대방에게 전달하여 시행하도록 설득하는 문서이다.

㉢ **기안서** : 업무에 대한 협조를 구하거나 의견을 전달할 때 작성하는 사내 공문서이다.

㉣ **보고서** : 특정한 업무에 관한 현황이나 진행 상황, 연구·검토 결과 등을 보고하고자 할 때 작성하는 문서이다.

㉤ **설명서** : 상품의 특성이나 작동 방법 등을 소비자에게 설명하기 위해 작성하는 문서이다.

㉥ **보도자료** : 정부기관이나 기업체 등이 언론을 상대로 자신들의 정보를 기사화 되도록 하기 위해 보내는 자료이다.

㉦ **자기소개서** : 개인이 자신의 성장과정이나, 입사 동기, 포부 등에 대해 구체적으로 기술하여 자신을 소개하는 문서이다.

㉧ **비즈니스 레터(E-mail)** : 사업상의 이유로 고객에게 보내는 편지다.

㉨ **비즈니스 메모** : 업무상 확인해야 할 일을 메모형식으로 작성하여 전달하는 글이다.

③ **문서이해의 절차** … 문서의 목적 이해→문서 작성 배경·주제 파악→정보 확인 및 현안문제 파악→문서 작성자의 의도 파악 및 자신에게 요구되는 행동 분석→목적 달성을 위해 취해야 할 행동 고려→문서 작성자의 의도를 도표나 그림 등으로 요약·정리

(2) 문서작성능력

① 작성되는 문서에는 대상과 목적, 시기, 기대효과 등이 포함되어야 한다.

② 문서작성의 구성요소

㉠ 짜임새 있는 골격, 이해하기 쉬운 구조

㉡ 객관적이고 논리적인 내용

㉢ 명료하고 설득력 있는 문장

㉣ 세련되고 인상적인 레이아웃

예제 2

다음은 들은 내용을 구조적으로 정리하는 방법이다. 순서에 맞게 배열하면?

> ㉠ 관련 있는 내용끼리 묶는다.
> ㉡ 묶은 내용에 적절한 이름을 붙인다.
> ㉢ 전체 내용을 이해하기 쉽게 구조화한다.
> ㉣ 중복된 내용이나 덜 중요한 내용을 삭제한다.

① ㉠㉡㉢㉣ ② ㉠㉡㉣㉢
③ ㉡㉠㉢㉣ ④ ㉡㉠㉣㉢

[출제의도]
음성정보는 문자정보와는 달리 쉽게 잊혀 지기 때문에 음성정보를 구조화 시키는 방법을 묻는 문항이다.
[해설]
내용을 구조적으로 정리하는 방법은 '㉠ 관련 있는 내용끼리 묶는다. → ㉡ 묶은 내용에 적절한 이름을 붙인다. → ㉣ 중복된 내용이나 덜 중요한 내용을 삭제한다. → ㉢ 전체 내용을 이해하기 쉽게 구조화한다.'가 적절하다.

답 ②

③ 문서의 종류에 따른 작성방법

㉠ 공문서

- 육하원칙이 드러나도록 써야 한다.
- 날짜는 반드시 연도와 월, 일을 함께 언급하며, 날짜 다음에 괄호를 사용할 때는 마침표를 찍지 않는다.
- 대외문서이며, 장기간 보관되기 때문에 정확하게 기술해야 한다.
- 내용이 복잡할 경우 '-다음-', '-아래-'와 같은 항목을 만들어 구분한다.
- 한 장에 담아내는 것을 원칙으로 하며, 마지막엔 반드시 '끝'자로 마무리 한다.

㉡ 설명서

- 정확하고 간결하게 작성한다.
- 이해하기 어려운 전문용어의 사용은 삼가고, 복잡한 내용은 도표화 한다.
- 명령문보다는 평서문을 사용하고, 동어 반복보다는 다양한 표현을 구사하는 것이 바람직하다.

㉢ 기획서

- 상대를 설득하여 기획서가 채택되는 것이 목적이므로 상대가 요구하는 것이 무엇인지 고려하여 작성하며, 기획의 핵심을 잘 전달하였는지 확인한다.
- 분량이 많을 경우 전체 내용을 한눈에 파악할 수 있도록 목차구성을 신중히 한다.
- 효과적인 내용 전달을 위한 표나 그래프를 적절히 활용하고 산뜻한 느낌을 줄 수 있도록 한다.
- 인용한 자료의 출처 및 내용이 정확해야 하며 제출 전 충분히 검토한다.

㉣ 보고서

- 도출하고자 한 핵심내용을 구체적이고 간결하게 작성한다.
- 내용이 복잡할 경우 도표나 그림을 활용하고, 참고자료는 정확하게 제시한다.
- 제출하기 전에 최종점검을 하며 질의를 받을 것에 대비한다.

예제 3

다음 중 공문서 작성에 대한 설명으로 가장 적절하지 못한 것은?

① 공문서나 유가증권 등에 금액을 표시할 때에는 한글로 기재하고 그 옆에 괄호를 넣어 숫자로 표기한다.
② 날짜는 숫자로 표기하되 년, 월, 일의 글자는 생략하고 그 자리에 온점(.)을 찍어 표시한다.
③ 첨부물이 있는 경우에는 붙임 표시문 끝에 1자 띄우고 "끝."이라고 표시한다.
④ 공문서의 본문이 끝났을 경우에는 1자를 띄우고 "끝."이라고 표시한다.

[출제의도]
업무를 할 때 필요한 공문서 작성법을 잘 알고 있는지를 측정하는 문항이다.
[해설]
공문서 금액 표시
아라비아 숫자로 쓰고, 숫자 다음에 괄호를 하여 한글로 기재한다.
예) 금 123,456원(금 일십이만삼천사백오십육원)

답 ①

④ 문서작성의 원칙

㉠ 문장은 짧고 간결하게 작성한다(간결체 사용).
㉡ 상대방이 이해하기 쉽게 쓴다.
㉢ 불필요한 한자의 사용을 자제한다.
㉣ 문장은 긍정문의 형식을 사용한다.
㉤ 간단한 표제를 붙인다.
㉥ 문서의 핵심내용을 먼저 쓰도록 한다(두괄식 구성).

⑤ 문서작성 시 주의사항

㉠ 육하원칙에 의해 작성한다.
㉡ 문서 작성시기가 중요하다.
㉢ 한 사안은 한 장의 용지에 작성한다.
㉣ 반드시 필요한 자료만 첨부한다.
㉤ 금액, 수량, 일자 등은 기재에 정확성을 기한다.
㉥ 경어나 단어사용 등 표현에 신경 쓴다.
㉦ 문서작성 후 반드시 최종적으로 검토한다.

⑥ 효과적인 문서작성 요령

㉠ **내용이해** : 전달하고자 하는 내용과 핵심을 정확하게 이해해야 한다.

㉡ **목표설정** : 전달하고자 하는 목표를 분명하게 설정한다.

㉢ **구성** : 내용 전달 및 설득에 효과적인 구성과 형식을 고려한다.

㉣ **자료수집** : 목표를 뒷받침할 자료를 수집한다.

㉤ **핵심전달** : 단락별 핵심을 하위목차로 요약한다.

㉥ **대상파악** : 대상에 대한 이해와 분석을 통해 철저히 파악한다.

㉦ **보충설명** : 예상되는 질문을 정리하여 구체적인 답변을 준비한다.

㉧ **문서표현의 시각화** : 그래프, 그림, 사진 등을 적절히 사용하여 이해를 돕는다.

(3) 경청능력

① **경청의 중요성** … 경청은 다른 사람의 말을 주의 깊게 들으며 공감하는 능력으로 경청을 통해 상대방을 한 개인으로 존중하고 성실한 마음으로 대하게 되며, 상대방의 입장에 공감하고 이해하게 된다.

② **경청을 방해하는 습관** … 짐작하기, 대답할 말 준비하기, 걸러내기, 판단하기, 다른 생각하기, 조언하기, 언쟁하기, 옳아야만 하기, 슬쩍 넘어가기, 비위 맞추기 등

③ 효과적인 경청방법

㉠ **준비하기** : 강연이나 프레젠테이션 이전에 나누어주는 자료를 읽어 미리 주제를 파악하고 등장하는 용어를 익혀둔다.

㉡ **주의 집중** : 말하는 사람의 모든 것에 집중해서 적극적으로 듣는다.

㉢ **예측하기** : 다음에 무엇을 말할 것인가를 추측하려고 노력한다.

㉣ **나와 관련짓기** : 상대방이 전달하고자 하는 메시지를 나의 경험과 관련지어 생각해 본다.

㉤ **질문하기** : 질문은 듣는 행위를 적극적으로 하게 만들고 집중력을 높인다.

㉥ **요약하기** : 주기적으로 상대방이 전달하려는 내용을 요약한다.

㉦ **반응하기** : 피드백을 통해 의사소통을 점검한다.

예제 4

다음은 면접스터디 중 일어난 대화이다. 민아의 고민을 해소하기 위한 조언으로 가장 적절한 것은?

> 지섭 : 민아씨, 어디 아파요? 표정이 안 좋아 보여요.
> 민아 : 제가 원서 넣은 공단이 내일 면접이어서요. 그동안 스터디를 통해서 면접 연습을 많이 했는데도 벌써부터 긴장이 되네요.
> 지섭 : 민아씨는 자기 의견도 명확히 피력할 줄 알고 조리 있게 설명을 잘 하시니 걱정 안하셔도 될 것 같아요. 아, 손에 꽉 쥐고 계신 건 뭔가요?
> 민아 : 아, 제가 예상 답변을 정리해서 모아둔거에요. 내용은 거의 외웠는데 이렇게 쥐고 있지 않으면 불안해서
> 지섭 : 그 정도로 준비를 철저히 하셨으면 걱정할 이유 없을 것 같아요.
> 민아 : 그래도 압박면접이거나 예상치 못한 질문이 들어오면 어떻게 하죠?
> 지섭 : ______________________

① 시선을 적절히 처리하면서 부드러운 어투로 말하는 연습을 해보는 건 어때요?
② 공식적인 자리인 만큼 옷차림을 신경 쓰는 게 좋을 것 같아요.
③ 당황하지 말고 질문자의 의도를 잘 파악해서 침착하게 대답하면 되지 않을까요?
④ 예상 질문에 대한 답변을 좀 더 정확하게 외워보는 건 어떨까요?

[출제의도]
상대방이 하는 말을 듣고 질문 의도에 따라 올바르게 답하는 능력을 측정하는 문항이다.
[해설]
민아는 압박질문이나 예상치 못한 질문에 대해 걱정을 하고 있으므로 침착하게 대응하라고 조언을 해주는 것이 좋다.

답 ③

(4) 의사표현능력

① 의사표현의 개념과 종류

㉠ 개념 : 화자가 자신의 생각과 감정을 청자에게 음성언어나 신체언어로 표현하는 행위이다.

㉡ 종류

- 공식적 말하기 : 사전에 준비된 내용을 대중을 대상으로 말하는 것으로 연설, 토의, 토론 등이 있다.
- 의례적 말하기 : 사회 · 문화적 행사에서와 같이 절차에 따라 하는 말하기로 식사, 주례, 회의 등이 있다.
- 친교적 말하기 : 친근한 사람들 사이에서 자연스럽게 주고받는 대화 등을 말한다.

② 의사표현의 방해요인

㉠ 연단공포증 : 연단에 섰을 때 가슴이 두근거리거나 땀이 나고 얼굴이 달아오르는 등의 현상으로 충분한 분석과 준비, 더 많은 말하기 기회 등을 통해 극복할 수 있다.

㉡ 말 : 말의 장단, 고저, 발음, 속도, 쉼 등을 포함한다.
㉢ 음성 : 목소리와 관련된 것으로 음색, 고저, 명료도, 완급 등을 의미한다.
㉣ 몸짓 : 비언어적 요소로 화자의 외모, 표정, 동작 등이다.
㉤ 유머 : 말하기 상황에 따른 적절한 유머를 구사할 수 있어야 한다.

③ 상황과 대상에 따른 의사표현법

㉠ 잘못을 지적할 때 : 모호한 표현을 삼가고 확실하게 지적하며, 당장 꾸짖고 있는 내용에만 한정한다.
㉡ 칭찬할 때 : 자칫 아부로 여겨질 수 있으므로 센스 있는 칭찬이 필요하다.
㉢ 부탁할 때 : 먼저 상대방의 사정을 듣고 응하기 쉽게 구체적으로 부탁하며 거절을 당해도 싫은 내색을 하지 않는다.
㉣ 요구를 거절할 때 : 먼저 사과하고 응해줄 수 없는 이유를 설명한다.
㉤ 명령할 때 : 강압적인 말투보다는 '○○을 이렇게 해주는 것이 어떻겠습니까?'와 같은 식으로 부드럽게 표현하는 것이 효과적이다.
㉥ 설득할 때 : 일방적으로 강요하기보다는 먼저 양보해서 이익을 공유하겠다는 의지를 보여주는 것이 좋다.
㉦ 충고할 때 : 충고는 가장 최후의 방법이다. 반드시 충고가 필요한 상황이라면 예화를 들어 비유적으로 깨우쳐주는 것이 바람직하다.
㉧ 질책할 때 : 샌드위치 화법(칭찬의 말 + 질책의 말 + 격려의 말)을 사용하여 청자의 반발을 최소화 한다.

예제 5

당신은 팀장님께 업무 지시내용을 수행하고 결과물을 보고 드렸다. 하지만 팀장님께서는 "최대리 업무를 이렇게 처리하면 어떡하나? 누락된 부분이 있지 않은가."라고 말하였다. 이에 대해 당신이 행할 수 있는 가장 부적절한 대처 자세는?

① "죄송합니다. 제가 잘 모르는 부분이라 이수혁 과장님께 부탁을 했는데 과장님께서 실수를 하신 것 같습니다."
② "주의를 기울이지 못해 죄송합니다. 어느 부분을 수정보완하면 될까요?"
③ "지시하신 내용을 제가 충분히 이해하지 못하였습니다. 내용을 다시 한 번 여쭤보아도 되겠습니까?"
④ "부족한 내용을 보완하는 자료를 취합하기 위해서 하루정도가 더 소요될 것 같습니다. 언제까지 재작성하여 드리면 될까요?"

[출제의도]
상사가 잘못을 지적하는 상황에서 어떻게 대처해야 하는지를 묻는 문항이다.
[해설]
상사가 부탁한 지시사항을 다른 사람에게 부탁하는 것은 옳지 못하며 설사 그렇다고 해도 그 일의 과오에 대해 책임을 전가하는 것은 지양해야 할 자세이다.

답 ①

④ 원활한 의사표현을 위한 지침

㉠ 올바른 화법을 위해 독서를 하라.

㉡ 좋은 청중이 되라.

㉢ 칭찬을 아끼지 마라.

㉣ 공감하고, 긍정적으로 보이게 하라.

㉤ 겸손은 최고의 미덕임을 잊지 마라.

㉥ 과감하게 공개하라.

㉦ 뒷말을 숨기지 마라.

㉧ 첫마디 말을 준비하라.

㉨ 이성과 감성의 조화를 꾀하라.

㉩ 대화의 룰을 지켜라.

㉪ 문장을 완전하게 말하라.

⑤ 설득력 있는 의사표현을 위한 지침

㉠ 'Yes'를 유도하여 미리 설득 분위기를 조성하라.

㉡ 대비 효과로 분발심을 불러 일으켜라.

㉢ 침묵을 지키는 사람의 참여도를 높여라.

㉣ 여운을 남기는 말로 상대방의 감정을 누그러뜨려라.

㉤ 하던 말을 갑자기 멈춤으로써 상대방의 주의를 끌어라.

㉥ 호칭을 바꿔서 심리적 간격을 좁혀라.

㉦ 끄집어 말하여 자존심을 건드려라.

㉧ 정보전달 공식을 이용하여 설득하라.

㉨ 상대방의 불평이 가져올 결과를 강조하라.

㉩ 권위 있는 사람의 말이나 작품을 인용하라.

㉪ 약점을 보여 주어 심리적 거리를 좁혀라.

㉫ 이상과 현실의 구체적 차이를 확인시켜라.

㉬ 자신의 잘못도 솔직하게 인정하라.

㉭ 집단의 요구를 거절하려면 개개인의 의견을 물어라.

ⓐ 동조 심리를 이용하여 설득하라.

ⓑ 지금까지의 노고를 치하한 뒤 새로운 요구를 하라.

ⓒ 담당자가 대변자 역할을 하도록 하여 윗사람을 설득하게 하라.

ⓓ 겉치레 양보로 기선을 제압하라.

ⓔ 변명의 여지를 만들어 주고 설득하라.

ⓕ 혼자 말하는 척하면서 상대의 잘못을 지적하라.

(5) 기초외국어능력

① 기초외국어능력의 개념과 필요성

㉠ **개념** : 외국어로 된 간단한 자료를 이해하거나, 외국인과의 전화응대와 간단한 대화 등 외국인의 의사표현을 이해하고, 자신의 의사를 기초외국어로 표현할 수 있는 능력이다.

㉡ **필요성** : 국제화 · 세계화 시대에 다른 나라와의 무역을 위해 우리의 언어가 아닌 국제적인 통용어를 사용하거나 그들의 언어로 의사소통을 해야 하는 경우가 생길 수 있다.

② 외국인과의 의사소통에서 피해야 할 행동

㉠ 상대를 볼 때 흘겨보거나, 노려보거나, 아예 보지 않는 행동

㉡ 팔이나 다리를 꼬는 행동

㉢ 표정이 없는 것

㉣ 다리를 흔들거나 펜을 돌리는 행동

㉤ 맞장구를 치지 않거나 고개를 끄덕이지 않는 행동

㉥ 생각 없이 메모하는 행동

㉦ 자료만 들여다보는 행동

㉧ 바르지 못한 자세로 앉는 행동

㉨ 한숨, 하품, 신음소리를 내는 행동

㉩ 다른 일을 하며 듣는 행동

㉪ 상대방에게 이름이나 호칭을 어떻게 부를지 묻지 않고 마음대로 부르는 행동

③ 기초외국어능력 향상을 위한 공부법

㉠ 외국어공부의 목적부터 정하라.

㉡ 매일 30분씩 눈과 손과 입에 밸 정도로 반복하라.

㉢ 실수를 두려워하지 말고 기회가 있을 때마다 외국어로 말하라.

㉣ 외국어 잡지나 원서와 친해져라.

㉤ 소홀해지지 않도록 라이벌을 정하고 공부하라.

㉥ 업무와 관련된 주요 용어의 외국어는 꼭 알아두자.

㉦ 출퇴근 시간에 외국어 방송을 보거나, 듣는 것만으로도 귀가 트인다.

㉧ 어린이가 단어를 배우듯 외국어 단어를 암기할 때 그림카드를 사용해 보라.

㉨ 가능하면 외국인 친구를 사귀고 대화를 자주 나눠 보라.

출제예상문제

1 다음 글의 문맥을 참고할 때, 빈 칸에 들어갈 단어로 가장 적절한 것은 어느 것인가?

최근 과학기술 평준화시대에 접어들며 의약품과 의료기술 성장은 인구 구조의 고령화를 촉진하여 노인인구의 급증은 치매를 포함한 신경계 질환 (　　) 증가에 영향을 주고 있다. 따라서 질병치료 이후의 재활, 입원기간동안의 삶의 질 등 노년층의 건강한 생활에 대한 사회적 관심이 증가되고 있다. 사회적 통합 기능이 특징인 음악은 사람의 감정과 기분에 강한 영향을 주는 매체로 단순한 생활 소음과는 차별되어 아동기, 청소년기의 음악교과 활동뿐만 아니라 다양한 임상 분야와 심리치료 현장에서 활용되고 있다. 일반적으로 부정적 심리상태를 안정시키는 역할로 사용되던 음악은 최근 들어 구체적인 인체 부위의 생리적 기전(physiological mechanisms)에 미치는 효과에 관심을 갖게 되었다.

① 유병률　　② 전염률
③ 발병률　　④ 점유율
⑤ 질병률

Tip 문맥으로 보아 전염률, 점유율, 질병률은 전혀 관계가 없다.
유병률과 발병률은 다른 의미이며, 이 차이를 구분하는 것이 문제 해결의 관건이 될 수 있다. 유병률은 전체 인구 중 특정한 장애나 질병 또는 심리신체적 상태를 지니고 있는 사람들의 분율로서, 어느 시점 또는 어느 기간에 해당 장애나 질병, 심리신체적 상태를 지니고 있는 사람의 수를 전체 인구 수로 나누어 계산한다. 유병률은 이전부터 해당 장애가 있었든 아니면 해당 장애가 새로 생겼든 간에 현재 그 장애를 앓고 있는 모든 사람을 뜻하는 반면, 발병률 또는 발생률(incidence rate 또는 incidence)은 일정 기간 동안에 모집단 내에서 특정 질병을 새롭게 지니게 된 사람의 분율을 뜻한다. 유병은 집단 내의 개체 간 차이를 반영하는 현상이라는 점에서 발생과 구별된다. 발생은 한 개체 내에서 일어난 특정 상태의 변화를 말한다.

2 다음 문장의 빈 칸에 들어갈 단어로 가장 적절한 것은 어느 것인가?

> 포괄임금제는 회사가 노동자의 야·특근을 미리 계산해 연봉에 포함시키는 제도다. 몇 시간을 일하든 정해진 돈을 받기 때문에 '무제한 노동'을 (   )한다는 비판을 받는다.

① 권장 ② 조장

③ 권유 ④ 위장

⑤ 보장

Tip 노동을 더 해도 추가되는 임금이 없게 되므로 무제한 노동을 하게 부추기는 결과가 된다고 볼 수 있다. 따라서 '바람직하지 않은 일을 더 심해지도록 부추김'의 의미인 '조장'이 가장 적절하다.

3 다음 글의 밑줄 친 ㉠~㉤ 중 의미상 사용에 문제점이 없는 것은 어느 것인가?

> 저소득층을 비롯한 취약가구에 대한 에너지지원사업은 크게 소득지원, 가격할인, 효율개선 등의 세 가지 ㉠ <u>범위</u>로 구분할 수 있으며, 현재 다양한 사업들이 시행되고 있다. 에너지지원사업의 규모도 지속적으로 확대되어 왔는데, 최근 에너지바우처 도입으로 현재 총 지원규모는 연간 5천억 원을 넘는 것으로 ㉡ <u>추정</u>된다. 이처럼 막대한 지원규모에도 불구하고 에너지지원사업의 성과를 종합적으로 평가할 수 있는 지표는 부재한 실정이다. 그동안 에너지복지와 관련한 연구의 대부분은 기존 지원사업의 문제점을 검토하고 개선방안을 ㉢ <u>표출</u>하거나, 필요한 새로운 사업을 개발하고 설계하는데 중점을 두고 ㉣ <u>시행</u>되어 왔다. 에너지지원사업의 효과와 효율성을 제고하기 위해서는 에너지복지의 상태는 어떠한지 그리고 지원사업을 통해 어떤 성과가 있었는지를 체계적이고 합리적으로 평가할 수 있는 다양한 지표의 개발이 필요함에도 불구하고, 이러한 분야에 대한 연구는 상대적으로 ㉤ <u>미비</u>하였던 것이 사실이다.

① ㉠ ② ㉡

③ ㉢ ④ ㉣

⑤ ㉤

Tip 숫자 등이 얼마일 것으로 추정된다는 어휘에는 문제가 없으며, 셈을 해 본다는 의미가 추가된 '추산'과 혼용하지 않도록 주의한다.
① '어디부터 어디까지'의 의미인 '범위'가 아닌, '범주'가 적절한 어휘이다.
③ 불만이나 감정, 문제점 등을 드러내는 의미의 '표출'이 아닌, '제시'가 적절한 어휘이다.
④ 해당 문장의 주어는 '연구'이므로 연구가 '수행'되어 왔다가 적절한 어휘이다. 정책이나 제도 등이 '시행'되는 것이다.
⑤ 준비되지 못한 '미비'가 아닌, 부족하다는 의미의 '미흡'이 적절한 어휘이다.

Answer 1.① 2.② 3.②

4 다음 글을 바탕으로 '자유무역이 가져다주는 이득'으로 추론할 수 있는 내용이 아닌 것은?

> 오늘날 세계경제의 개방화가 진전되면서 국제무역이 계속해서 크게 늘어나고 있다. 국가 간의 무역 규모는 수출과 수입을 합한 금액이 국민총소득(GNI)에서 차지하는 비율로 측정할 수 있다. 우리나라의 2014년 '수출입의 대 GNI 비율'은 99.5%로 미국이나 일본 등의 선진국과 비교할 때 매우 높은 편에 속한다.
>
> 그렇다면 국가 간의 무역은 왜 발생하는 것일까? 가까운 곳에서 먼저 예를 찾아보자. 어떤 사람이 복숭아를 제외한 여러 가지 과일을 재배하고 있다. 만약 이 사람이 복숭아가 먹고 싶을 때 이를 다른 사람에게서 사야만 한다. 이와 같은 맥락에서 나라 간의 무역도 부존자원의 유무와 양적 차이에서 일차적으로 발생할 수 있다. 헌데 이러한 무역을 통해 얻을 수 있는 이득이 크다면 왜 선진국에서조차 완전한 자유무역이 실행되고 있지 않을까? 세계 각국에 자유무역을 확대할 것을 주장하는 미국도 자국의 이익에 따라 관세 부과 등의 방법으로 무역에 개입하고 있는 실정이다. 그렇다면 비교우위에 따른 자유무역이 교역 당사국 모두에게 이익을 가져다준다는 것은 이상에 불과한 것일까?
>
> 세계 각국이 보호무역을 취하는 것은 무엇보다 자국 산업을 보호하기 위한 것이다. 비교우위가 없는 산업을 외국기업과의 경쟁으로부터 어느 정도의 경쟁력을 갖출 때까지 일정 기간 보호하려는 데 그 목적이 있는 것이다.
>
> 우리나라의 경우 쌀 농업에서 특히 보호주의가 강력히 주장되고 있다. 우리의 주식인 쌀을 생산하는 농업이 비교우위가 없다고 해서 쌀을 모두 외국에서 수입한다면 식량안보 차원에서 문제가 될 수 있으므로 국내 농사를 전면적으로 포기할 수 없다는 논리이다.
>
> 교역 당사국 각자는 비교우위가 있는 재화의 생산에 특화해서 자유무역을 통해 서로 교환할 경우 기본적으로 거래의 이득을 보게 된다. 자유무역은 이러한 경제적 잉여의 증가 이외에 다음과 같은 측면에서도 이득을 가져다준다.

① 각국 소비자들에게 다양한 소비 기회를 제공한다.
② 비교우위에 있는 재화의 수출을 통한 규모의 경제를 이루어 생산비를 절감할 수 있다.
③ 비교우위에 의한 자유무역의 이득은 결국 한 나라 내의 모든 경제주체가 누리게 된다.
④ 경쟁을 활성화하여 경제 전체의 후생 수준을 높일 수 있다.
⑤ 각국의 기술 개발을 촉진해주는 긍정적인 파급 효과를 발휘하기도 한다.

Tip ③ 비교우위에 의한 자유무역의 이득은 한 나라 내의 모든 경제주체가 혜택을 본다는 것을 뜻하지 않는다. 자유무역의 결과 어느 나라가 특정 재화를 수입하게 되면, 소비자는 보다 싼 가격으로 이 재화를 사용할 수 있게 되므로 이득을 보지만 이 재화의 국내 생산자는 손실을 입게 된다.
① 동일한 종류의 재화라 하더라도 나라마다 독특한 특색이 있게 마련이다. 따라서 자유무역은 각국 소비자들에게 다양한 소비 기회를 제공한다.
② 어느 나라가 비교우위가 있는 재화를 수출하게 되면 이 재화의 생산량은 세계시장을 상대로 크게 늘어난다. 이 경우 규모의 경제를 통해 생산비를 절감할 수 있게 된다.
④ 독과점의 폐해를 방지하려면 진입장벽을 없애 경쟁을 촉진하여야 한다. 따라서 자유무역은 경쟁을 활성화하여 경제 전체의 후생 수준을 높일 수 있다.
⑤ 자유무역은 나라간의 기술 이동이나 아이디어의 전파를 용이하게 하여 각국의 기술 개발을 촉진해주는 긍정적인 파급 효과를 발휘하기도 한다.

5 다음 글의 이후에 이어질 만한 내용으로 가장 거리가 먼 것은?

> 철도교통의 핵심 기능인 정거장의 위치 및 역간거리는 노선, 열차평균속도, 수요, 운송수입 등에 가장 큰 영향을 미치는 요소로 고속화, 기존선 개량 및 신선 건설시 주요 논의의 대상이 되고 있으며, 과다한 정차역은 사업비를 증가시켜 철도투자를 저해하는 주요 요인으로 작용하고 있다.
>
> 한편, 우리나라의 평균 역간거리는 고속철도 46km, 일반철도 6.7km, 광역철도 2.1km로 이는 외국에 비해 59~84% 짧은 수준이다. 경부고속철도의 경우 천안·아산역~오송역이 28.7km, 신경주역~울산역이 29.6km 떨어져 있는 등 1990년 기본계획 수립 이후 오송, 김천·구미, 신경주, 울산역 등 다수의 역 신설로 인해 운행 속도가 저하되어 표정속도가 선진국의 78% 수준이며, 경부선을 제외한 일반철도의 경우에도 표정속도가 45~60km/h 수준으로 운행함에 따라 타 교통수단 대비 속도경쟁력이 저하된 실정이다. 또한, 추가역 신설에 따른 역간거리 단축으로 인해 건설비 및 운영비의 대폭 증가도 불가피한 바, 경부고속철도의 경우 오송역 등 4개 역 신설로 인한 추가 건설비는 약 5,000억 원에 달한다. 운행시간도 당초 서울~부산 간 1시간 56분에서 2시간 18분으로 22분 지연되었으며, 역 추가 신설에 따른 선로분기기, 전환기, 신호기 등 시설물이 추가로 설치됨에 따라 유지보수비 증가 등 과잉 시설의 한 요인으로 작용했다. 이러한 역간거리와 관련하여 도시철도의 경우 도시철도건설규칙에서 정거장 간 거리를 1km 이상으로 규정함으로써 표준 역간거리를 제시하고 있으나, 고속철도, 일반철도 및 광역철도의 정거장 위치와 역간 거리는 교통수요, 정거장 접근거리, 운행속도, 여객 및 화물열차 운행방법, 정거장 건설 및 운영비용, 선로용량 등 단일 차량과 단일 정차패턴이 기본인 도시철도에 비해 복잡한 변수를 내포함으로써 표준안을 제시하기가 용이하지 않았으며 관련 연구가 매우 부족한 상황이다.

① 외국인 노선별 역간 거리 비교
② 역간 거리가 철도 운행 사업자에게 미치는 영향 분석
③ 신설 노선 적정 역간 거리 유지 시 기대효과 및 사회적 비용 절감 요소 분석
④ 역세권 개발과 부동산 시장과의 상호 보완요인 파악
⑤ 역간 거리 연장을 어렵게 하는 사회적인 요인 파악

Tip 필자는 현재 우리나라의 역간 거리가 타 비교대상에 비해 짧게 형성되어 있어 운행 속도 저하에 따른 속도경쟁력 약화를 문제점으로 지적하고 있다. 따라서 역간 거리가 현행보다 길어야 한다는 주장을 뒷받침할 수 있는 ①②③⑤와 같은 내용을 언급할 것으로 예상할 수 있다.
④ 역세권 문제나 부동산 시장과의 연계성 등은 주제와의 관련성이 있다고 볼 수 없다.

Answer 4.③ 5.④

【6~7】 주어진 지문을 읽고, 글의 내용과 부합하는 것이 몇 개인지 고르시오.

6

대부분의 사람들은 '이슬람', '중동', 그리고 '아랍'이라는 지역 개념을 혼용한다. 그러나 엄밀히 말하면 세 지역 개념은 서로 다르다.

우선 이슬람지역은 이슬람교를 믿는 무슬림이 많이 분포된 지역을 지칭하는 것으로 종교적인 관점에서 구분한 지역 개념이다. 오늘날 무슬림은 전 세계 약 57개국에 많게는 약 16억, 적게는 약 13억이 분포된 것으로 추정되며, 그 수는 점점 더 증가하는 추세이다. 무슬림 인구는 이슬람교가 태동한 중동지역에 집중되어 있다. 또한 무슬림은 중국과 중앙아시아, 동남아시아, 북아프리카 지역에 걸쳐 넓게 분포해 있다.

중동이란 단어는 오늘날 학계와 언론계에서 자주 사용되고 있다. 그러나 이 단어의 역사는 그리 길지 않다. 유럽, 특히 영국은 19세기 이래 아시아지역에서 식민정책을 펼치기 위해 전략적으로 이 지역을 근동, 중동, 극동의 세 지역으로 구분했으며, 이후 이러한 구분은 런던 타임즈에 기고된 글을 통해 정착되었다. 따라서 이 단어 뒤에는 중동을 타자화한 유럽 중심적인 사고관이 내재되어 있다.

중동지역의 지리적 정의는 학자에 따라, 그리고 국가의 정책에 따라 다르다. 북아프리카에 위치한 국가들과 소련 해체 이후 독립한 중앙아시아의 신생 독립국들을 이 지역에 포함시켜야 하는가에 대해서는 확고하게 정립된 입장은 아직 없지만, 일반적으로 합의된 중동지역에는 아랍연맹 22개국과 비아랍국가인 이란, 터키 등이 포함된다. 이 중 터키는 유럽연합 가입을 위해 계속적으로 노력하고 있으나 거부되고 있다.

이슬람지역이 가장 광의의 지역 개념이라면 아랍은 가장 협소한 지역 개념이다. 아랍인들은 셈족이라는 종족적 공통성과 더불어 아랍어와 이슬람 문화를 공유하고 있다. 아랍지역에 속하는 국가는 아랍연맹 회원국 22개국이다. 아랍연맹 회원국에는 아라비아 반도에 위치한 사우디아라비아, 바레인, 쿠웨이트, 이라크, 오만, 아랍에미리트 등과 북아프리카 지역의 알제리, 모로코, 리비아, 튀니지, 이집트, 수단 등이 포함된다.

㉠ 셈족의 혈통을 지닌 이라크의 많은 국민들은 아랍어를 사용한다.
㉡ 중동은 서구유럽의 식민정책이 반영된 단어로 그 지리적인 경계가 유동적이다.
㉢ 리비아는 이슬람지역에는 속하지만 일반적으로 합의된 중동지역에는 속하지 않는다.
㉣ 일반적으로 합의된 중동지역에 속하지만 아랍지역에 속하지 않는 국가로는 이란이 있다.
㉤ 이슬람지역이 종교적인 관점에서 구별된 지역 개념이라면 아랍지역은 언어 · 종족 · 문화적 관점에서 구별된 지역 개념이다.

Answer 4.③ 5.④

① 1개　　② 2개
③ 3개　　④ 4개
⑤ 5개

Tip ㉢ 마지막 문단에 따르면 리비아는 아랍연맹 회원국이다. 합의된 중동지역에는 아랍연맹 22개국과 비아랍국가인 이란, 터키 등이 포함되므로 리비아는 이슬람지역에 속하면서 합의된 중동지역에도 속한다.
㉠, ㉡, ㉣, ㉤은 모두 지문의 내용과 부합한다.

Answer 6.④

7

고생물의 골격, 이빨, 패각 등의 단단한 조직은 부패와 속성작용에 대한 내성을 가지고 있기 때문에 화석으로 남기 쉽다. 여기서 속성작용이란 퇴적물이 퇴적분지에 운반·퇴적된 후 단단한 암석으로 굳어지기까지의 물리·화학적 변화를 포함하는 일련의 과정을 일컫는다. 그러나 이들 딱딱한 조직도 지표와 해저 등에서 지하수와 박테리아의 분해작용을 받으면 화석이 되지 않는다. 따라서 딱딱한 조직을 가진 생물은 전혀 그렇지 않은 생물보다 화석이 될 가능성이 크지만, 그것은 어디까지나 이차적인 조건이다.

화석이 되기 위해서는 우선 지질시대를 통해 고생물이 진화·발전하여 개체수가 충분히 많아야 한다. 다시 말하면, 화석이 되어 남는 고생물은 그 당시 매우 번성했던 생물인 것이다. 진화론에서 생물이 한 종에서 다른 종으로 진화할 때 중간 단계의 전이형태가 나타나지 않음은 오랫동안 문제시되어 왔다. 이러한 '잃어버린 고리'에 대한 합리적 해석으로 엘드리지와 굴드가 주장한 단속 평형설이 있다. 이에 따르면 새로운 종은 모집단에서 변이가 누적되어 서서히 나타나는 것이 아니라 모집단에서 이탈, 새로운 환경에 도전하는 소수의 개체 중에서 비교적 이른 시간에 급속하게 출현한다. 따라서 자연히 화석으로 남을 기회가 상대적으로 적다는 것이다.

고생물의 사체가 화석으로 남기 위해서는 분해 작용을 받지 않아야 하고 이를 위해 가능한 한 급속히 퇴적물 속에 매몰될 필요가 있다. 대개의 경우 이러한 급속 매몰은 바람, 파도, 해류의 작용에 의한 마멸, 파괴 등의 기계적인 힘으로부터 고생물의 사체를 보호한다거나, 공기와 수중의 산소와 탄소에 의한 화학적인 분해 및 박테리아에 의한 분해, 포식동물에 의한 생물학적인 파괴를 막아 줄 가능성이 높기 때문이다. 퇴적물 속에 급속히 매몰되면 딱딱한 조직을 가지지 않은 해파리와 같은 생물도 화석으로 보존될 수 있으므로 급속 매몰이 중요한 의의를 가진다.

㉠ 화석의 고생물이 생존했던 당시에는 대부분의 생물이 딱딱한 조직을 가지고 있었음을 알 수 있다.
㉡ 딱딱한 조직이 없는 고생물은 퇴적물 속에 급속히 매몰되어도 분해작용을 받으면 화석으로 남기 어렵다.
㉢ 단속 평형설은 연관된 화석의 발굴과 분석을 통하여 생물의 진화상 중간단계의 생물종을 설명하고 있다.
㉣ 고생물의 사체가 땅 속에 급속히 매몰되면 지하수에 의해 분해될 가능성이 높아져서 화석의 수가 급격하게 감소된다.
㉤ 진화의 중간단계에 해당하는 고생물의 화석이 존재하지 않는 것은 이것들이 대부분 딱딱한 조직이 없는 생물이었기 때문이다.

① 1개　　　　　　　　　　② 2개

③ 3개　　　　　　　　　　④ 4개

⑤ 5개

Tip ㉡만 제시된 글의 내용과 부합한다.

㉠ 첫 문단 마지막 부분에 따르면 딱딱한 조직을 가진 생물은 화석이 될 가능성이 크지만 어디까지나 이차적인 조건이라고 언급하고 있다. 또한 마지막 문단에서 퇴적물 속에 급속히 매몰되면 딱딱한 조직을 가지지 않은 해파리와 같은 생물도 화석으로 보존될 수 있다고 말하고 있으므로, 대부분의 생물이 딱딱한 조직을 가지고 있었다고 할 수는 없다.

㉢ 마지막 문단에서 해파리 화석의 예를 들어 딱딱한 조직이 없는 고생물도 급속히 매몰되면 화석으로 보존될 수 있다고 언급하고 있다.

㉣ 마지막 문단에 따르면 수중의 산소와 탄소에 의한 화학적인 분해를 막아 줄 가능성이 높아져서 화학의 수가 증가될 가능성이 있다.

㉤ 두 번째 문단에 따르면 화석이 되기 위해서는 고생물이 진화·발전하여 개체수가 충분히 많아야 한다. 그러나 진화의 중간단계에 해당하는 고생물은 모집단에서 변이가 누적되어 서서히 나타나는 것이 아니라 모집단에서 이탈, 새로운 환경에 도전하는 소수의 개체 중에서 비교적 이른 시간에 급속하게 출현한다. 따라서 자연히 화석으로 남을 기회가 상대적으로 적은 것이다.

Answer 7.①

8 다음 안내사항을 바르게 이해한 것은?

> 2015년 5월 1일부터 변경되는 "건강보험 임신 · 출산 진료비 지원제도"를 다음과 같이 알려드립니다.
>
> 건강보험 임신 · 출산 진료비 지원제도란 임신 및 출산에 관련한 진료비를 지불할 수 있는 이용권(국민행복카드)을 제공하여 출산 친화적 환경을 조성하기 위해 건강보험공단에서 지원하는 제도입니다.
>
> • 지원금액 : 임신 1회당 50만원(다태아 임신부 70만원)
> • 지원방법 : 지정요양기관에서 이용권 제시 후 결제
> • 지원기간 : 이용권 수령일~분만예정일+60일
>
> 가. 시행일 : 2015.5.1.
>
> 나. 주요내용
>
> (1) '15.5.1. 신청자부터 건강보험 임신 · 출산 진료비가 국민행복카드로 지원
> (2) 건강보험 임신 · 출산 진료비 지원 신청 장소 변경
> (3) 지원금 승인코드 일원화(의료기관, 한방기관 : 38코드)
> (4) 관련 서식 변경
> –변경서식 : 건강보험 임신 · 출산 진료비 지원 신청 및 확인서(별지 2호 서식)
> –변경내용 : 카드구분 폐지

① 건강보험 임신 · 출산 진료비 지원제도는 연금공단에서 지원하는 제도이다.
② 임신지원금은 모두 동일하게 일괄 50만 원이 지급된다.
③ 지원금 승인코드는 의 · 한방기관 모두 '38'코드로 일원화된다.
④ 지원기간은 이용권 수령일로부터 분만예정일까지이며 신청자에 한해서 기간이 연장된다.
⑤ 시행일은 2016년 5월 1일이다.

Tip
① 건강보험공단에서 지원하는 제도이다.
② 임신지원금은 임신 1회당 50만 원이나 다태아 임신 시에는 70만 원이 지급된다.
④ 지원기간은 신청에 관계없이 이용권 수령일로부터 분만예정일+60일까지이다.
⑤ 시행일은 2015년 5월 1일이다.

9 다음은 기업의 정기 주주 총회 소집 공고문이다. 이에 대한 설명으로 옳은 것을 모두 고른 것은?

> [정기 주주 총회 소집 공고]
>
> 상법 제 361조에 의거 ㈜ ○○기업 정기 ㉮ 주주 총회를 아래와 같이 개최하오니 ㉯ 주주님들의 많은 참석 바랍니다.
>
> \- 아래 -
>
> 1. 일시 : 2012년 3월 25일(일) 오후 2시
> 2. 장소 : 본사 1층 대회의실
> 3. 안건
>
> \- 제1호 의안 : 제7기(2011. 1. 1 ~ 2011. 12. 31) 재무제표 승인의 건
>
> \- 제2호 의안 : ㉰ 이사 보수 한도의 건
>
> \- 제3호 의안 : ㉱ 감사 선임의 건
>
> \- 생략 -

> ㉠ ㉮는 이사회의 하위 기관이다.
>
> ㉡ ㉯는 증권 시장에서 주식을 거래할 수 있다.
>
> ㉢ ㉰는 별도의 절차 없이 대표 이사가 임명을 승인한다.
>
> ㉣ ㉱는 이사회의 업무 및 회계를 감시한다.

① ㉠㉡ ② ㉠㉢

③ ㉡㉢ ④ ㉡㉣

⑤ ㉢㉣

Tip 주주는 증권 시장을 통해 자신들의 주식을 거래할 수 있으며, 감사는 이사회의 업무 및 회계를 감시한다.

Answer 8.③ 9.④

10 다음은 시공업체 선정 공고문의 일부이다. 이를 통해 알 수 있는 경쟁 매매 방식에 대한 적절한 설명을 모두 고른 것은?

> 시공업체 공고문
>
> 공고 제2016-5호
>
> ㅇㅇ기업의 사원연수원 설치에 참여할 시공업체를 다음과 같이 선정하고자 합니다.
>
> 1. 사업명 : ㅇㅇ기업의 사원연수원 설치 시공업체 선정
> 2. 참가조건 : △△ 지역 건설업체로 최근 2년 이내에 기업 연수원 설치 참여 기업
> 3. 사업개요 : ㅇㅇ기업 홈페이지 공지사항 참고
> 4. 기타 : 유찰 시에는 시공업체 선정을 재공고 할 수 있음

> ㉠ 입찰 참가자는 주로 서면으로 신청한다.
> ㉡ 최저 가격을 제시한 신청자가 선정된다.
> ㉢ 신속하게 처리하기 위한 경매에 해당한다.
> ㉣ 판매자와 구매자 간 동시 경쟁으로 가격이 결정된다.

① ㉠㉡
② ㉠㉢
③ ㉡㉢
④ ㉡㉣
⑤ ㉢㉣

Tip 입찰 매매는 서면으로 최고 및 최저 가격을 제시한 자와 계약을 체결하며 주로 관공서나 공기업 등의 물품 구입이나 공사 발주 시 이용된다.

▌11~12▐ 다음 글을 읽고 물음에 답하시오.

서양음악의 기보는 오선지 위에 음표를 기재하는 방식으로 이루어진다. 오선지 상에서 각 음의 이름은 아래의 〈그림〉과 같으며, 동일한 음 간의 간격을 1도, 바로 인접한 음과의 간격을 2도라 하고 8도 떨어진 음을 '옥타브 위의 음'이라고 한다.

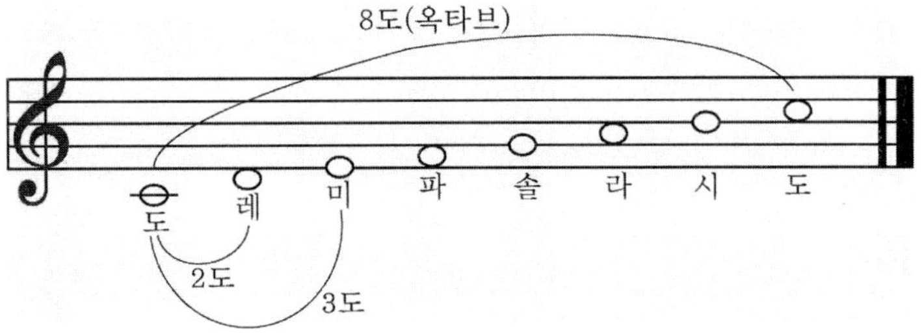

중세시대 성가들은 8개의 교회선법을 기초로 만들어졌다. 그 8개의 선법은 4개의 '정격선법'과 이와 짝을 이루는 4개의 '변격선법'으로 이루어져 있다. 4개의 정격선법에는 도리아, 프리지아, 리디아, 믹소리디아가 있고, 이들 선법은 서로 다른 하나의 '종지음'을 갖고 있다. '종지음'이라는 명칭의 유래는 어느 한 선법을 기초로 만들어진 성가는 반드시 그 선법의 종지음으로 끝난다는 특징에서 기인한다. 도리아-프리지아-리디아-믹소리디아 선법은 도리아 선법의 종지음인 '레'음에서 2도씩 순차적으로 높아지는 음을 종지음으로 갖는다. 각 정격선법은 그 종지음으로부터 옥타브 위까지의 8개 음으로 이루어지며, 이 8개의 음을 '음역'이라 한다.

정격선법과 짝을 이루는 변격선법의 이름은 정격선법 이름에 '히포'라는 접두어를 붙여 부른다. 예를 들면 도리아 선법의 변격선법은 히포도리아 선법이 된다. 각 변격선법은 상응하는 정격선법과 같은 종지음을 갖지만 그 음역은 종지음으로부터 아래로는 4도, 위로는 5도까지 펼쳐져 있다.

교회선법에는 종지음 외에 특별히 강조되는 음이 하나 더 있는데 이 음을 '중심음'이라고 한다. 원칙적으로는 정격선법의 중심음은 종지음으로부터 5도 위의 음이다. 다만 프리지아 선법에서처럼 종지음으로부터 5도 위의 음이 '시'음이 될 때에는 그 위의 '도'음이 중심음이 된다. 변격선법에서는 짝을 이루는 정격선법의 중심음으로부터 3도 아래의 음이 그 변격선법의 중심음이 되는데, 역시 이때도 3도 아래의 음이 '시'음일 경우는 바로 위의 '도'음이 중심음이 된다.

Answer 10.①

11 도리아 선법을 악보로 나타낸 것으로 바른 것은?

①
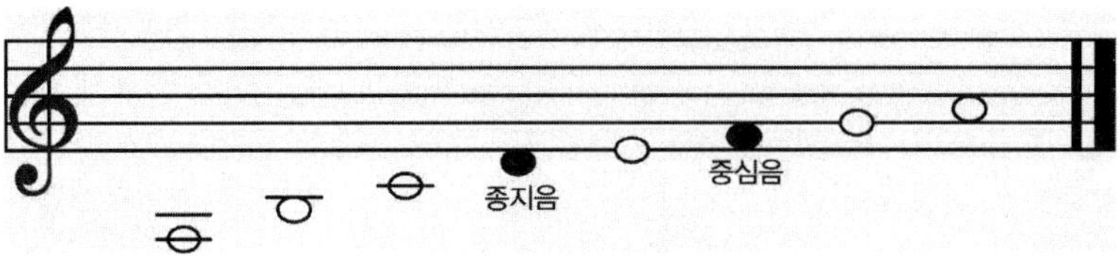

②
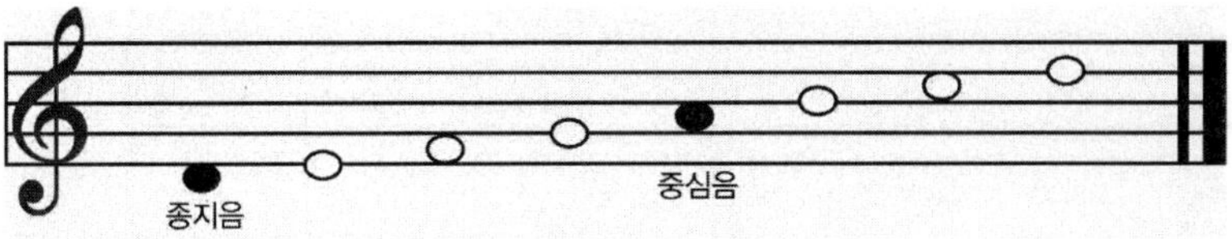

③

④
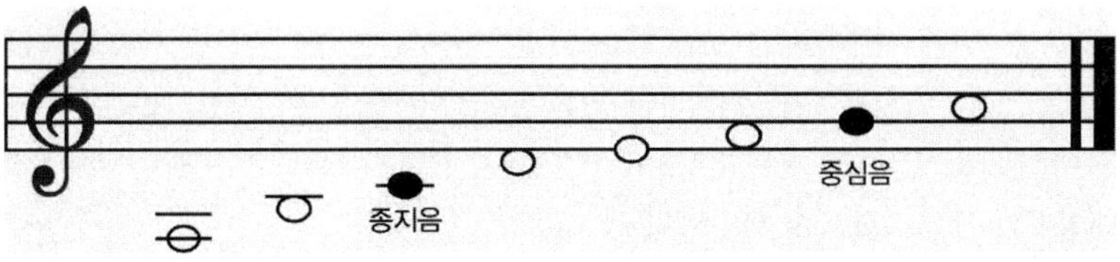

⑤
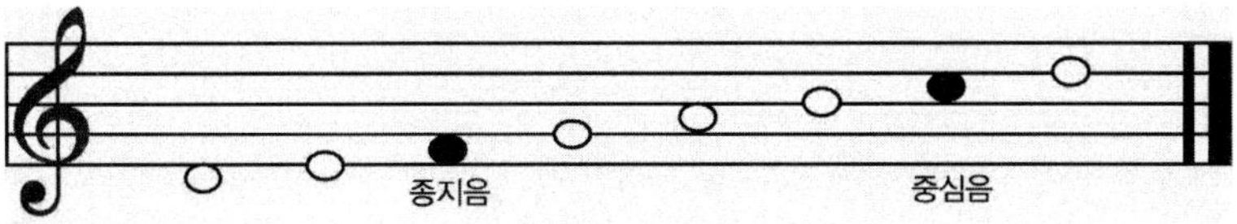

Tip 도리아 선법의 종지음은 '레'음이고 중심음은 이보다 5도 위의 음인 '라'음이다.

12 히포프리지아 선법을 악보로 나타낸 것으로 바른 것은?

①
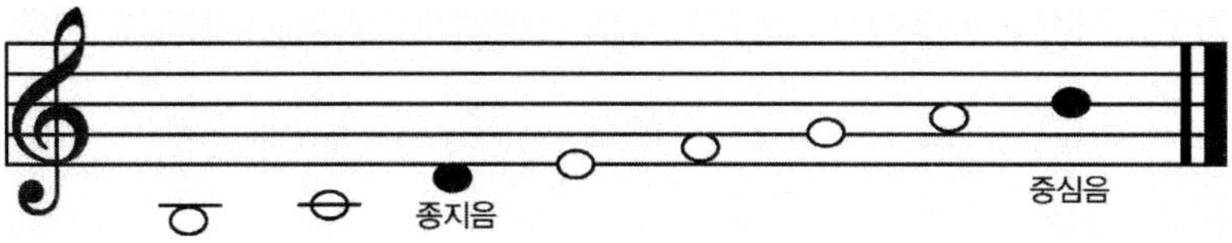

②
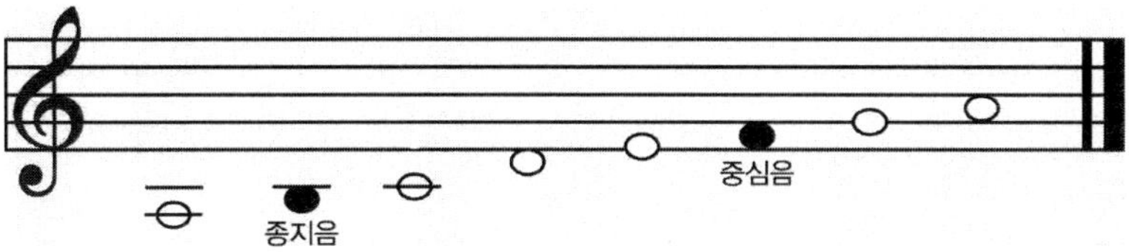

③
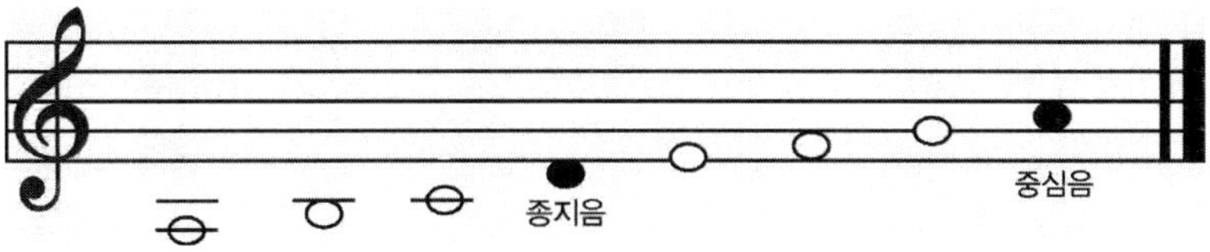

④

⑤

Tip 히포프리지아 선법은 '미'음을 종지음으로 갖는 프리지아 선법의 변격선법이다. 세 번째 문단에 따르면 변격선법은 상응하는 정격선법과 같은 종지음을 갖는다. 따라서 히포프리지아 선법의 종지음 역시 '미'음이다. 네 번째 문단에 따르면 변격선법에서는 짝을 이루는 정격선법의 중심음으로부터 3도 아래의 음이 변격선법의 중심음이 된다. 즉, 프리지아 선법의 중심음인 위의 '도'음에서 3도 아래인 '라'음이 된다. 이를 악보로 나타내면 ⑤와 같다.

Answer 11.② 12.⑤

13 다음 글의 밑줄 친 '보다'와 같은 의미의 '보다'가 쓰인 문장은 어느 것인가?

> 스스로를 '말 잘 듣는 착한 아이였다'고 말한 그녀는 OO여대 OO학과를 나와 K사에 입사했다. 의대에 가고 싶었지만 집안이 어려워 장학금을 받기 위해 성적보다 낮춰 대학에 지원했다. 맞선을 본 남편과 몇 달 만에 결혼했고 임신과 함께 직장을 그만두었다. 모교 약대에 입학한 건 아이가 세 살이 지나서였다.

① H 부부는 아이를 봐 줄 사람을 구하였다.

② 지금 나 좀 잠깐 볼 수 있는지 한 번 물어봐 줄래?

③ 그 노인의 사정을 보니 딱하게 되었다.

④ 수상한 사람을 보면 신고하시오.

⑤ 나 혼자 공연장 일을 보느라 끼니를 해결할 시간도 없다.

Tip 주어진 글에 쓰인 '맞선을 보다'는 ②의 '잠깐 좀 보다'의 경우와 함께 '일정한 목적 아래 만나다'의 의미를 갖는 어휘이다.
① '맡아서 보살피거나 지키다'의 의미를 갖는다.
③ '상대편의 형편 따위를 헤아리다'의 의미를 갖는다.
④ '눈으로 대상의 존재나 형태적 특징을 알다'의 의미를 갖는다.
⑤ '어떤 일을 맡아 하다'의 의미를 갖는다.

14 다음 글의 문맥으로 보아 밑줄 친 단어의 쓰임이 올바른 것은?

> 우리나라의 저임금 근로자가 소규모 사업체 또는 자영업자에게 많이 고용되어 있기 때문에 최저임금의 급하고 과도한 인상은 많은 자영업자의 추가적인 인건비 인상을 ㉠ 표출할 것이다. 이것은 최저임금위원회의 심의 과정에서 지속적으로 논의된 사안이며 ㉡ 급박한 최저임금 인상에 대한 가장 강력한 반대 논리이기도 하다. 아마도 정부가 최저임금 결정 직후에 매우 포괄적인 자영업 지원 대책을 발표한 이유도 이것 때문으로 보인다. 정부의 대책에는 기존의 자영업 지원 대책을 비롯하여 1차 분배를 개선하기 위한 장·단기적인 대책과 단기적 충격 완화를 위한 현금지원까지 포함되어 있다. 현금지원의 1차적인 목적은 자영업자 보호이지만 최저임금제도가 근로자 보호를 위한 제도이기 때문에 궁극적인 목적은 근로자의 고용 안정 도모이다. 현금지원에 고용안정자금이라는 꼬리표가 달린 이유도 이 때문일 것이다.
>
> 정부의 현금지원 발표 이후 이에 대한 비판이 쏟아졌다. 비판의 요지는 자영업자에게 최저임금 인상으로 인한 추가적인 인건비 부담을 현금으로 지원할거면 최저임금을 덜 올리고 현금지원 예산으로 근로 장려세제를 ㉢ 축소하면 되지 않느냐는 것이다. 그러나 이는 두 정책의 대상을 ㉣ 혼동하기 때문에 제기되는 주장이라고 판단된다. 최저임금은 1차 분배 단계에서 임금근로자를 보호하기 위한 제도적 틀이고 근로 장려세제는 취업의 의지가 낮은 노동자의 노동시장 참여를 ㉤ 유보하기 위해 고안된 사회부조(2차 분배)라는 점을 기억해야 할 것이다. 물론 현실적으로 두 정책의 적절한 조합이 필요할 것이다.

① ㉠ ② ㉡

③ ㉢ ④ ㉣

⑤ ㉤

Tip '구별하지 못하고 뒤섞어서 생각하다.'의 '혼동'은 올바르게 사용된 단어이며, '혼돈'으로 잘못 쓰지 않도록 주의해야 한다.

① 최저임금 인상이 자영업자의 추가적인 인건비 인상을 발생시키는 원인이 된다는 내용이므로 '표출'이 아닌 '초래'하는 것이라고 표현해야 한다.

② 앞의 내용으로 보아 급하고 과도한 최저임금 인상에 대한 수식어가 될 것이므로 '급격한'이 올바른 표현이다.

③ 최저임금 인상 대신 그만큼에 해당하는 근로 장려세제를 '확대'하는 것의 의미를 갖는 문장이다.

⑤ 취업 의지가 낮은 노동자들을 노동시장으로 참여시킨다는 의미가 포함된 문장이므로 그대로 둔다는 의미의 '유보'가 아닌, '유인'이 적절한 표현이 된다.

Answer 13.② 14.④

15 다음은 주차장법상 노외주차장 구조 · 설비 기준에 관한 내용의 일부이다. 이에 대한 설명 중 옳은 것은?

제6조(노외주차장의 구조 · 설비기준)
① 노외주차장의 구조 · 설비기준은 다음과 같다.
㉠ 노외주차장의 출구와 입구에서 자동차의 회전을 쉽게 하기 위하여 필요한 경우에는 차로와 도로가 접하는 부분을 곡선형으로 하여야 한다.
㉡ 노외주차장의 출구 부근의 구조는 해당 출구로부터 2미터(이륜자동차전용 출구의 경우에는 1.3미터)를 후퇴한 노외주차장의 차로의 중심선상 1.4미터의 높이에서 도로의 중심선에 직각으로 향한 왼쪽 · 오른쪽 각각 60도의 범위에서 해당 도로를 통행하는 자를 확인할 수 있도록 하여야 한다.
㉢ 노외주차장에는 자동차의 안전하고 원활한 통행을 확보하기 위하여 다음에서 정하는 바에 따라 차로를 설치하여야 한다.
• 주차구획선의 긴 변과 짧은 변 중 한 변 이상이 차로에 접하여야 한다.
• 차로의 너비는 주차형식 및 출입구(지하식 또는 건축물식 주차장의 출입구를 포함하며 ㉣에서 또한 같다)의 개수에 따라 다음 구분에 따른 기준 이상으로 하여야 한다.
-이륜자동차전용 노외주차장

주차형식	차로의 너비	
	출입구가 2개 이상인 경우	출입구가 1개인 경우
평행주차	2.25미터	3.5미터
직각주차	4.0미터	4.0미터
45도 대향(對向)주차	2.3미터	3.5미터

-이륜자동차전용 노외주차장 외의 노외주차장

주차형식	차로의 너비	
	출입구가 2개 이상인 경우	출입구가 1개인 경우
평행주차	3.3미터	5.0미터
직각주차	6.0미터	6.0미터
60도 대향주차	4.5미터	5.5미터
45도 대향주차	3.5미터	5.0미터
교차주차	3.5미터	5.0미터

㉣ 노외주차장의 출입구 너비는 3.5미터 이상으로 하여야 하며, 주차대수 규모가 50대 이상인 경우에는 출구와 입구를 분리하거나 너비 5.5미터 이상의 출입구를 설치하여 소통이 원활하도록 하여야 한다.

㉤ 지하식 또는 건축물식 노외주차장의 차로는 ㉢의 기준에 따르는 외에 다음에서 정하는 바에 따른다.
- 높이는 주차바닥면으로부터 2.3미터 이상으로 하여야 한다.
- 곡선 부분은 자동차가 6미터(같은 경사로를 이용하는 주차장의 총주차대수가 50대 이하인 경우에는 5미터, 이륜자동차전용 노외주차장의 경우에는 3미터) 이상의 내변반경으로 회전할 수 있도록 하여야 한다.
- 경사로의 차로 너비는 직선형인 경우에는 3.3미터 이상(2차로의 경우에는 6미터 이상)으로 하고, 곡선형인 경우에는 3.6미터 이상(2차로의 경우에는 6.5미터 이상)으로 하며, 경사로의 양쪽 벽면으로부터 30센티미터 이상의 지점에 높이 10센티미터 이상 15센티미터 미만의 연석(沿石)을 설치하여야 한다. 이 경우 연석 부분은 차로의 너비에 포함되는 것으로 본다.
- 경사로의 종단경사도는 직선 부분에서는 17퍼센트를 초과하여서는 아니 되며, 곡선 부분에서는 14퍼센트를 초과하여서는 아니 된다.
- 경사로의 노면은 거친 면으로 하여야 한다.
- 주차대수 규모가 50대 이상인 경우의 경사로는 너비 6미터 이상인 2차로를 확보하거나 진입차로와 진출차로를 분리하여야 한다.

① 노외주차장을 설비할 때는 반드시 차로와 도로가 접하는 부분을 직선형으로 하여야 한다.

② 출입구가 2개이며 직각주차 형식의 이륜자동차전용 노외주차장에는 너비가 4.0미터 이상인 차로를 설치해야 한다.

③ 출입구가 1개이며 45도 대향주차 형식의 이륜자동차전용 주차장이 아닌 노외주차장에는 너비가 3.5미터 이상인 차로를 설치해야 한다.

④ 지하식 노외주차장의 차로의 높이는 주차바닥면으로부터 3미터 이상이어야 한다.

⑤ 60대의 차량이 주차할 수 있는 노외주차장의 경우 출입구의 너비는 3.5미터 이상이어야 한다.

Tip
① 노외주차장의 출구와 입구에서 자동차의 회전을 쉽게 하기 위하여 필요한 경우에는 차로와 도로가 접하는 부분을 곡선형으로 하여야 한다.
③ 출입구가 1개이며 45도 대향주차 형식의 이륜자동차전용 주차장이 아닌 노외주차장에는 너비가 5미터 이상인 차로를 설치해야 한다.
④ 지하식 노외주차장의 차로의 높이는 주차바닥면으로부터 2.3미터 이상이어야 한다.
⑤ 주차대수 규모가 50대 이상인 노외주차장의 경우에는 출구와 입구를 분리하거나 너비 5.5미터 이상의 출입구를 설치하여 소통이 원활하도록 하여야 한다.

Answer 15.②

16 다음에 해당하는 언어의 기능은?

> 이 기능은 우리가 세계를 이해하는 정도에 비례하여 수행된다. 그러면 세계를 이해한다는 것은 무엇인가? 그것은 이 세상에 존재하는 사물에 대하여 이름을 부여함으로써 발생하는 것이다. 여기 한 그루의 나무가 있다고 하자. 그런데 그것을 나무라는 이름으로 부르지 않는 한 그것은 나무로서의 행세를 못한다. 인류의 지식이라는 것은 인류가 깨달아 알게 되는 모든 대상에 대하여 이름을 붙이는 작업에서 형성되는 것이라고 말해도 좋다. 어떤 사물이건 거기에 이름이 붙으면 그 사물의 개념이 형성된다. 다시 말하면, 그 사물의 의미가 확정된다. 그러므로 우리가 쓰고 있는 언어는 모두가 사물을 대상화하여 그것에 의미를 부여하는 이름이라고 할 수 있다.

① 정보적 기능　　② 친교적 기능
③ 명령적 기능　　④ 관어적 기능
⑤ 미적 기능

Tip 언어의 기능

㉠ **표현적 기능** : 말하는 사람의 감정이나 태도를 나타내는 기능이다. 언어의 개념적 의미보다는 감정적인 의미가 중시된다. →[예 : 느낌, 놀람 등 감탄의 말이나 욕설, 희로애락의 감정표현, 폭언 등]

㉡ **정보전달기능** : 말하는 사람이 알고 있는 사실이나 지식, 정보를 상대방에게 알려 주기 위해 사용하는 기능이다. →[예 : 설명, 신문기사, 광고 등]

㉢ **사교적 기능(친교적 기능)** : 상대방과 친교를 확보하거나 확인하여 서로 의사소통의 통로를 열어 놓아주는 기능이다. →[예 : 인사말, 취임사, 고별사 등]

㉣ **미적 기능** : 언어예술작품에 사용되는 것으로 언어를 통해 미적인 가치를 추구하는 기능이다. 이 경우에는 감정적 의미만이 아니라 개념적 의미도 아주 중시된다. →[예 : 시에 사용되는 언어]

㉤ **지령적 기능(감화적 기능)** : 말하는 사람이 상대방에게 지시를 하여 특정 행위를 하게 하거나, 하지 않도록 함으로써 자신의 목적을 달성하려는 기능이다. →[예 : 법률, 각종 규칙, 단체협약, 명령, 요청, 광고문 등의 언어]

17 두 과학자 진영 A와 B의 진술 내용과 부합하지 않는 것은?

> 우리 은하와 비교적 멀리 떨어져 있는 은하들이 모두 우리 은하로부터 점점 더 멀어지고 있다는 사실이 확인되었다. 이 사실을 두고 우주의 기원과 구조에 대해 서로 다른 견해를 가진 두 진영이 다음과 같이 논쟁하였다.
>
> A진영 : 우주는 시간적으로 무한히 오래되었다. 우주가 팽창하는 것은 사실이다. 그렇다고 우리 견해가 틀렸다고 볼 필요는 없다. 우주는 팽창하지만 전체적으로 항상성을 유지한다. 은하와 은하가 멀어질 때 그 사이에서 물질이 연속적으로 생성되어 새로운 은하들이 계속 형성되기 때문이다. 비록 우주는 약간씩 변화가 있겠지만, 우주 전체의 평균 밀도는 일정하게 유지된다. 만일 은하 사이에서 새로 생성되는 은하를 관측한다면, 우리의 가설을 입증할 수 있다. 반면 우주가 자그마한 씨앗으로부터 대폭발에 의해 생겨났다는 주장은 터무니없다. 이처럼 방대한 우주의 물질과 구조가 어떻게 그토록 작은 점에 모여 있을 수 있겠는가?
>
> B진영 : A의 주장은 터무니없다. 은하 사이에서 새로운 은하가 생겨난다면 도대체 그 물질은 어디서 온 것이라는 말인가? 은하들이 우리 은하로부터 점점 더 멀어지고 있다는 사실은 오히려 우리 견해가 옳다는 것을 입증할 뿐이다. 팽창하는 우주를 거꾸로 돌린다면 우주가 시공간적으로 한 점에서 시작되었다는 결론을 얻을 수 있다. 만일 우주 안의 모든 물질과 구조가 한 점에 있었다면 초기 우주는 현재와 크게 달랐을 것이다. 대폭발 이후 우주의 물질들은 계속 멀어지고 있으며 우주의 밀도는 계속 낮아지고 있다. 대폭발 이후 방대한 전자기파가 방출되었는데, 만일 우리가 이를 관측한다면, 우리의 견해가 입증될 것이다.

① A에 따르면 물질의 총 질량이 보존되지 않는다.

② A에 따르면 우주는 시작이 없고, B에 따르면 우주는 시작이 있다.

③ A에 따르면 우주는 국소적인 변화는 있으나 전체적으로는 변화가 없다.

④ A와 B는 인접한 은하들 사이의 평균 거리가 커진다는 것을 받아들인다.

⑤ A와 B는 은하가 서로 멀어질 때 새로운 은하들이 형성된다고 보았다.

Tip ④ A는 은하와 은하가 멀어질 때 그 사이에서 물질이 연속적으로 생성되어 새로운 은하들이 계속 형성되기 때문에, 우주가 팽창하지만 전체적으로 항상성을 유지하며 평균 밀도가 일정하게 유지된다고 보고 있다.

Answer 16.① 17.④

18 A 무역회사에 다니는 乙 씨는 회의에서 발표할 '해외 시장 진출 육성 방안'에 대해 다음과 같이 개요를 작성하였다. 이를 검토하던 甲이 지시한 내용 중 잘못된 것은?

> Ⅰ. 서론
> • 해외 시장에 진출한 우리 회사 제품 수의 증가 …… ㉠
> • 해외 시장 진출을 위한 장기적인 전략의 필요성
>
> Ⅱ. 본론
> 1. 해외 시장 진출의 의의
> • 다른 나라와의 경제적 연대 증진 …… ㉡
> • 해외 시장 속 우리 회사의 위상 제고
> 2. 해외 시장 진출의 장애 요소
> • 해외 시장 진출 관련 재정 지원 부족
> • 우리 회사에 대한 현지인의 인지도 부족 …… ㉢
> • 해외 시장 진출 전문 인력 부족
> 3. 해외 시장 진출 지원 및 육성 방안
> • 재정의 투명한 관리 …… ㉣
> • 인지도를 높이기 위한 현지 홍보 활동
> • 해외 시장 진출 전문 인력 충원 …… ㉤
>
> Ⅲ. 결론
> • 해외 시장 진출의 전망

① ㉠ : 해외 시장에 진출한 우리 회사 제품 수를 통계 수치로 제시하면 더 좋겠군
② ㉡ : 다른 나라에 진출한 타 기업 수 현황을 근거 자료로 제시하면 더 좋겠군
③ ㉢ : 우리 회사에 대한 현지인의 인지도를 타 기업과 비교해 상대적으로 낮음을 보여 주면 효과적이겠군
④ ㉣ : Ⅱ-2를 고려할 때 '해외 시장 진출 관련 재정 확보 및 지원'으로 수정하는 것이 좋겠군
⑤ ㉤ : 이번 공개채용을 통해 필요 인력을 보충해야겠군

Tip ② 다른 나라에 진출한 타 기업 수 현황 자료는 '다른 나라와의 경제적 연대 증진'이라는 해외 시장 진출의 의의를 뒷받침하는 근거 자료로 적합하지 않다.

19 다음 중 맞춤법이나 띄어쓰기에 틀린 데가 없는 것은?

① 그는 일본 생활에서 얻은 생각을 바탕으로 귀국하자 마자 형, 동생과 함께 항일 단체인 정의부, 군정서, 의열단에 가입하였다. 그리고 지금의 달성 공원 입구에 자리 잡고 있었던 조양 회관에서 벌이는 문화 운동에 적극적으로 참여하였다.

② 중국에서 이육사는 자금을 모아 중국에 독립군 기지를 건설하려는 몇몇의 독립 운동가들과 만날 수 있었다. 그는 이들과의 만남을 게기로 독립 운동에 본격적으로 참여하게 된다.

③ 이육사는 1932년에 난징으로 항일 무장 투쟁 단체인 의열단과 군사 간부 학교의 설립 장소를 찾아간다. 교육을 받는 동안 그는 늘상 최우수의 성적을 유지했으며, 권총 사격에서 대단한 실력을 보였다고 한다.

④ 이육사는 문단 생활을 하면서 친형제 이상의 우애를 나누었던 신석초에게도 자신의 신분을 밝히지 않았다. 어쩌다 고향인 안동에 돌아와서도 마을 사람이나 친척들과 별로 어울리지 않았다.

⑤ 이육사가 죽은 후, 1년 뒤에 일제강점기에서 해방되었다. 그 후, 1946년 신석초를 비롯한 문학인들에 의해 유고시집 「육사시집」이 가맹되었고, 1968년 고향인 경상북도 안동에 육사시비가 세워졌다.

Tip ① 귀국하자 마자 → 귀국하자마자
② 게기로 → 계기로
③ 늘상 → 늘
⑤ 가맹 → 간행

20 문서작성의 원칙에 대한 내용으로 적절하지 못한 것은?

① 문장은 짧고 간결하게 작성하여야 한다.
② 문서의 주요한 내용은 마지막에 쓰도록 한다.
③ 중요하지 않은 경우 한자의 사용을 금해야 한다.
④ 상대방이 이해하기가 쉽도록 작성하여야 한다.
⑤ 문장은 긍정문의 형식을 사용한다.

Tip ② 문서의 주요한 내용은 먼저 써야 한다. 결론을 먼저 쓰고 그에 따른 내용을 서술하는 것이 문서작성의 핵심이다.

Answer 18.② 19.④ 20.②

21 다음 글은 어떤 글을 쓰기 위한 서두 부분이다. 다음에 이어질 글을 추론하여 제목을 고르면?

> 우주선 안을 둥둥 떠다니는 우주비행사의 모습은 동화 속의 환상처럼 보는 이를 즐겁게 한다. 그러나 위아래 개념도 없고 무게도 느낄 수 없는 우주공간에서 실제 활동하는 것은 결코 쉬운 일이 아니다. 때문에 우주비행사들은 여행을 떠나기 전에 지상기지에서 미세중력(무중력)에 대한 충분한 훈련을 받는다. 그러면 무중력 훈련은 어떤 방법으로 하는 것일까?

① 무중력의 신비
② 우주선의 신비
③ 우주선과 무중력
④ 비행사의 무중력 훈련
⑤ 우주선 안의 시각적 요소

Tip 마지막 문장을 통해 무중력 훈련이 어떻게 이루어지는가에 대한 내용이 올 것이라는 것을 추론할 수 있다. 따라서 글의 제목은 '비행사의 무중력 훈련'이 된다.

22 다음은 OO전자 채용 공고문의 일부이다. 이를 통해 알 수 있는 내용으로 옳은 것만을 〈보기〉에서 모두 고른 것은?

채용공고

OO전자 현황

회사명	ㅇㅇ전자	생산품명	전자회로
		종업원 수	100명
4대 보험	가입	연간 매출액	100억 원

채용조건

채용 인원	00명
우대 조건	전자캐드 기능사 자격증 소지자
기타	일정 기간 동안 현장 실습을 마친 후 평가 결과에 따라 정규직원으로 전환

〈보기〉

㉠ 인턴사원제를 실시하고 있다.
㉡ 회사의 규모는 대기업에 해당한다.
㉢ 우대 조건의 기술 자격은 해당 분야 실무 경력이 2년 이상이어야 취득할 수 있다.
㉣ 채용된 실습생은 국민연금, 고용보험, 산업재해보상보험, 국민건강보험의 적용을 받는다.

① ㉠㉣
② ㉡㉢
③ ㉡㉣
④ ㉠㉡㉢
⑤ ㉡㉢㉣

Tip 일정 기간 동안 현장 실습을 마친 후 평가 결과에 따라 정규직원으로 채용하므로 인턴사원제이다.
제조업의 경우 상시 근로자 수 300명 미만, 자본금 80억 원 이하는 중소기업에 해당한다.
기능사 취득에는 자격 제한이 없다.

23 다음은 스티븐씨의 한국방문일정이다. 옳지 않은 것은?

Tues. march. 24, 2016
10 : 30 Arrive Seoul (KE 086)
12 : 00~14 : 00 Luncheon with Directors at Seoul Branch
14 : 30~16 : 00 Meeting with Suppliers
16 : 30~19 : 00 Tour of Insa-dong
19 : 00 Depart for Dinner

Wed. march. 25, 2016
8 : 30 Depart for New York (OZ 222)
11 : 00 Arrive New York

① 총 2대의 비행기를 이용할 것이다.
② 오후에 인사동을 관광할 것이다.
③ 두 번에 걸친 회의가 있다.
④ 서울에 도착 후 이사와 오찬을 먹을 것이다.
⑤ 3월 25일에 뉴욕편 비행기에 탑승할 예정이다.

Tip ③ 회의는 24일에 한 번 있다.

Answer 21.④ 22.① 23.③

▎24~25 ▎ 다음은 S그룹의 2018년 주요 사업계획이다. 이어지는 물음에 답하시오.

(단위 : 개/백만 원)

핵심가치	전략과제	개수	예산
총계		327	1,009,870
안전우선 시민안전을 최고의 가치로 (108개/513,976백만 원)	스마트 안전관리 체계구축	27	10,155
	비상대응 역량강화	21	39,133
	시설 안전성 강화	60	464,688
고객감동 고객만족을 최우선으로 (63개/236,529백만 원)	고객 소통채널 다각화	10	8,329
	고객서비스 제도개선	16	2,583
	이용환경 개선	37	225,617
변화혁신 경영혁신을 전사적으로 (113개/210,418백만 원)	혁신적 재무구조 개선	34	22,618
	디지털 기술혁신	23	22,952
	융합형 조직혁신	56	164,848
상생협치 지역사회를 한가족으로 (43개/48,947백만 원)	내부소통 활성화	25	43,979
	사회적 책임이행	18	4,968

24 위 자료를 읽고 빈칸에 들어갈 말로 적절한 것을 고르면?

> '안전우선'은 가장 많은 예산이 투자되는 핵심가치이다. 전략과제는 3가지가 있고, 그 중 '(㉠)'은/는 가장 많은 개수를 기록하고 있으며, 예산은 464,688백만 원이다. '고객감동'의 전략과제는 3가지이며, 고객만족을 최우선으로 하고 있다. 핵심가치 '(㉡)'은/는 113개를 기록하고 있고, 3가지 전략과제 중 융합형 조직혁신이 가장 큰 비중을 차지하고 있다. 핵심가치 '(㉢)'은/는 가장 적은 비중을 차지하고 있고, 2가지 전략과제를 가지고 있다.

	㉠	㉡	㉢
①	스마트 안전관리 체계구축	고객감동	변화혁신
②	비상대응 역량강화	고객감동	변화혁신
③	비상대응 역량강화	변화혁신	고객감동
④	시설 안전성 강화	변화혁신	상생협치
⑤	시설 안전성 강화	안전우선	상생협치

Tip '안전우선'은 가장 많은 예산이 투자되는 핵심가치이다. 전략과제는 3가지가 있고, 그 중 '(시설 안전성 강화)'는 가장 많은 개수를 기록하고 있으며, 예산은 464,688백만 원이다. '고객감동'의 전략과제는 3가지이며, 고객만족을 최우선으로 하고 있다. 핵심가치 '(변화혁신)'은 113개를 기록하고 있고, 3가지 전략과제 중 융합형 조직혁신이 가장 큰 비중을 차지하고 있다. 핵심가치 '(상생협치)'는 가장 적은 비중을 차지하고 있고, 2가지 전략과제를 가지고 있다.

25 다음 중 옳지 않은 것은?

① '고객감동'의 예산은 가장 높은 비중을 보이고 있다.
② '안전우선'의 예산은 나머지 핵심가치를 합한 것 이상을 기록했다.
③ 예산상 가장 적은 비중을 보이는 전략과제는 '고객서비스 제도개선'이다.
④ '안전우선'과 '변화혁신'의 개수는 각각 100개를 넘어섰다.
⑤ 2018년 주요 사업계획의 총 예산은 1조 원을 넘어섰다.

Tip ① '안전우선'의 예산은 가장 높은 비중을 보이고 있다.

Answer 24.④ 25.①

CHAPTER

03 수리능력

1 직장생활과 수리능력

(1) 기초직업능력으로서의 수리능력

① 개념 … 직장생활에서 요구되는 사칙연산과 기초적인 통계를 이해하고 도표의 의미를 파악하거나 도표를 이용해서 결과를 효과적으로 제시하는 능력을 말한다.

② 수리능력은 크게 기초연산능력, 기초통계능력, 도표분석능력, 도표작성능력으로 구성된다.

㉠ **기초연산능력** : 직장생활에서 필요한 기초적인 사칙연산과 계산방법을 이해하고 활용할 수 있는 능력

㉡ **기초통계능력** : 평균, 합계, 빈도 등 직장생활에서 자주 사용되는 기초적인 통계기법을 활용하여 자료의 특성과 경향성을 파악하는 능력

㉢ **도표분석능력** : 그래프, 그림 등 도표의 의미를 파악하고 필요한 정보를 해석하는 능력

㉣ **도표작성능력** : 도표를 이용하여 결과를 효과적으로 제시하는 능력

(2) 업무수행에서 수리능력이 활용되는 경우

① 업무상 계산을 수행하고 결과를 정리하는 경우

② 업무비용을 측정하는 경우

③ 고객과 소비자의 정보를 조사하고 결과를 종합하는 경우

④ 조직의 예산안을 작성하는 경우

⑤ 업무수행 경비를 제시해야 하는 경우

⑥ 다른 상품과 가격비교를 하는 경우

⑦ 연간 상품 판매실적을 제시하는 경우

⑧ 업무비용을 다른 조직과 비교해야 하는 경우

⑨ 상품판매를 위한 지역조사를 실시해야 하는 경우

⑩ 업무수행과정에서 도표로 주어진 자료를 해석하는 경우

⑪ 도표로 제시된 업무비용을 측정하는 경우

예제 1

다음 자료를 보고 주어진 상황에 대한 물음에 답하시오.

〈근로소득에 대한 간이 세액표〉

월 급여액(천 원) [비과세 및 학자금 제외]		공제대상 가족 수				
이상	미만	1	2	3	4	5
2,500	2,520	38,960	29,280	16,940	13,570	10,190
2,520	2,540	40,670	29,960	17,360	13,990	10,610
2,540	2,560	42,380	30,640	17,790	14,410	11,040
2,560	2,580	44,090	31,330	18,210	14,840	11,460
2,580	2,600	45,800	32,680	18,640	15,260	11,890
2,600	2,620	47,520	34,390	19,240	15,680	12,310
2,620	2,640	49,230	36,100	19,900	16,110	12,730
2,640	2,660	50,940	37,810	20,560	16,530	13,160
2,660	2,680	52,650	39,530	21,220	16,960	13,580
2,680	2,700	54,360	41,240	21,880	17,380	14,010
2,700	2,720	56,070	42,950	22,540	17,800	14,430
2,720	2,740	57,780	44,660	23,200	18,230	14,850
2,740	2,760	59,500	46,370	23,860	18,650	15,280

※ 갑근세는 제시되어 있는 간이 세액표에 따름
※ 주민세=갑근세의 10%
※ 국민연금=급여액의 4.50%
※ 고용보험=국민연금의 10%
※ 건강보험=급여액의 2.90%
※ 교육지원금=분기별 100,000원(매 분기별 첫 달에 지급)

박○○ 사원의 5월 급여내역이 다음과 같고 전월과 동일하게 근무하였으나 특별수당은 없고 차량지원금으로 100,000원을 받게 된다면, 6월에 받게 되는 급여는 얼마인가? (단, 원 단위 절삭)

(주) 서원플랜테크 5월 급여내역			
성명	박○○	지급일	5월 12일
기본급여	2,240,000	갑근세	39,530
직무수당	400,000	주민세	3,950
명절 상여금		고용보험	11,970
특별수당	20,000	국민연금	119,700
차량지원금		건강보험	77,140
교육지원		기타	
급여계	2,660,000	공제합계	252,290
		지급총액	2,407,710

① 2,443,910
② 2,453,910
③ 2,463,910
④ 2,473,910

[출제의도]
업무상 계산을 수행하거나 결과를 정리하고 업무비용을 측정하는 능력을 평가하기 위한 문제로서, 주어진 자료에서 문제를 해결하는 데에 필요한 부분을 빠르고 정확하게 찾아내는 것이 중요하다.

[해설]

기본급여	2,240,000	갑근세	46,370
직무수당	400,000	주민세	4,630
명절 상여금		고용보험	12,330
특별수당		국민연금	123,300
차량지원금	100,000	건강보험	79,460
교육지원		기타	
급여계	2,740,000	공제합계	266,090
		지급총액	2,473,910

답 ④

(3) 수리능력의 중요성

① 수학적 사고를 통한 문제해결

② 직업세계의 변화에의 적응

③ 실용적 가치의 구현

(4) 단위환산표

구분	단위환산
길이	1cm = 10mm, 1m = 100cm, 1km = 1,000m
넓이	1㎠ = 100㎟, 1㎡ = 10,000㎠, 1㎢ = 1,000,000㎡
부피	1㎤ = 1,000㎣, 1㎥ = 1,000,000㎤, 1㎦ = 1,000,000,000㎥
들이	1mℓ = 1㎤, 1dℓ = 100㎤, 1L = 1,000㎤ = 10dℓ
무게	1kg = 1,000g, 1t = 1,000kg = 1,000,000g
시간	1분 = 60초, 1시간 = 60분 = 3,600초
할푼리	1푼 = 0.1할, 1리 = 0.01할, 1모 = 0.001할

예제 2

둘레의 길이가 4.4km인 정사각형 모양의 공원이 있다. 이 공원의 넓이는 몇 a인가?

① 12,100a　② 1,210a

③ 121a　④ 12.1a

[출제의도]
길이, 넓이, 부피, 들이, 무게, 시간, 속도 등 단위에 대한 기본적인 환산 능력을 평가하는 문제로서, 소수점 계산이 필요하며, 자릿수를 읽고 구분할 줄 알아야 한다.

[해설]
공원의 한 변의 길이는
$4.4 \div 4 = 1.1(\text{km})$이고
$1\text{km}^2 = 10,000\text{a}$이므로
공원의 넓이는
$1.1\text{km} \times 1.1\text{km} = 1.21km^2$
$= 12,100a$

답 ①

2 수리능력을 구성하는 하위능력

(1) 기초연산능력

① 사칙연산 … 수에 관한 덧셈, 뺄셈, 곱셈, 나눗셈의 네 종류의 계산법으로 업무를 원활하게 수행하기 위해서는 기본적인 사칙연산뿐만 아니라 다단계의 복잡한 사칙연산까지도 수행할 수 있어야 한다.

② 검산 … 연산의 결과를 확인하는 과정으로 대표적인 검산방법으로 역연산과 구거법이 있다.

㉠ 역연산 : 덧셈은 뺄셈으로, 뺄셈은 덧셈으로, 곱셈은 나눗셈으로, 나눗셈은 곱셈으로 확인하는 방법이다.

㉡ 구거법 : 원래의 수와 각 자리 수의 합이 9로 나눈 나머지가 같다는 원리를 이용한 것으로 9를 버리고 남은 수로 계산하는 것이다.

예제 3

다음 식을 바르게 계산한 것은?

$$1+\frac{2}{3}+\frac{1}{2}-\frac{3}{4}$$

① $\frac{13}{12}$
② $\frac{15}{12}$
③ $\frac{17}{12}$
④ $\frac{19}{12}$

[출제의도]
직장생활에서 필요한 기초적인 사칙연산과 계산방법을 이해하고 활용할 수 있는 능력을 평가하는 문제로서, 분수의 계산과 통분에 대한 기본적인 이해가 필요하다.

[해설]
$\frac{12}{12}+\frac{8}{12}+\frac{6}{12}-\frac{9}{12}=\frac{17}{12}$

답 ③

(2) 기초통계능력

① 업무수행과 통계

㉠ 통계의 의미 : 통계란 집단현상에 대한 구체적인 양적 기술을 반영하는 숫자이다.

㉡ 업무수행에 통계를 활용함으로써 얻을 수 있는 이점

- 많은 수량적 자료를 처리가능하고 쉽게 이해할 수 있는 형태로 축소
- 표본을 통해 연구대상 집단의 특성을 유추
- 의사결정의 보조수단
- 관찰 가능한 자료를 통해 논리적으로 결론을 추출 · 검증

㉢ 기본적인 통계치

- 빈도와 빈도분포 : 빈도란 어떤 사건이 일어나거나 증상이 나타나는 정도를 의미하며, 빈도분포란 빈도를 표나 그래프로 종합적으로 표시하는 것이다.
- 평균 : 모든 사례의 수치를 합한 후 총 사례 수로 나눈 값이다.
- 백분율 : 전체의 수량을 100으로 하여 생각하는 수량이 그중 몇이 되는가를 퍼센트로 나타낸 것이다.

② 통계기법

㉠ 범위와 평균

- 범위 : 분포의 흩어진 정도를 가장 간단히 알아보는 방법으로 최곳값에서 최젓값을 뺀 값을 의미한다.
- 평균 : 집단의 특성을 요약하기 위해 가장 자주 활용하는 값으로 모든 사례의 수치를 합한 후 총 사례 수로 나눈 값이다.
- 관찰값이 1, 3, 5, 7, 9일 경우 범위는 $9-1=8$이 되고, 평균은 $\frac{1+3+5+7+9}{5}=$ 5가 된다.

㉡ 분산과 표준편차

- 분산 : 관찰값의 흩어진 정도로, 각 관찰값과 평균값의 차의 제곱의 평균이다.
- 표준편차 : 평균으로부터 얼마나 떨어져 있는가를 나타내는 개념으로 분산값의 제곱근 값이다.
- 관찰값이 1, 2, 3이고 평균이 2인 집단의 분산은 $\frac{(1-2)^2+(2-2)^2+(3-2)^2}{3}=\frac{2}{3}$ 이고 표준편차는 분산값의 제곱근 값인 $\sqrt{\frac{2}{3}}$ 이다.

③ 통계자료의 해석

㉠ 다섯숫자요약

- 최솟값 : 원자료 중 값의 크기가 가장 작은 값
- 최댓값 : 원자료 중 값의 크기가 가장 큰 값
- 중앙값 : 최솟값부터 최댓값까지 크기에 의하여 배열했을 때 중앙에 위치하는 사례의 값
- 하위 25%값 · 상위 25%값 : 원자료를 크기 순으로 배열하여 4등분한 값

㉡ 평균값과 중앙값 : 평균값과 중앙값은 그 개념이 다르기 때문에 명확하게 제시해야 한다.

예제 4

인터넷 쇼핑몰에서 회원가입을 하고 디지털캠코더를 구매하려고 한다. 다음은 구입하고자 하는 모델에 대하여 인터넷 쇼핑몰 세 곳의 가격과 조건을 제시한 표이다. 표에 있는 모든 혜택을 적용하였을 때 디지털캠코더의 배송비를 포함한 실제 구매가격을 바르게 비교한 것은?

구분	A 쇼핑몰	B 쇼핑몰	C 쇼핑몰
정상가격	129,000원	131,000원	130,000원
회원혜택	7,000원 할인	3,500원 할인	7% 할인
할인쿠폰	5% 쿠폰	3% 쿠폰	5,000원
중복할인여부	불가	가능	불가
배송비	2,000원	무료	2,500원

① A<B<C　　② B<C<A
③ C<A<B　　④ C<B<A

[출제의도]
직장생활에서 자주 사용되는 기초적인 통계기법을 활용하여 자료의 특성과 경향성을 파악하는 능력이 요구되는 문제이다.

[해설]
㉠ A 쇼핑몰
- 회원혜택을 선택한 경우 : 129,000－7,000＋2,000＝124,000(원)
- 5% 할인쿠폰을 선택한 경우 : 129,000×0.95＋2,000＝124,550

㉡ B 쇼핑몰 : 131,000×0.97－3,500＝123,570

㉢ C 쇼핑몰
- 회원혜택을 선택한 경우 : 130,000×0.93＋2,500＝123,400
- 5,000원 할인쿠폰을 선택한 경우 : 130,000－5,000＋2,500＝127,500

∴ C<B<A

답 ④

(3) 도표분석능력

① 도표의 종류

㉠ 목적별 : 관리(계획 및 통제), 해설(분석), 보고
㉡ 용도별 : 경과 그래프, 내역 그래프, 비교 그래프, 분포 그래프, 상관 그래프, 계산 그래프
㉢ 형상별 : 선 그래프, 막대 그래프, 원 그래프, 점 그래프, 층별 그래프, 레이더 차트

② 도표의 활용

㉠ 선 그래프

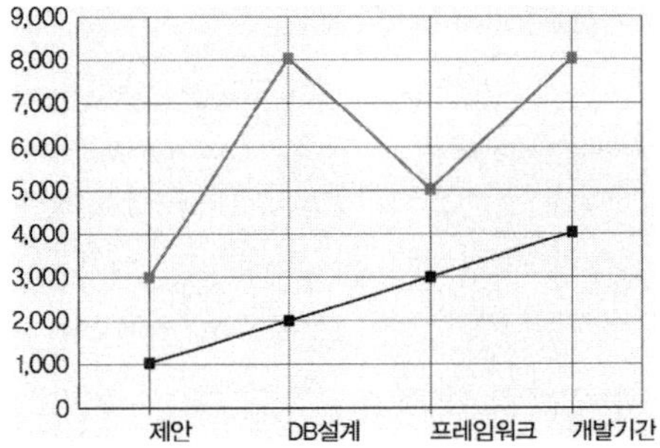

- 주로 시간의 경과에 따라 수량에 의한 변화 상황(시계열 변화)을 절선의 기울기로 나타내는 그래프이다.
- 경과, 비교, 분포를 비롯하여 상관관계 등을 나타낼 때 쓰인다.

㉡ 막대 그래프

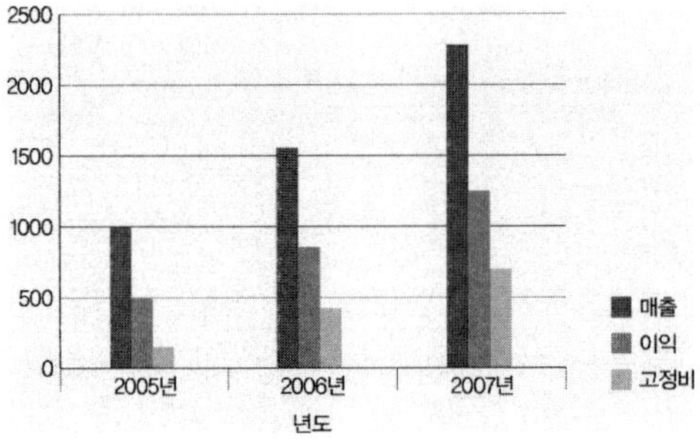

- 비교하고자 하는 수량을 막대 길이로 표시하고 그 길이를 통해 수량 간의 대소관계를 나타내는 그래프이다.
- 내역, 비교, 경과, 도수 등을 표시하는 용도로 쓰인다.

㉢ 원 그래프

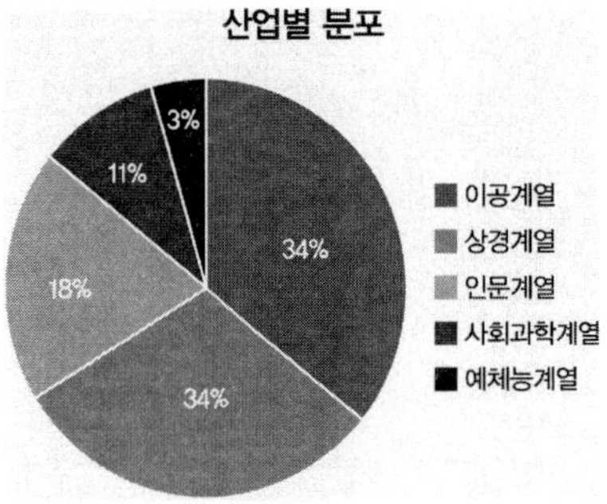

- 내역이나 내용의 구성비를 원을 분할하여 나타낸 그래프이다.
- 전체에 대해 부분이 차지하는 비율을 표시하는 용도로 쓰인다.

㉣ 점 그래프

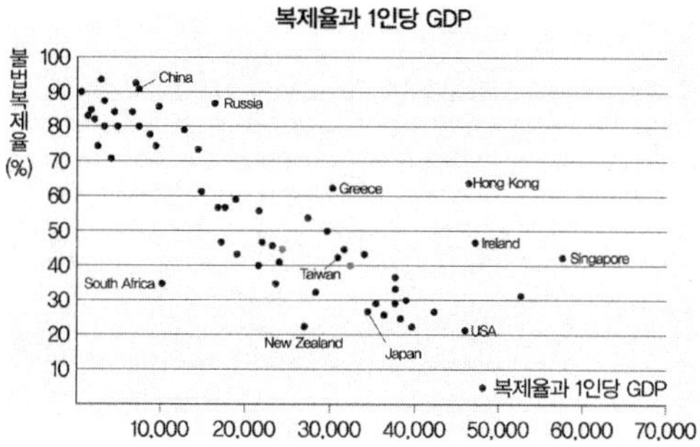

- 종축과 횡축에 2요소를 두고 보고자 하는 것이 어떤 위치에 있는가를 나타내는 그래프이다.
- 지역분포를 비롯하여 도시, 기방, 기업, 상품 등의 평가나 위치 · 성격을 표시하는데 쓰인다.

㉤ 층별 그래프

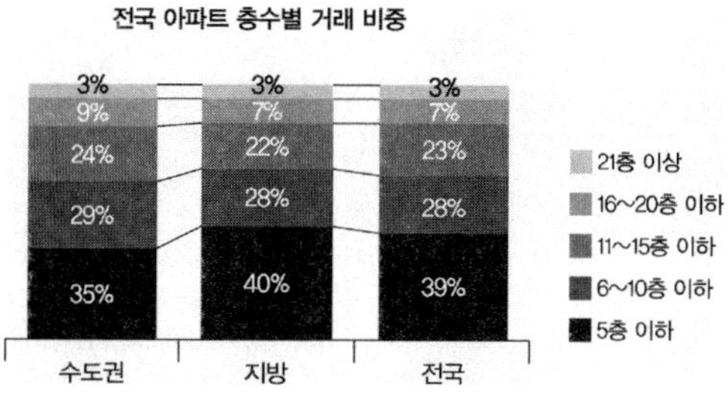

- 선 그래프의 변형으로 연속내역 봉 그래프라고 할 수 있다. 선과 선 사이의 크기로 데이터 변화를 나타낸다.
- 합계와 부분의 크기를 백분율로 나타내고 시간적 변화를 보고자 할 때나 합계와 각 부분의 크기를 실수로 나타내고 시간적 변화를 보고자 할 때 쓰인다.

㉥ 레이더 차트(거미줄 그래프)

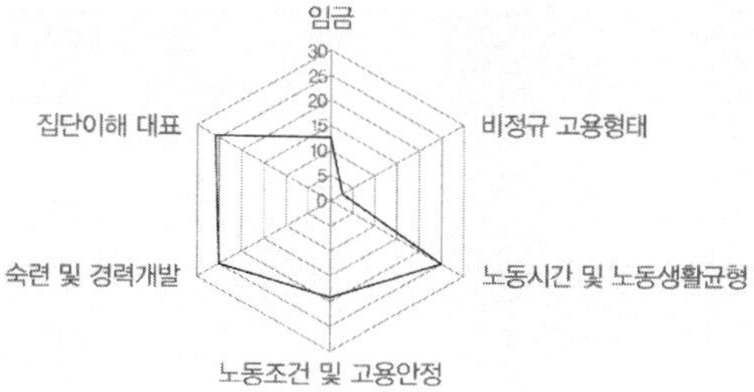

- 원 그래프의 일종으로 비교하는 수량을 직경, 또는 반경으로 나누어 원의 중심에서의 거리에 따라 각 수량의 관계를 나타내는 그래프이다.
- 비교하거나 경과를 나타내는 용도로 쓰인다.

③ 도표 해석상의 유의사항

㉠ 요구되는 지식의 수준을 넓힌다.

㉡ 도표에 제시된 자료의 의미를 정확히 숙지한다.

㉢ 도표로부터 알 수 있는 것과 없는 것을 구별한다.

㉣ 총량의 증가와 비율의 증가를 구분한다.

㉤ 백분위수와 사분위수를 정확히 이해하고 있어야 한다.

예제 5

다음 표는 2009 ~ 2010년 지역별 직장인들의 자기개발에 관해 조사한 내용을 정리한 것이다. 이에 대한 분석으로 옳은 것은?

(단위 : %)

연도 / 구분 / 지역	2009				2010			
	자기 개발 하고 있음	자기개발 비용 부담 주체			자기 개발 하고 있음	자기개발 비용 부담 주체		
		직장 100%	본인 100%	직장50% + 본인50%		직장 100%	본인 100%	직장50% + 본인50%
충청도	36.8	8.5	88.5	3.1	45.9	9.0	65.5	24.5
제주도	57.4	8.3	89.1	2.9	68.5	7.9	68.3	23.8
경기도	58.2	12	86.3	2.6	71.0	7.5	74.0	18.5
서울시	60.6	13.4	84.2	2.4	72.7	11.0	73.7	15.3
경상도	40.5	10.7	86.1	3.2	51.0	13.6	74.9	11.6

① 2009년과 2010년 모두 자기개발 비용을 본인이 100% 부담하는 사람의 수는 응답자의 절반 이상이다.

② 자기개발을 하고 있다고 응답한 사람의 수는 2009년과 2010년 모두 서울시가 가장 많다.

③ 자기개발 비용을 직장과 본인이 각각 절반씩 부담하는 사람의 비율은 2009년과 2010년 모두 서울시가 가장 높다.

④ 2009년과 2010년 모두 자기개발을 하고 있다고 응답한 비율이 가장 높은 지역에서 자기개발비용을 직장이 100% 부담한다고 응답한 사람의 비율이 가장 높다.

[출제의도]
그래프, 그림, 도표 등 주어진 자료를 이해하고 의미를 파악하여 필요한 정보를 해석하는 능력을 평가하는 문제이다.

[해설]
② 지역별 인원수가 제시되어 있지 않으므로, 각 지역별 응답자 수는 알 수 없다.
③ 2009년에는 경상도에서, 2010년에는 충청도에서 가장 높은 비율을 보인다.
④ 2009년과 2010년 모두 '자기개발을 하고 있다'고 응답한 비율이 가장 높은 지역은 서울시이며, 2010년의 경우 자기개발 비용을 직장이 100% 부담한다고 응답한 사람의 비율이 가장 높은 지역은 경상도이다.

답 ①

(4) 도표작성능력

① 도표작성 절차

㉠ 어떠한 도표로 작성할 것인지를 결정

㉡ 가로축과 세로축에 나타낼 것을 결정

㉢ 한 눈금의 크기를 결정

㉣ 자료의 내용을 가로축과 세로축이 만나는 곳에 표현

㉤ 표현한 점들을 선분으로 연결

㉥ 도표의 제목을 표기

② 도표작성 시 유의사항

㉠ 선 그래프 작성 시 유의점

- 세로축에 수량, 가로축에 명칭구분을 제시한다.
- 선의 높이에 따라 수치를 파악하는 경우가 많으므로 세로축의 눈금을 가로축보다 크게 하는 것이 효과적이다.
- 선이 두 종류 이상일 경우 반드시 그 명칭을 기입한다.

㉡ 막대 그래프 작성 시 유의점

- 막대 수가 많을 경우에는 눈금선을 기입하는 것이 알아보기 쉽다.
- 막대의 폭은 모두 같게 하여야 한다.

㉢ 원 그래프 작성 시 유의점

- 정각 12시의 선을 기점으로 오른쪽으로 그리는 것이 보통이다.
- 분할선은 구성비율이 큰 순서로 그린다.

㉣ 층별 그래프 작성 시 유의점

- 눈금은 선 그래프나 막대 그래프보다 적게 하고 눈금선은 넣지 않는다.
- 층별로 색이나 모양이 완전히 다른 것이어야 한다.
- 같은 항목은 옆에 있는 층과 선으로 연결하여 보기 쉽도록 한다.

출제예상문제

▌1~5▐ 다음 숫자들의 배열 규칙을 찾아 "?"에 들어갈 알맞은 숫자를 고르시오.

1

7	14	15	19	?

① 17 ② 20
③ 23 ④ 27
⑤ 29

Tip • 홀수 칸은 +8씩 증가하고 있다. (7, 15, 23)
• 짝수 칸은 +5씩 증가하고 있다. (14, 19)

2

12	4	24	8	?

① 36 ② 38
③ 46 ④ 48
⑤ 50

Tip ÷3, ×6이 반복되고 있으므로, 8×6=48

3

1	1	3	27	?

① 5 ② 15

③ 25 ④ 35

⑤ 40

Tip

1	1^3	3	3^3	5

4

121	81	49	25	?

① 9 ② 13

③ 15 ④ 19

⑤ 21

Tip 11^2 9^2 7^2 5^2 순으로 감소하고 있으므로 $3^2=9$

5

15	18	13	20	?

① 9 ② 11

③ 13 ④ 15

⑤ 17

Tip +3, −5, +7로 변화 하므로 −9가 적용되면, 20−9=11

Answer 1.③ 2.④ 3.① 4.① 5.②

6 그림과 같이 가로의 길이가 2, 세로의 길이가 1인 직사각형이 있다. 이 직사각형과 넓이가 같은 정사각형의 한 변의 길이는?

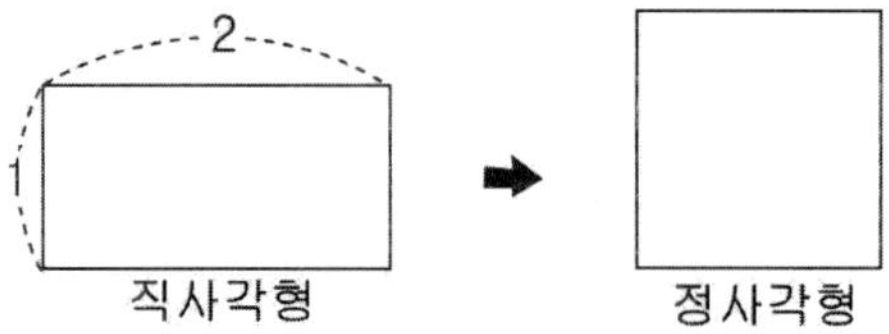

① $\sqrt{2}$　　② $\sqrt{3}$

③ 2　　④ 3

④ $\sqrt{5}$

Tip 직사각형의 넓이는 $1 \times 2 = 2$이다. 정사각형은 네 변의 길이가 모두 동일하므로 한 변의 길이를 x라고 할 때, $x^2 = 2$이므로 $x = \sqrt{2}$ 이다.

7 야산 한 쪽에 태양광 설비 설치를 위해 필요한 부품을 트럭에서 내려 설치 장소까지 리어카를 이용하여 시속 4km로 이동한 K씨는 설치 후 트럭이 있는 곳까지 시속 8km의 속도로 다시 돌아왔다. 처음 트럭을 출발하여 작업을 마치고 다시 트럭의 위치로 돌아오니 총 4시간이 걸렸다. 작업에 소요된 시간이 1시간 30분이라면, 트럭에서 태양광 설치 장소까지의 거리는 얼마인가? (거리는 반올림하여 소수 둘째 자리까지 표시함)

① 약 4.37km　　② 약 4.95km

③ 약 5.33km　　④ 약 6.28km

⑤ 약 6.67km

Tip '거리=시간×속력'을 이용하여 계산할 수 있다.
총 4시간의 소요 시간 중 작업 시간 1시간 30분을 빼면, 왕복 이동한 시간은 2시간 30분이 된다. 트럭에서 태양광 설치 장소까지의 거리를 $x$km라고 하면, 시속 4km로 이동한 거리와 시속 8km로 되돌아 온 거리 모두 $x$km가 된다.
따라서 거리=시간×속력 → 시간=거리÷속력 공식을 이용하여, 2시간 30분은 2.5시간이므로 $2.5=(x \div 4)+(x \div 8)$이 성립하게 된다.
이것을 풀면, $2.5=x/4+x/8 \rightarrow 2.5=3/8x \rightarrow x=2.5\times 8/3=6.666\ldots$ → 약 6.67km가 된다.

8 현재 어머니의 나이는 아버지 나이의 $\frac{4}{5}$이다. 2년 후면 아들의 나이는 아버지의 나이의 $\frac{1}{3}$이 되며, 아들과 어머니의 나이를 합하면 65세가 된다. 현재 3명의 나이를 모두 합하면 얼마인가?

① 112세 ② 116세
③ 120세 ④ 124세
⑤ 128세

Tip 현재 아버지의 나이를 x라 하면, 어머니의 나이는

$\frac{4}{5}x$

2년 후 아들과 어머니의 나이의 조건을 살펴보면

$\left(\frac{4}{5}x+2\right)+\left\{\frac{1}{3}(x+2)\right\}=65$

$x=55$

아버지의 나이는 55세, 어머니는 44세, 아들은 17세이므로

$55+44+17=116$

9 소금물 300g에서 물 110g을 증발시킨 후 소금 10g을 더 녹였더니 농도가 처음 농도의 2배가 되었다. 처음 소금물의 농도는 얼마인가?

① 8% ② 9%
③ 10% ④ 11%
⑤ 12%

Tip 처음 소금의 양을 x라 하면

농도$=\frac{\text{소금의 양}}{\text{소금물의 양}}\times 100$이므로

소금물 300g에서 물 110g을 증발시킨 후 소금 10g을 더 넣은 농도＝처음 농도의 2배

$\frac{x+10}{300-110+10}\times 100=2\times\frac{x}{300}\times 100$

$x=30$

처음 소금의 양이 30g이므로 처음 소금물의 농도는 $\frac{30}{300}\times 100=10\%$

Answer 6.① 7.⑤ 8.② 9.③

10 그림과 같이 P도시에서 Q도시로 가는 길은 3가지이고, Q도시에서 R도시로 가는 길은 2가지이다. P도시를 출발하여 Q도시를 거쳐 R도시로 가는 방법은 모두 몇 가지인가?

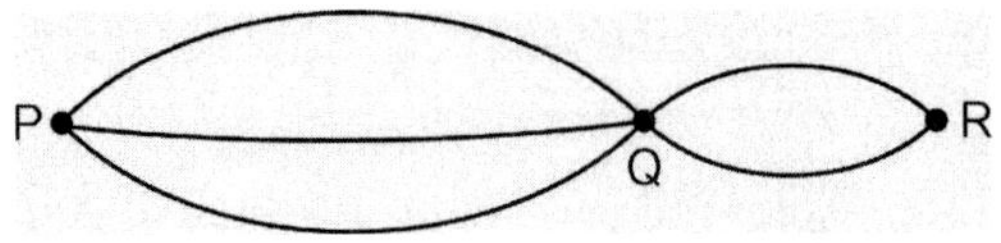

① 3가지
② 4가지
③ 5가지
④ 6가지
⑤ 7가지

Tip P도시에서 Q도시로 가는 길은 3가지이고, Q도시에서 R도시로 가는 길은 2가지이므로, P도시를 출발하여 Q도시를 거쳐 R도시로 가는 방법은 $3 \times 2 = 6$가지이다.

11 2진법의 수 10001과 5진법의 수 1220의 실제 수의 합은?

① 185
② 197
③ 202
④ 215
⑤ 229

Tip ㉠ $1 \times 2^4 + 0 \times 2^3 + 0 \times 2^2 + 0 \times 2^1 + 1 \times 2^0 = 17$
㉡ $1 \times 5^3 + 2 \times 5^2 + 2 \times 5^1 + 0 \times 5^0 = 185$
$\therefore 17 + 185 = 202$

12 서원이는 집에서 중학교까지 19km를 통학한다. 집으로부터 자전거로 30분 동안 달린 후 20분 동안 걸어서 중학교에 도착했다면 걷는 속도는 분당 몇 km인가? (단, 자전거는 분속 0.5km로 간다고 가정한다.)

① 0.2km
② 0.4km
③ 0.6km
④ 0.8km
⑤ 1km

Tip 걷는 속도를 분당 x라 하면
$30 \times 0.5 + 20 \times x = 19$
$\therefore x = 0.2km$

13 정수는 6명의 친구들과 저녁 식사를 했다. 평균 한 사람당 12,000원씩 낸 것과 같다면 친구들은 얼마씩 낸 것인가? (단, 정수가 음료수 값도 함께 계산하기로 하여 24,000원을 먼저 내고, 나머지 친구들은 동일한 금액으로 나누어 냈다.)

① 8,500원
② 9,000원
③ 9,500원
④ 10,000원
⑤ 10,500원

Tip
㉠ 평균 한 사람당 12,000원이므로 총 금액은 $12000 \times 7 = 84,000$원
㉡ 진표가 음료수 값까지 더 냈으므로 이 값을 제외한 금액은 $84000 - 24000 = 60,000$원
㉢ 친구 6명이서 나누어내므로, $60000 \div 6 = 10,000$원

14 수지는 2017년 1월 1일부터 휴대폰을 개통하여 하루에 쓰는 통화요금은 1,800원이다. 3월 16일까지 사용한 양은 1,500분으로 총 135,000원이 누적되었을 때, 하루에 통화한 시간은?

① 5분
② 10분
③ 15분
④ 20분
⑤ 25분

Tip
㉠ 분당 사용 요금을 x라 하면,
$1500x = 135000$, $x = 90$원/min
㉡ 하루에 통화한 시간을 y라 하면,
$90 \times y = 1800$, $y = 20$분

15 제15회 한국사능력검정시험 고급에 남자가 75명, 여자가 25명이 응시하고, 시험 평균은 여자가 76점이다. 남녀 전체 평균 점수가 73점일 때 남자의 평균 점수는?

① 72점
② 73점
③ 74점
④ 75점
⑤ 76점

Tip
남자의 평균 점수를 x라 하면,
$$\frac{75x + 25 \times 76}{100} = 73$$
$\therefore x = 72$점

Answer 10.④ 11.③ 12.① 13.④ 14.④ 15.①

16 물통을 가득 채울 때 관 A의 경우 5시간, 관 B의 경우 7시간이 걸리고, 처음 1시간은 A관만 사용하여 물통에 물을 채우고, 이후의 시간동안은 A관과 B관을 동시에 사용하여 물통에 물을 채웠을 때, 물통에 물이 가득 찰 때까지 몇 시간이 걸리는가?

① 2시간 20분
② 2시간 40분
③ 3시간 20분
④ 3시간 40분
⑤ 4시간 20분

Tip

물통의 용량을 1이라 할 때, A관은 시간당 $\frac{1}{5}$만큼, B관은 시간당 $\frac{1}{7}$만큼의 물이 채워진다.
처음 1시간은 A관만 사용하고, 이후의 시간은 A, B관 모두 사용하였으므로 이후의 시간을 t라 할 때, $\frac{1}{5}+t(\frac{1}{5}+\frac{1}{7})=1$, $t=\frac{7}{3}=$2시간20분
∴ 물통이 가득 찰 때까지 걸리는 시간은 3시간 20분이다.

17 8%의 소금물 150g에 소금 xg을 섞었더니 31%의 소금물이 되었다. 추가된 소금의 양은 얼마인가?

① 20g
② 30g
③ 40g
④ 50g
⑤ 60g

Tip

$\frac{12+x}{150+x}=\frac{31}{100}$
$\therefore x=50(g)$

18 미정이의 올해 연봉은 작년에 비해 20% 인상되고 500만 원의 성과급을 받았는데 이 금액은 60%의 연봉을 인상한 것과 같다면 올해 연봉은 얼마인가?

① 1,400만 원 ② 1,500만 원
③ 1,600만 원 ④ 1,700만 원
⑤ 1,800만 원

Tip 작년 연봉을 x라 할 때,
$1.2x+500=1.6x$
$x=1,250$, 올해 연봉은 $1,250\times1.2=1,500$(만 원)

19 두 자리의 자연수에 대하여 각 자리의 숫자의 합은 11이고, 이 자연수의 십의 자리 숫자와 일의 자리 숫자를 바꾼 수의 3배 보다 5 큰 수는 처음 자연수와 같다고 한다. 처음 자연수의 십의 자리 숫자는?

① 9 ② 7
③ 5 ④ 3
⑤ 1

Tip 십의 자리 숫자를 x, 일의 자리 숫자를 y라고 할 때,
$x+y=11$ ⋯ ㉠
$3(10y+x)+5=10x+y$ ⋯ ㉡
㉡을 전개하여 정리하면 $-7x+29y=-5$이므로
㉠ × 7 + ㉡을 계산하면 $36y=72$
따라서 $y=2$, $x=9$이다.

Answer 16.③ 17.④ 18.② 19.①

20 다음은 연도별 교통사고 현황에 대한 자료이다. 이에 대한 설명으로 옳지 않은 것을 보기에서 모두 고른 것은?

연도	발생건수	대형사고	중대사고		사망자수
			여객(건)	화물(건)	
2014	223,552	87	72	786	4,762
2015	232,035	75	73	3,097	4,621
2016	220,917	64	44	2,829	4,292
2017	216,335	55	56	2,291	4,185
2018	217,148	0	39	2,034	3,781

※ 치사율(%)= $\frac{\text{사망자수}}{\text{발생건수}} \times 100$

※ 계산 값은 소수점 둘째 자리에서 반올림한다.

〈보기〉

㉠ 2015~2018년 중 전년 대비 교통사고 발생건수의 증가율이 가장 높은 연도는 2015년이다.

㉡ 2017년 교통사고 발생건수 중 중대사고건수의 비중은 1%에 못 미친다.

㉢ 치사율이 두 번째로 높은 연도는 2015년이다.

㉣ 대형사고건수가 전체 대형사고건수의 평균값보다 작은 연도는 3개년이다.

① ㉠㉡ ② ㉠㉢

③ ㉡㉢ ④ ㉡㉣

⑤ ㉢㉣

Tip

㉠ : $\frac{(232,035-223,552)}{223,552} \times 100 = 3.8\%$로 2015년의 증가율이 가장 높다. (○)

㉡ : $\frac{(56+2,291)}{216,335} \times 100 = 1.1\%$로 1%를 넘는다. (×)

㉢ : 2015년의 치사율은 $\frac{4,621}{232,035} \times 100 = 2\%$로 주어진 연도에서 치사율이 두 번째로 높다. (○)

㉣ : 대형사고건수가 전체 대형사고건수의 평균값(56.2)보다 작은 연도는 2017년, 2018년으로 2개년이다. (×)

21 다음은 연도별 우리나라의 칠레산 농축산물 수입액 추이에 관한 자료이다. 2012년에 우리나라 총 수입에서 칠레산 상품이 차지하는 비율이 두 번째로 낮은 상품의 2003년 대비 2013년의 수입액 증가율을 구하면?

(단위 : 천 달러, %)

구분	2003년	2008년	2012년	2013년
농산물	21,825(0.4)	109,052(0.8)	222,161(1.2)	268,655(1.4)
포도	13,656(35.1)	64,185(58.2)	117,935(60.3)	167,016(71.1)
키위	1,758(7.8)	3,964(6.9)	12,391(18.5)	11,998(27.6)
축산물	30,530(1.4)	92,492(2.8)	135,707(2.9)	114,442(2.4)
돼지고기	30,237(15.4)	89,508(10.2)	125,860(10.4)	102,477(11.2)
임산물	16,909(0.9)	37,518(1.3)	355,332(5.9)	398,595(6.1)

※ 괄호 안의 숫자는 우리나라 총 수입에서 칠레산이 차지하는 비율이다.

① 246.8%
② 251.6%
③ 268.4%
④ 274.9%
⑤ 284.5%

Tip
- 2012년에 우리나라 총 수입에서 칠레산 상품이 차지하는 비율이 두 번째로 낮은 상품 : 축산물
- 2003년 대비 2013년 축산물의 수입액 증가율 : $\frac{114,442-30,530}{30,530}\times 100 ≒ 274.9\%$

Answer 20.④ 21.④

22 다음은 2015 ~ 2019년 A국의 예산 및 세수입 실적과 2019년 세수입항목별 세수입 실적에 관한 자료이다. 이에 대한 설명으로 옳지 않은 것은?

〈2015~2019년 A국의 예산 및 세수입 실적〉

(단위 : 십억 원)

구분 연도	예산액	징수결정액	수납액	불납결손액
2015	175,088	198,902	180,153	7,270
2016	192,620	211,095	192,092	8,200
2017	199,045	208,745	190,245	8
2018	204,926	221,054	195,754	2,970
2019	205,964	237,000	208,113	2,321

〈2019년 A국의 세수입항목별 세수입 실적〉

(단위 : 십억 원)

구분 세수입항목	예산액	징수결정액	수납액	불납결손액
총 세수입	205,964	237,000	208,113	2,321
내국세	183,093	213,585	185,240	2,301
교통 · 에너지 · 환경세	13,920	14,110	14,054	10
교육세	5,184	4,922	4,819	3
농어촌특별세	2,486	2,674	2,600	1
종합부동산세	1,281	1,709	1,400	6

※ 미수납액 = 징수결정액 − 수납액 − 불납결손액

※ 수납비율(%)= $\frac{\text{수납액}}{\text{예산액}} \times 100$

※ 단, 계산 값은 소수점 둘째 자리에서 반올림한다.

① 미수납액이 가장 큰 연도는 2019년이다.

② 2019년 내국세 미수납액은 총 세수입 미수납액의 95% 이상을 차지한다.

③ 2019년 세수입항목 중 수납비율이 가장 높은 항목은 종합부동산세이다.

④ 2019년 교통·에너지·환경세 미수납액은 교육세 미수납액보다 크다.

⑤ 수납비율이 가장 높은 연도는 2015년이다.

Tip ④ $14,110 - 14,054 - 10 = 46$, $4,922 - 4,819 - 3 = 100$

$\therefore\ 46 < 100$

① 2019년이 $237,000 - 208,113 - 2,321 = 26,566$십억 원으로 가장 크다.

② 2019년 내국세 미수납액 : $213,585 - 185,240 - 2301 = 26,044$십억 원

2019년 총 세수입 미수납액 : $237,000 - 208,113 - 2,321 = 26,566$십억 원

$\therefore \frac{26,044}{26,566} \times 100 = 98\%$

③ $\frac{1,400}{1,281} \times 100 = 109.3\%$로 수납비율이 가장 높은 항목은 종합부동산세이다.

⑤ 2015 : 102.9%

2016 : 99.7%

2017 : 95.6%

2018 : 95.5%

2019 : 101%

Answer 22.④

23 다음은 甲국의 전기자동차 충전요금 산정기준과 계절별 부하 시간대에 대한 자료이다. 이에 대한 설명으로 옳은 것은?

〈전기자동차 충전요금 산정기준〉

월 기본요금 (원)	전력량 요율(원/kWh)			
	시간대 \ 계절	여름 (6~8월)	봄(3~5월), 가을(9~10월)	겨울 (1~2월, 11~12월)
2,390	경부하	57.6	58.7	80.7
	중간부하	145.3	70.5	128.2
	최대부하	232.5	75.4	190.8

※ 월 충전요금(원) = 월 기본요금
+(경부하 시간대 전력량 요율 × 경부하 시간대 충전 전력량)
+(중간부하 시간대 전력량 요율 × 중간부하 시간대 충전 전력량)
+(최대부하 시간대 전력량 요율 × 최대부하 시간대 충전 전력량)

※ 월 충전요금은 해당 월 1일에서 말일까지의 충전 전력량을 사용하여 산정한다.

※ 1시간에 충전되는 전기자동차의 전력량은 5 kWh이다.

〈계절별 부하 시간대〉

시간대 \ 계절	여름 (6~8월)	봄(3~5월), 가을(9~10월)	겨울 (1~2월, 11~12월)
경부하	00 : 00 ~ 09 : 00 23 : 00 ~ 24 : 00	00 : 00 ~ 09 : 00 23 : 00 ~ 24 : 00	00 : 00 ~ 09 : 00 23 : 00 ~ 24 : 00
중간부하	09 : 00 ~ 10 : 00 12 : 00 ~ 13 : 00 17 : 00 ~ 23 : 00	09 : 00 ~ 10 : 00 12 : 00 ~ 13 : 00 17 : 00 ~ 23 : 00	09 : 00 ~ 10 : 00 12 : 00 ~ 17 : 00 20 : 00 ~ 22 : 00
최대부하	10 : 00 ~ 12 : 00 13 : 00 ~ 17 : 00	10 : 00 ~ 12 : 00 13 : 00 ~ 17 : 00	10 : 00 ~ 12 : 00 17 : 00 ~ 20 : 00 22 : 00 ~ 23 : 00

① 모든 시간대에서 봄, 가을의 전력량 요율이 가장 낮다.

② 월 100 kWh를 충전했을 때 월 충전요금의 최댓값과 최솟값 차이는 16,000원 이하이다.

③ 중간부하 시간대의 총 시간은 6월 1일과 12월 1일이 동일하다.

④ 22시 30분의 전력량 요율이 가장 높은 계절은 여름이다.

⑤ 12월 중간부하 시간대에만 100 kWh를 충전한 월 충전요금은 14,210원이다.

Tip ③ 각각 8시간으로 동일하다. (○)

① 여름(경부하)이 봄 · 가을(경부하)보다 전력량 요율이 더 낮다. (×)

② 최소 : 57.6 × 100 = 5,760원, 최대 : 232.5 × 100 = 23,250원이며 차이는 16,000원 이상이다. (×)

④ 22시 30분에 최대부하인 계절은 겨울이다. (×)

⑤ 12월 겨울 중간부하 요율 : 128.2 × 100 = 12,820 + 2,390(기본) = 15,210원 (×)

24 다음은 학생별 독서량에 관한 자료이다. 다음 중 갑의 독서량과 해당 독서량이 전체에서 차지하는 비율로 묶여진 것은? (단, 여섯 학생의 평균 독서량은 을의 독서량보다 3배 많다.)

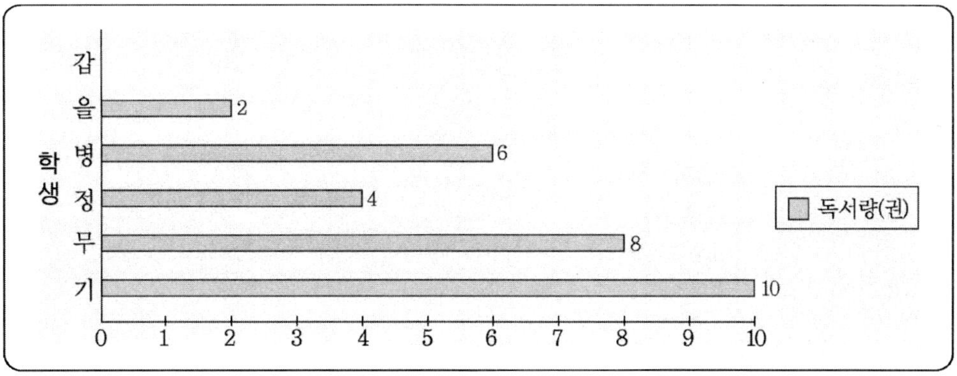

	갑의 독서량	갑의 독서량이 전체에서 차지하는 비율
①	4권	14.5%
②	5권	15.9%
③	6권	16.7%
④	7권	17.2%
⑤	8권	18.3%

Tip

- 총 학생의 평균 독서량은 을의 독서량의 3배이므로, 2×3=6권이 된다.
- 갑의 독서량을 x라 하면, $\frac{x+2+6+4+8+10}{6}=6$, $\therefore x=6$(권)
- 갑의 독서량이 전체에서 차지하는 비율 : $\frac{6}{6+2+6+4+8+10}\times 100 \fallingdotseq 16.7\%$

Answer 23.③ 24.③

25 다음은 건축물별 면적에 관한 자료이고, 기록하는 과정에서 오류가 발견되어 자료를 다시 수정해야 한다. 해당 자료를 수정했을 때, 7개 건축물 면적의 평균은?

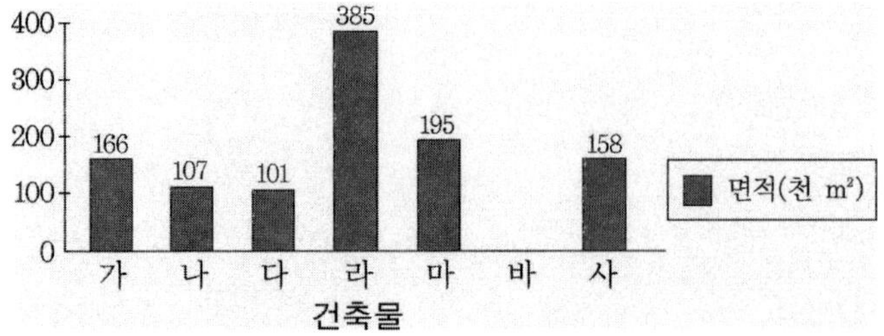

〈오류〉

㉠ '나'의 면적은 '다'와 동일하다.
㉡ '라'의 면적은 실제보다 '나'의 면적의 2배 값이 더해졌다.
㉢ '바'의 면적은 '가', '나', '다'의 면적 합보다 22(천 ㎡)이 크다.

① 143.1(천 ㎡)
② 157.8(천 ㎡)
③ 168.2(천 ㎡)
④ 175.6(천 ㎡)
⑤ 184.9(천 ㎡)

Tip ㉠ 오류를 바로 잡으면,
- '나'의 면적은 '다'와 동일하다.
  ∴ '나'의 면적=101(천 ㎡)
- '라'의 면적은 실제보다 '나'의 면적의 2배 값이 더해졌다.
  ∴ '라'의 면적=385−2×101=183(천 ㎡)
- '바'의 면적은 '가', '나', '다'의 면적 합보다 22(천 ㎡)이 크다.
  ∴ '바'의 면적=166+101+101+22=390(천 ㎡)

㉡ 따라서 7개 건축물 면적의 평균은 $\frac{166+101+101+183+195+390+158}{7} \fallingdotseq 184.9$(천 ㎡)

※ 수정된 자료

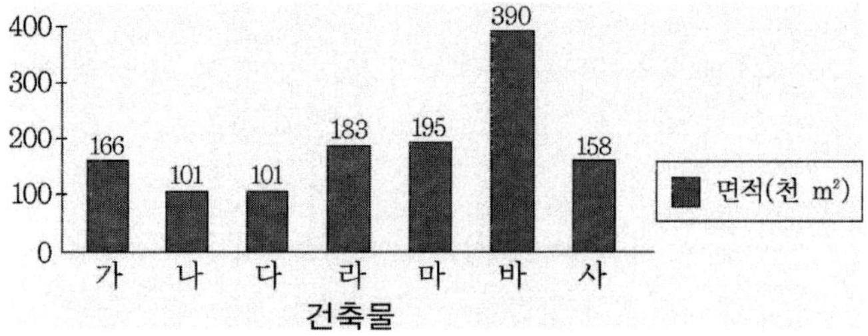

26 다음은 일산 도로에 관한 자료이다. 산업용 도로 4km와 산업관광용 도로 5km의 건설비의 합은 얼마인가?

분류	도로수	총길이	건설비
관광용 도로	5	30km	30억
산업용 도로	7	60km	300억
산업관광용 도로	9	100km	400억
합계	21	283km	730억

① 20억 원
② 30억 원
③ 40억 원
④ 50억 원
⑤ 60억 원

Tip ㉠ 산업용 도로 4km의 건설비=(300÷60)×4=20억 원
㉡ 산업관광용 도로 5km의 건설비=(400÷100)×5=20억 원
∴ 24+20=40억 원

Answer 25.⑤ 26.③

27 서원모바일은 이번에 회사에서 전략 마케팅으로 자동차가 가장 적게 운행되고 있는 도시에서 행사를 진행하기로 하였다. 다음 중 후보도시로 가장 적절한 곳은?

도시	인구수(만 명)	자동차 대수(만 명당)
Ⓐ	90	200
Ⓑ	70	250
Ⓒ	60	350
Ⓓ	50	400
Ⓔ	100	300

① Ⓐ
② Ⓑ
③ Ⓒ
④ Ⓓ
⑤ Ⓔ

Tip

Ⓐ	90 × 200 = 18000
Ⓑ	70 × 250 = 17500
Ⓒ	60 × 350 = 21000
Ⓓ	50 × 400 = 20000
Ⓔ	100× 300 = 30000

28 민경이는 10×10m^2의 동아리방에 매트를 깔려고 한다. 다음 중 가장 저렴하게 구매할 수 있는 매트는?

> ㉠ A 놀이매트(1×1m^2) : 1세트(20개) 10만 원
> ※ 5세트 구매 시 1세트 무료 증정
> ㉡ B 어린이매트(1×1m^2) : 1세트(25개) 15만 원
> ㉢ C 보호매트(1×2m^2) : 1세트(10개) 7만 원
> ㉣ D 환경매트(1×2m^2) : 1세트(10개) 10만 원
> ※ 2세트 구매 시 단품 5개 증정

① ㉠
② ㉡
③ ㉢
④ ㉠㉡
⑤ ㉢㉣

Tip
㉠ 100개(5세트)가 필요하다. 10만 원×5세트=50만 원
㉡ 100개(4세트)가 필요하다. 15만 원×4세트=60만 원
㉢ 50개(5세트)가 필요하다. 7만 원×5세트=35만 원
㉣ 50개(5세트)가 필요하지만 40개(4세트)를 사면 단품 10개를 증정받을 수 있다.
10만 원×4세트=40만 원
∴ C 보호매트가 가장 저렴하다.

Answer 27.② 28.③

29 A씨는 30% 할인 행사 중인 백화점에 갔다. 매장에 도착하니 당일 구매물품의 정가 총액에 따라 아래의 〈혜택〉 중 하나를 택할 수 있다고 한다. 정가 10만 원짜리 상의와 15만 원짜리 하의를 구입하고자 한다. 옷을 하나 이상 구입하여 일정 혜택을 받고 교통비를 포함해 총비용을 계산할 때, 〈보기〉의 설명 중 옳은 것을 모두 고르면? (단, 1회 왕복교통비는 5천원이고, 소요시간 등 기타사항은 금액으로 환산하지 않는다)

〈혜택〉

- 추가할인 : 정가 총액이 20만 원 이상이면, 할인된 가격의 5%를 추가로 할인
- 할인쿠폰 : 정가 총액이 10만 원 이상이면, 세일기간이 아닌 기간에 사용할 수 있는 40% 할인권 제공

〈보기〉

㉠ 오늘 상 · 하의를 모두 구입하는 것이 가장 싸게 구입하는 방법이다.
㉡ 상 · 하의를 가장 싸게 구입하면 17만 원 미만의 비용이 소요된다.
㉢ 상 · 하의를 가장 싸게 구입하는 경우와 가장 비싸게 구입하는 경우의 비용 차이는 1회 왕복 교통비 이상이다.
㉣ 오늘 하의를 구입하고, 세일기간이 아닌 기간에 상의를 구입하면 17만 5천 원이 든다.

① ㉠㉡
② ㉠㉢
③ ㉡㉢
④ ㉢㉣
⑤ ㉡㉢㉣

Tip 갑씨가 선택할 수 있는 방법은 총 세 가지이다.

- 오늘 상 · 하의를 모두 구입하는 방법(추가할인적용)
  $(250,000 \times 0.7) \times 0.95 + 5,000 = 171,250$(원)
- 오늘 상의를 구입하고, 세일기간이 아닌 기간에 하의를 구입하는 방법(할인쿠폰사용)
  $(100,000 \times 0.7) + (150,000 \times 0.6) + 10,000 = 170,000$(원)
- 오늘 하의를 구입하고, 세일기간이 아닌 기간에 상의를 구입하는 방법(할인쿠폰사용)
  $(150,000 \times 0.7) + (100,000 \times 0.6) + 10,000 = 175,000$(원)

∴ ㉠ 가장 싸게 구입하는 방법은 오늘 상의를 구입하고, 세일기간이 아닌 기간에 하의를 구입하는 것이다.
㉡ 상 · 하의를 가장 싸게 구입하면 17만 원의 비용이 소요된다.

30 지헌이는 생활이 어려워 수집했던 고가의 피규어를 인터넷 경매를 통해 판매하려고 한다. 경매 방식과 규칙, 예상 응찰 현황이 다음과 같을 때, 경매 결과를 바르게 예측한 것은?

• 경매 방식 : 각 상품은 따로 경매하거나 묶어서 경매
• 경매 규칙
－낙찰자 : 최고가로 입찰한 자
－낙찰가 : 두 번째로 높은 입찰가
－두 상품을 묶어서 경매할 경우 낙찰가의 5%를 할인해 준다.
－입찰자는 낙찰가의 총액이 100,000원을 초과할 경우 구매를 포기한다.
• 예상 응찰 현황

입찰자	A 입찰가	B 입찰가	합계
甲	20,000	50,000	70,000
乙	30,000	40,000	70,000
丙	40,000	70,000	110,000
丁	50,000	30,000	80,000
戊	90,000	10,000	100,000
己	40,000	80,000	120,000
庚	10,000	20,000	30,000
辛	30,000	10,000	40,000

① 두 상품을 묶어서 경매한다면 낙찰자는 己이다.
② 경매 방식에 상관없이 지헌이의 예상 수입은 동일하다.
③ 두 상품을 따로 경매한다면 얻는 수입은 120,000원이다.
④ 두 상품을 따로 경매한다면 A의 낙찰자는 丁이다.
⑤ 낙찰가의 총액이 100,000원이 넘을 경우 낙찰받기 유리하다.

Tip ③ 두 상품을 따로 경매한다면 A는 戊에게 50,000원에, B는 己에게 70,000원에 낙찰되므로 얻는 수입은 120,000원이다.
① 두 상품을 묶어서 경매한다면 최고가 입찰자는 己이다. 己가 낙찰 받는 금액은 110,000원으로 5% 할인을 해주어도 그 금액이 100,000원이 넘는다. 입찰자는 낙찰가의 총액이 100,000원을 초과할 경우 구매를 포기한다는 조건에 의해 己는 구매를 포기하게 되므로 낙찰자는 丙이 된다.
② 지헌이가 얻을 수 있는 예상 수입은 두 상품을 따로 경매할 경우 120,000원, 두 상품을 묶어서 경매할 경우 95,000원으로 동일하지 않다.
④ 두 상품을 따로 경매한다면 A의 낙찰자는 戊이다.
⑤ 입찰자는 낙찰가의 총액이 100,000원을 초과할 경우 구매를 포기한다.

Answer 29.④ 30.③

CHAPTER

04 자원관리능력

1 자원과 자원관리

(1) 자원

① 자원의 종류 … 시간, 돈, 물적자원, 인적자원

② 자원의 낭비요인 … 비계획적 행동, 편리성 추구, 자원에 대한 인식 부재, 노하우 부족

(2) 자원관리 기본 과정

① 필요한 자원의 종류와 양 확인

② 이용 가능한 자원 수집하기

③ 자원 활용 계획 세우기

④ 계획대로 수행하기

예제 1

당신은 A출판사 교육훈련 담당자이다. 조직의 효율성을 높이기 위해 전사적인 시간관리에 대한 교육을 실시하기로 하였지만 바쁜 일정 상 직원들을 집합교육에 동원할 수 있는 시간은 제한적이다. 다음 중 귀하가 최우선의 교육 대상으로 삼아야 하는 것은 어느 부분인가?

구분	긴급한 일	긴급하지 않은 일
중요한 일	제1사분면	제2사분면
중요하지 않은 일	제3사분면	제4사분면

[출제의도]
주어진 일들을 중요도와 긴급도에 따른 시간관리 매트릭스에서 우선순위를 구분할 수 있는가를 측정하는 문항이다.

[해설]
교육훈련에서 최우선 교육대상으로 삼아야 하는 것은 긴급하지 않지만 중요한 일이다. 이를 긴급하지 않다고 해서 뒤로 미루다보면 급박하게 처리해야하는 업무가 증가하여 효율적인 시간관리가 어려워진다.

① 중요하고 긴급한 일로 위기사항이나 급박한 문제, 기간이 정해진 프로젝트 등이 해당되는 제1사분면
② 긴급하지는 않지만 중요한 일로 인간관계구축이나 새로운 기회의 발굴, 중장기 계획 등이 포함되는 제2사분면
③ 긴급하지만 중요하지 않은 일로 잠깐의 급한 질문, 일부 보고서, 눈 앞의 급박한 사항이 해당되는 제3사분면
④ 중요하지 않고 긴급하지 않은 일로 하찮은 일이나 시간낭비거리, 즐거운 활동 등이 포함되는 제4사분면

구분	긴급한 일	긴급하지 않은 일
중요한 일	위기사항, 급박한 문제, 기간이 정해진 프로젝트	인간관계구축, 새로운 기회의 발굴, 중장기계획
중요하지 않은 일	잠깐의 급한 질문, 일부 보고서, 눈앞의 급박한 사항	하찮은 일, 우편물, 전화, 시간낭비거리, 즐거운 활동

답 ②

2 자원관리능력을 구성하는 하위능력

(1) 시간관리능력

① 시간의 특성

㉠ 시간은 매일 주어지는 기적이다.
㉡ 시간은 똑같은 속도로 흐른다.
㉢ 시간의 흐름은 멈추게 할 수 없다.
㉣ 시간은 꾸거나 저축할 수 없다.
㉤ 시간은 사용하기에 따라 가치가 달라진다.

② 시간관리의 효과

㉠ 생산성 향상
㉡ 가격 인상
㉢ 위험 감소
㉣ 시장 점유율 증가

③ 시간계획

㉠ 개념 : 시간 자원을 최대한 활용하기 위하여 가장 많이 반복되는 일에 가장 많은 시간을 분배하고, 최단시간에 최선의 목표를 달성하는 것을 의미한다.

㉡ 60 : 40의 Rule

계획된 행동 (60%)	계획 외의 행동 (20%)	자발적 행동 (20%)
총 시간		

예제 2

유아용품 홍보팀의 사원 은이씨는 일산 킨텍스에서 열리는 유아용품박람회에 참여하고자 한다. 당일 회의 후 출발해야 하며 회의 종료 시간은 오후 3시이다.

장소	일시
일산 킨텍스 제2전시장	2016. 1. 20(금) PM 15:00~19:00 * 입장가능시간은 종료 2시간 전까지

오시는 길
지하철 : 4호선 대화역(도보 30분 거리)
버스 : 8109번, 8407번(도보 5분 거리)

• 회사에서 버스정류장 및 지하철역까지 소요시간

출발지	도착지	소요시간	
회사	×× 정류장	도보	15분
		택시	5분
	지하철역	도보	30분
		택시	10분

• 일산 킨텍스 가는 길

교통편	출발지	도착지	소요시간
지하철	강남역	대화역	1시간 25분
버스	×× 정류장	일산 킨텍스 정류장	1시간 45분

위의 제시 상황을 보고 은이씨가 선택할 교통편으로 가장 적절한 것은?

① 도보 – 지하철　② 도보 – 버스
③ 택시 – 지하철　④ 택시 – 버스

[출제의도]
주어진 여러 시간정보를 수집하여 실제 업무 상황에서 시간자원을 어떻게 활용할 것인지 계획하고 할당하는 능력을 측정하는 문항이다.

[해설]
④ 택시로 버스정류장까지 이동해서 버스를 타고 가게 되면 택시(5분), 버스(1시간 45분), 도보(5분)으로 1시간 55분이 걸린다.
① 도보–지하철 : 도보(30분), 지하철(1시간 25분), 도보(30분)이므로 총 2시간 25분이 걸린다.
② 도보–버스 : 도보(15분), 버스(1시간 45분), 도보(5분)이므로 총 2시간 5분이 걸린다.
③ 택시–지하철 : 택시(10분), 지하철(1시간 25분), 도보(30분)이므로 총 2시간 5분이 걸린다.

답 ④

(2) 예산관리능력

① 예산과 예산관리

㉠ 예산 : 필요한 비용을 미리 헤아려 계산하는 것이나 그 비용

㉡ 예산관리 : 활동이나 사업에 소요되는 비용을 산정하고, 예산을 편성하는 것뿐만 아니라 예산을 통제하는 것 모두를 포함한다.

② 예산의 구성요소

비용	직접비용	재료비, 원료와 장비, 시설비, 여행(출장) 및 잡비, 인건비 등
	간접비용	보험료, 건물관리비, 광고비, 통신비, 사무비품비, 각종 공과금 등

③ 예산수립 과정 : 필요한 과업 및 활동 구명 → 우선순위 결정 → 예산 배정

예제 3

당신은 가을 체육대회에서 총무를 맡으라는 지시를 받았다. 다음과 같은 계획에 따라 예산을 진행하였으나 확보된 예산이 생각보다 적게 되어 불가피하게 비용항목을 줄여야 한다. 다음 중 귀하가 비용 항목을 없애기에 가장 적절한 것은 무엇인가?

〈OO산업공단 춘계 1차 워크숍〉

1. 해당부서 : 인사관리팀, 영업팀, 재무팀
2. 일　　정 : 2016년 4월 21일~23일(2박 3일)
3. 장　　소 : 강원도 속초 ㅇㅇ연수원
4. 행사내용 : 바다열차탑승, 체육대회, 친교의 밤 행사, 기타

① 숙식비　　② 식비

③ 교통비　　④ 기념품비

[출제의도]
업무에 소요되는 예산 중 꼭 필요한 것과 예산을 감축해야할 때 삭제 또는 감축이 가능한 것을 구분해내는 능력을 묻는 문항이다.

[해설]
한정된 예산을 가지고 과업을 수행할 때에는 중요도를 기준으로 예산을 사용한다. 위와 같이 불가피하게 비용 항목을 줄여야 한다면 기본적인 항목인 숙박비, 식비, 교통비는 유지되어야 하기에 항목을 없애기 가장 적절한 정답은 ④번이 된다.

답 ④

(3) 물적관리능력

① 물적자원의 종류

㉠ 자연자원 : 자연상태 그대로의 자원 ex) 석탄, 석유 등

㉡ 인공자원 : 인위적으로 가공한 자원 ex) 시설, 장비 등

② 물적자원관리 … 물적자원을 효과적으로 관리할 경우 경쟁력 향상이 향상되어 과제 및 사업의 성공으로 이어지며, 관리가 부족할 경우 경제적 손실로 인해 과제 및 사업의 실패 가능성이 커진다.

③ 물적자원 활용의 방해요인

㉠ 보관 장소의 파악 문제

㉡ 훼손

㉢ 분실

④ 물적자원관리 과정

과정	내용
사용 물품과 보관 물품의 구분	• 반복 작업 방지 • 물품활용의 편리성
동일 및 유사 물품으로의 분류	• 동일성의 원칙 • 유사성의 원칙
물품 특성에 맞는 보관 장소 선정	• 물품의 형상 • 물품의 소재

예제 4

S호텔의 외식사업부 소속인 K씨는 예약일정 관리를 담당하고 있다. 아래의 예약일정과 정보를 보고 K씨의 판단으로 옳지 않은 것은?

〈S호텔 일식 뷔페 1월 ROOM 예약 일정〉

* 예약 : ROOM 이름(시작시간)

SUN	MON	TUE	WED	THU	FRI	SAT
					1	2
					백합(16)	장미(11) 백합(15)
3	4	5	6	7	8	9
라일락(15)		백향목(10) 백합(15)	장미(10) 백향목(17)	백합(11) 라일락(18)	백향목(15)	장미(10) 라일락(15)

ROOM 구분	수용가능인원	최소투입인력	연회장 이용시간
백합	20	3	2시간
장미	30	5	3시간
라일락	25	4	2시간
백향목	40	8	3시간

- 오후 9시에 모든 업무를 종료함
- 한 타임 끝난 후 1시간씩 세팅 및 정리
- 동 시간 대 서빙 투입인력은 총 10명을 넘을 수 없음

안녕하세요, 1월 첫째 주 또는 둘째 주에 신년회 행사를 위해 ROOM을 예약하려고 하는데요, 저희 동호회의 총 인원은 27명이고 오후 8시쯤 마무리하려고 합니다. 신정과 주말, 월요일은 피하고 싶습니다. 예약이 가능할까요?

① 인원을 고려했을 때 장미ROOM과 백향목ROOM이 적합하겠군.
② 만약 2명이 안 온다면 예약 가능한 ROOM이 늘어나겠구나.
③ 조건을 고려했을 때 예약 가능한 ROOM은 5일 장미ROOM뿐이겠구나.
④ 오후 5시부터 8시까지 가능한 ROOM을 찾아야해.

[출제의도]
주어진 정보와 일정표를 토대로 이용 가능한 물적자원을 확보하여 이를 정확하게 안내할 수 있는 능력을 측정하는 문항이다. 고객이 제공한 정보를 정확하게 파악하고 그 조건 안에서 가능한 자원을 제공할 수 있어야 한다.

[해설]
③ 조건을 고려했을 때 5일 장미ROOM과 7일 장미ROOM이 예약 가능하다.
① 참석 인원이 27명이므로 30명 수용 가능한 장미ROOM과 40명 수용 가능한 백향목ROOM 두 곳이 적합하다.
② 만약 2명이 안 온다면 총 참석인원 25명이므로 라일락ROOM, 장미ROOM, 백향목ROOM이 예약 가능하다.
④ 오후 8시에 마무리하려고 계획하고 있으므로 적절하다.

답 ③

(4) 인적자원관리능력

① 인맥 … 가족, 친구, 직장동료 등 자신과 직접적인 관계에 있는 사람들인 핵심인맥과 핵심인맥들로부터 알게 된 파생인맥이 존재한다.

② 인적자원의 특성 … 능동성, 개발가능성, 전략적 자원

③ 인력배치의 원칙

㉠ 적재적소주의 : 팀의 효율성을 높이기 위해 팀원의 능력이나 성격 등과 가장 적합한 위치에 배치하여 팀원 개개인의 능력을 최대로 발휘해 줄 것을 기대하는 것

㉡ 능력주의 : 개인에게 능력을 발휘할 수 있는 기회와 장소를 부여하고 그 성과를 바르게 평가하며 평가된 능력과 실적에 대해 그에 상응하는 보상을 주는 원칙

㉢ 균형주의 : 모든 팀원에 대한 적재적소를 고려

④ 인력배치의 유형

㉠ 양적 배치 : 부문의 작업량과 조업도, 여유 또는 부족 인원을 감안하여 소요인원을 결정하여 배치하는 것

㉡ 질적 배치 : 적재적소의 배치

㉢ 적성 배치 : 팀원의 적성 및 흥미에 따라 배치하는 것

예제 5

최근 조직개편 및 연봉협상 과정에서 직원들의 불만이 높아지고 있다. 온갖 루머가 난무한 가운데 인사팀원인 당신에게 사내 게시판의 직원 불만사항에 대한 진위여부를 파악하고 대안을 세우라는 팀장의 지시를 받았다. 다음 중 당신이 조치를 취해야 하는 직원은 누구인가?

① 사원 A는 팀장으로부터 업무 성과가 탁월하다는 평가를 받았는데도 조직개편으로 인한 부서 통합으로 인해 승진을 못한 것이 불만이다.
② 사원 B는 회사가 예년에 비해 높은 영업 이익을 얻었는데도 불구하고 연봉 인상에 인색한 것이 불만이다.
③ 사원 C는 회사가 급여 정책을 변경해서 고정급 비율을 낮추고 기본급과 인센티브를 지급하는 제도로 바꾼 것이 불만이다.
④ 사원 D는 입사 동기인 동료가 자신보다 업무 실적이 좋지 않고 불성실한 근무태도를 가지고 있는데, 팀장과의 친분으로 인해 자신보다 높은 평가를 받은 것이 불만이다.

[출제의도]
주어진 직원들의 정보를 통해 시급하게 진위여부를 가리고 조치하여 인력배치를 해야 하는 사항을 확인하는 문제이다.

[해설]
사원 A, B, C는 각각 조직 정책에 대한 불만이기에 논의를 통해 조직적으로 대처하는 것이 옳지만, 사원 D는 팀장의 독단적인 전횡에 대한 불만이기 때문에 조사하여 시급히 조치할 필요가 있다. 따라서 가장 적절한 답은 ④번이 된다.

답 ④

출제예상문제

1 A사는 다음과 같이 직원들의 부서 이동을 단행하였다. 다음 부서 이동 현황에 대한 올바른 설명은?

이동 후 / 이동 전	영업팀	생산팀	관리팀
영업팀	25	7	11
생산팀	9	16	5
관리팀	10	12	15

① 이동 전과 후의 인원수의 변화가 가장 큰 부서는 생산팀이다.

② 이동 전과 후의 부서별 인원수가 많은 순위는 동일하다.

③ 이동 후에 인원수가 감소한 부서는 1개 팀이다.

④ 가장 많은 인원이 이동해 온 부서는 관리팀이다.

⑤ 잔류 인원보다 이동해 온 인원이 더 많은 부서는 1개 팀이다.

Tip ③ 이동 후 인원수가 감소한 부서는 37명→31명으로 바뀐 관리팀뿐이다.

① 영업팀은 1명 증가, 생산팀은 5명 증가, 관리팀은 6명 감소로 관리팀의 인원수 변화가 가장 크다.

② 이동 전에는 영업팀 > 관리팀 > 생산팀 순으로 인원수가 많았으나, 이동 후에는 영업팀 > 생산팀 > 관리팀 순으로 바뀌었다.

④ 가장 많은 인원이 이동해 온 부서는 영업팀(9+10=19)과 생산팀(7+12=19)이며, 관리팀으로 이동해 온 인원은 11+5=16명이다.

⑤ 잔류 인원보다 이동해 온 인원이 더 많은 부서는 영업팀 25 > 19, 생산팀 16 < 19, 관리팀 15 < 16으로 생산팀과 관리팀 2개 부서이다.

Answer 1.③

2 연초에 동일한 투자비용이 소요되는 투자계획 A와 B가 있다. A는 금년 말에 10억 원, 내년 말에 20억 원의 수익을 내고, B는 내년 말에만 31억 원의 수익을 낸다. 수익성 측면에서 A와 B를 동일하게 만드는 이자율 수준은 얼마인가?

① 5%
② 10%
③ 15%
④ 20%
⑤ 25%

Tip 투자계획 A와 B의 차이는 금년 말에는 A만 10억 원의 수익을 내고, 내년 말에는 B가 A보다 11억 원의 수익을 더 낸다는 점이다. 두 투자 계획의 수익성 측면에서 차이가 없으려면 금년 말의 10억 원과 내년 말의 11억 원이 동일한 가치를 가져야 하므로 이자율은 10%이어야 한다.

3 다음 표는 E통신사에서 시행하는 이동 통화 요금제 방식이다. 다음과 같은 방식으로 통화를 할 경우, 한 달 평균 이동전화 사용 시간이 몇 분 이상일 때부터 B요금제가 유리한가?

요금제	기본요금(원)	1분당 전화 요금(원)
A	15,000	180
B	18,000	120

① 40분
② 45분
③ 50분
④ 55분
⑤ 60분

Tip 한 달 평균 이동전화 사용 시간을 x라 하면 다음과 같은 공식이 성립한다.

$15,000+180x > 18,000+120x$

$60x > 3,000$

$x > 50$

따라서 이용전화 사용 시간이 50분 이상일 때부터 B요금제가 유리하다고 할 수 있다.

4 다음 자료에 대한 올바른 설명을 〈보기〉에서 모두 고른 것은?

〈미국의 對한국 수출입 현황〉

(단위 : 억 달러)

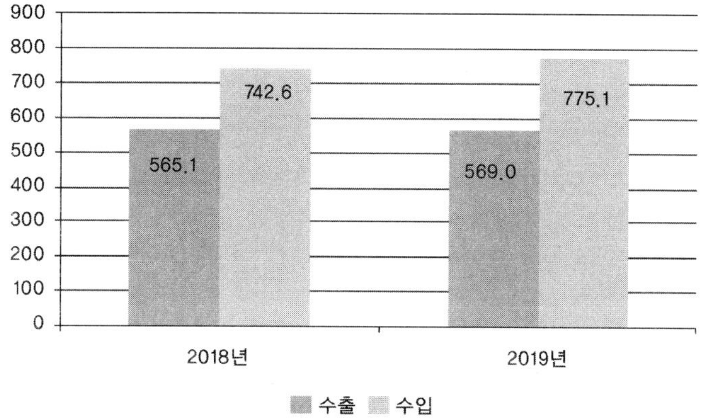

※ 무역수지는 수출에서 수입을 뺀 수치를 의미하며, 양수일 때는 흑자, 음수일 때는 적자로 표현

〈보기〉

㈎ 2019년 미국의 對한국 총 무역액은 전년보다 35억 달러 이상 증가하였다.
㈏ 2019년 미국의 對한국 무역수지의 적자는 전년보다 25억 달러 이상 증가하였다.
㈐ 2019년 미국의 전년대비 對한국 수출액 증가율은 1% 이상이다.
㈑ 2019년 미국의 전년대비 對한국 수입액 증가분은 수출액 증가분의 10배 이상이다.

① ㈎, ㈏
② ㈎, ㈑
③ ㈐, ㈑
④ ㈏, ㈐, ㈑
⑤ ㈎, ㈏, ㈐

Tip

㈎ 총 무역액은 수출과 수입을 합한 금액이 되어야 하므로 2018년이 1,307.7억 달러, 2019년이 1,344.1억 달러가 되어 36.4억 달러가 증가한 것이 된다. (O)
㈏ 2018년이 -177.5억 달러, 2019년이 -206.1억 달러이므로 적자가 28.6억 달러 증가한 것이 된다. (O)
㈐ (569.0－565.1) ÷ 565.1 × 100＝약 0.7%로 1%를 넘지 않는다. (X)
㈑ 수입액 증가분은 775.1－742.6＝32.5억 달러이며, 수출액 증가분은 569.0－565.1＝3.9억 달러로 수입액 증가분이 약 8.3배 더 많은 것을 알 수 있다. (X)

Answer 2.② 3.③ 4.①

5 인적자원 관리의 특징에 관한 다음 ㈎~㈑의 설명 중 그 성격이 같은 것끼리 알맞게 구분한 것은?

> ㈎ 개인에게 능력을 발휘할 수 있는 기회와 장소를 부여하고, 그 성과를 바르게 평가하고, 평가된 능력과 실적에 대해 그에 상응하는 보상을 주어야 한다.
> ㈏ 팀 전체의 능력향상, 의식개혁, 사기앙양 등을 도모하는 의미에서 전체와 개체가 균형을 이루어야 한다.
> ㈐ 많은 사람들이 번거롭다는 이유로 자신의 인맥관리에 소홀히 하는 경우가 많지만 인맥관리는 자신의 성공을 위한 첫걸음이라는 생각을 가져야 한다.
> ㈑ 효율성을 높이기 위해 팀원의 능력이나 성격 등과 가장 적합한 위치에 배치하여 팀원 개개인의 능력을 최대로 발휘해 줄 것을 기대한다.

① ㈎, ㈏ / ㈐, ㈑
② ㈎ / ㈏, ㈐, ㈑
③ ㈎, ㈏, ㈑ / ㈐
④ ㈎, ㈏, ㈐ / ㈑
⑤ ㈎, ㈑ / ㈏, ㈐

Tip ㈎, ㈏, ㈑는 조직 차원에서의 인적자원관리의 특징이고, ㈐는 개인 차원에서의 인적자원관리능력의 특징으로 구분할 수 있다. 한편, 조직의 인력배치의 3대 원칙에는 적재적소주의 – ㈑, 능력주의 – ㈎, 균형주의 – ㈏가 있다.

6 회계팀에서 업무를 시작하게 된 길동이는 각종 내역의 비용이 어느 항목으로 분류되어야 하는지 정리 작업을 하고 있다. 다음 중 길동이가 나머지와 다른 비용으로 분류해야 하는 것은?

① 구매부 자재 대금으로 지불한 U$7,000

② 상반기 건물 임대료 및 관리비

③ 임직원 급여

④ 계약 체결을 위한 영업부 직원 출장비

⑤ 컴프레셔 구매 대금 1,200만 원

Tip ②는 간접비용, 나머지는 직접비용의 지출 항목으로 분류해야 한다.

※ 직접비용과 간접비용으로 분류되는 지출 항목은 다음과 같은 것들이 있다.

㉠ **직접비용** : 재료비, 원료와 장비, 시설비, 출장 및 잡비, 인건비 등

㉡ **간접비용** : 보험료, 건물관리비, 광고비, 통신비, 사무비품비, 각종 공과금 등

Answer 5.③ 6.②

▌7~8▐ 甲과 乙은 산양우유를 생산하여 판매하는 ○○목장에서 일한다. 다음을 바탕으로 물음에 답하시오.

- ○○목장은 A~D의 4개 구역으로 이루어져 있으며 산양들은 자유롭게 다른 구역을 넘나들 수 있지만 목장을 벗어나지 않는다.
- 甲과 乙은 산양을 잘 관리하기 위해 구역별 산양의 수를 파악하고 있어야 하는데, 산양들이 계속 구역을 넘나들기 때문에 산양의 수를 정확히 헤아리는 데 어려움을 겪고 있다.
- 고민 끝에 甲과 乙은 시간별로 산양의 수를 기록하되, 甲은 특정 시간 특정 구역의 산양의 수만을 기록하고, 乙은 산양이 구역을 넘나들 때마다 그 시간과 그때 이동한 산양의 수를 기록하기로 하였다.
- 甲과 乙이 같은 날 오전 9시부터 오전 10시 15분까지 작성한 기록표는 다음과 같으며, ㉠~㉣을 제외한 모든 기록은 정확하다.

甲의 기록표			乙의 기록표		
시간	구역	산양 수	시간	구역 이동	산양 수
09:10	A	17마리	09:08	B→A	3마리
09:22	D	21마리	09:15	B→D	2마리
09:30	B	8마리	09:18	C→A	5마리
09:45	C	11마리	09:32	D→C	1마리
09:58	D	㉠ 21마리	09:48	A→C	4마리
10:04	A	㉡ 18마리	09:50	D→B	1마리
10:10	B	㉢ 12마리	09:52	C→D	3마리
10:15	C	㉣ 10마리	10:05	C→B	2마리

- 구역 이동 외 산양의 수 변화는 고려하지 않는다.

7 ㉠~㉣ 중 옳게 기록된 것만을 고른 것은?

① ㉠, ㉡ ② ㉠, ㉢
③ ㉡, ㉢ ④ ㉡, ㉣
⑤ ㉢, ㉣

Tip ㉠ 09:22에 D구역에 있었던 산양 21마리에서 09:32에 C구역으로 1마리, 09:50에 B구역으로 1마리가 이동하였고 09:52에 C구역에서 3마리가 이동해 왔으므로 09:58에 D구역에 있는 산양은 21 − 1 − 1 + 3 = 22마리이다.
㉡ 09:10에 A구역에 있었던 산양 17마리에서 09:18에 C구역에서 5마리가 이동해 왔고 09:48에 C구역으로 4마리가 이동하였으므로 10:04에 A구역에 있는 산양은 17 + 5 − 4 = 18마리이다.
㉢ 09:30에 B구역에 있었던 산양 8마리에서 09:50에 D구역에서 1마리가 이동해 왔고, 10:05에 C구역에서 2마리가 이동해 왔으므로 10:10에 B구역에 있는 산양은 8 + 1 + 2 = 11마리이다.
㉣ 09:45에 C구역에 있었던 11마리에서 09:48에 A구역에서 4마리가 이동해 왔고, 09:52에 D구역으로 3마리, 10:05에 B구역으로 2마리가 이동하였으므로 10:15에 C구역에 있는 산양은 11 + 4 − 3 − 2 = 10마리이다.

8 ○○목장에서 키우는 산양의 총 마리 수는?

① 58마리 ② 59마리
③ 60마리 ④ 61마리
⑤ 62마리

Tip ○○목장에서 키우는 산양의 총 마리 수는 22 + 18 + 11 + 10 = 61마리이다.

Answer 7.④ 8.④

9 OO지자체의 예산으로 다음과 같이 귀농인을 지원하려고 한다. OO지자체의 공무원은 누구를 지원하여야 하는가?

신청자격

OO지자체에 소재하는 귀농가구 중 거주기간이 6개월 이상이고, 가구주의 연령이 20세 이상 60세 이하인 가구

심사기준 및 점수 산정방식

- 다음 심사기준별 점수를 합산한다.
- 심사기준별 점수
- 거주기간 : 10점(3년 이상), 8점(2년 이상 3년 미만), 6점(1년 이상 2년 미만), 4점(6개월 이상 1년 미만)
- 가족 수 : 10점(4명 이상), 8점(3명), 6점(2명), 4점(1명)
  ※ 가족 수에는 가구주가 포함된 것으로 본다.
- 영농규모 : 10점(1.0ha 이상), 8점(0.5ha 이상 1.0 미만), 6점(0.3ha 이상 0.5ha 미만), 4점(0.3ha 미만)
- 주택노후도 10점(20년 이상), 8점(15년 이상 20년 미만), 6점(10년 이상 15년 미만), 4점(5년 이상 10년 미만)
- 사업시급성 : 10점(매우 시급), 7점(시급), 4점(보통)

지원내용

- 지원목적 : 귀농인의 안정적인 정착을 도모하기 위해 일정 기준을 충족하는 귀농가구의 주택 개·보수 비용을 지원
- 예산액 : 6,000,000원
- 지원액 : 가구당 3,000,000원
- 지원대상 : 심사기준별 점수의 총점이 높은 순으로 2가구를 지원(총점이 동점일 경우 가구주의 연령이 높은 가구를 지원)

〈심사 기초 자료〉

귀농가구	가구주 연령(세)	거주기간	가족수 (명)	영농규모 (ha)	주택 노후도 (년)	사업 시급성
A	48	4년 4개월	1	0.2	20	매우 시급
B	47	11개월	3	1.1	14	매우 시급
C	55	1년 9개월	2	0.7	22	매우 시급
D	60	7개월	4	0.3	14	보통
E	35	2년 7개월	1	1.4	17	시급

① A, B　　② A, C

③ B, C　　④ C, E

⑤ D, E

Tip 심사기준별 점수를 합산해보면 다음과 같다.

귀농가구	거주기간	가족수	영농규모	주택 노후도	사업 시급성	총점
A	10	4	4	10	10	38
B	4	8	10	6	10	38
C	6	6	8	10	10	40
D	4	10	6	6	4	30
E	8	4	10	8	7	37

C가 총점이 가장 높으므로 C가 지원대상이 되며, A와 B는 총점이 동일하므로 가구주의 연령이 높은 A가 지원대상이 된다.

10 OO기업은 A, B, C, D, E, F, G, H의 8개 프로젝트를 담당하고 있다. 올해 예산이 증액되어 5개의 프로젝트 예산을 늘리려고 할 때 조건은 다음과 같다. C와 F 프로젝트의 예산을 늘린다면 반드시 옳은 것은?

〈조건〉

- 만약 E 프로젝트의 예산을 늘리면, B 프로젝트의 예산은 늘리지 않는다.
- 만약 D 프로젝트의 예산을 늘리면, F 프로젝트와 G 프로젝트는 모두 예산을 늘리지 않는다.
- 만약 A 프로젝트와 G 프로젝트가 모두 예산을 늘리면, C 프로젝트의 예산도 늘려야 한다.
- B, C, F 프로젝트 가운데 2개만 예산을 늘린다.

① A 프로젝트와 D 프로젝트의 예산은 늘린다.

② B 프로젝트와 D 프로젝트의 예산은 늘리지 않는다.

③ A 프로젝트와 B 프로젝트의 예산은 늘린다.

④ B 프로젝트와 E 프로젝트의 예산은 늘리지 않는다.

⑤ D 프로젝트와 E 프로젝트의 예산은 늘리지 않는다.

Tip 마지막 조건에서 B, C, F 프로젝트 중에 2개만 예산을 늘린다고 하였고 문제에서 C와 F 프로젝트의 예산을 늘린다고 하였으므로 B 프로젝트는 예산을 늘리지 않는다. 그리고 2번째 조건의 대우를 통해 F 프로젝트의 예산을 늘리면 D 프로젝트의 예산을 늘리지 않는다. 따라서 ②는 반드시 옳다.

Answer 9.② 10.②

11 다음 글을 읽고 A랜드 지자체 공무원의 판단으로 적절한 것은?

> A랜드의 지자체는 전액 국가의 재정지원을 받는 총사업비 460억 원 규모의 건설사업을 추진하려고 한다. 사업완성에는 2년 이상이 소요될 것으로 보인다. 이에, 건설사업을 담당하는 공무원은 다음과 같은 규정을 찾아보았다.
>
> 〈A랜드 사업타당성조사 규정〉
>
> 제1조(예비타당성조사 대상사업)
> 신규 사업 중 총사업비가 500억 원 이상이면서 국가의 재정지원 규모가 300억 원 이상인 건설사업, 정보화사업, 국가연구개발사업에 대해 예비타당성조사를 실시한다.
>
> 제2조(타당성조사의 대상사업과 실시)
> ① 제1조에 해당하지 않는 사업으로서, 국가 예산의 지원을 받아 지자체·공기업·준정부기관·기타 공공기간 또는 민간이 시행하는 사업 중 완성에 2년 이상이 소요되는 다음 사업을 타당성조사 대상사업으로 한다.
> ㉠ 총사업비가 500억 원 이상인 토목사업 및 정보화사업
> ㉡ 총사업비가 200억 원 이상인 건설사업
> ② 제1항의 대상사업 중 다음 어느 하나에 해당하는 경우에는 타당성조사를 실시하여야 한다.
> ㉠ 사업추진 과정에서 총사업비가 예비타당성조사의 대상 규모로 증가한 사업
> ㉡ 사업물량 또는 토지 등의 규모 증가로 인하여 총사업비가 100분의 20 이상 증가한 사업

① 해당 건설사업은 국가의 재정지원 규모가 300억 원 이상인 건설사업이므로 예비타당성조사를 실시한다.

② 해당 건설사업은 타당성조사의 대상사업에 포함되지 않으므로 이 규정을 무시한다.

③ 해당 건설사업 추진 과정에서 총사업비가 10% 증가한다면 타당성조사를 실시하여야 한다.

④ 토지 등의 규모 증가로 인해 총사업비가 20억 원 정도 증가한다면 타당성조사를 실시하여야 한다.

⑤ 해당 건설사업을 토목사업으로 변경한다면 타당성조사의 대상사업에 해당한다.

Tip
① 예비타당성조사 대상사업은 총사업비가 500억 원 이상이면서 국가의 재정지원 규모가 300억 원 이상인 건설사업이다.
② 지자체가 시행하는 사업으로 완성에 2년 이상이 소요되고 총사업비가 200억 원 이상인 건설사업이므로 타당성조사의 대상사업이 된다.
④ 토지 규모 증가로 인하여 20억 원 증가는 100분의 20 이상 증가에 해당하지 않는다.
⑤ 토목사업은 총사업비가 500억 원 이상이 기준이므로 타당성조사 대상사업에 해당되지 않는다.

12 A국에서는 다음과 같이 여성폭력피해자 보호시설에 대해 보조금을 지급하려고 한다. 甲, 乙, 丙, 丁의 4개 보호시설에 대해 보조금을 지급한다면 필요한 예산의 총액은 얼마인가?

1. 여성폭력피해자 보호시설 운영비
   - 종사자 1~2인 시설 : 200백만 원
   - 종사자 3~4인 시설 : 300백만 원
   - 종사자 5인 이상 시설 : 400백만 원

   ※ 단, 평가등급이 1등급인 보호시설에는 해당 지급액의 100%를 지급하지만, 2등급인 보호시설에는 80%, 3등급인 보호시설에는 60%를 지급한다.
2. 여성폭력피해자 보호시설 사업비
   - 종사자 1~3인 시설 : 60백만 원
   - 종사자 4인 이상 시설 : 80백만 원
3. 여성폭력피해자 보호시설 종사자 장려수당
   - 종사자 1인당 50백만 원
4. 여성폭력피해자 보호시설 입소자 간식비
   - 입소자 1인당 1백만 원

〈여성폭력피해자 보호시설 현황〉

보호시설	평가등급	종사자 수(인)	입소자 수(인)
甲	1	4	7
乙	1	2	8
丙	2	4	10
丁	3	5	12

① 2,067백만 원
② 2,321백만 원
③ 2,697백만 원
④ 2,932백만 원
⑤ 3,137백만 원

Tip

甲 : 300+80+200+7=587(백만 원)
乙 : 200+60+100+8=368(백만 원)
丙 : 240+80+200+10=530(백만 원)
丁 : 240+80+250+12=582(백만 원)
따라서 587+368+530+582=2,067(백만 원)이다.

Answer 11.③ 12.①

13 다음 글에서 암시하고 있는 '자원과 자원관리의 특성'을 가장 적절하게 설명한 것은 다음 보기 중 어느 것인가?

> 더 많은 토지를 사용하고 모든 농장의 수확량을 최고의 농민들이 얻은 수확량으로 올리는 방법으로 식량 공급을 늘릴 수 있다. 그러나 우리의 주요 식량 작물은 높은 수확량을 달성하기 위해 좋은 토양과 물 공급이 필요하며 생산 단계에 있지 않은 토지는 거의 없다. 실제로 도시의 스프롤 현상, 사막화, 염화 및 관개용으로 사용된 대수층의 고갈은 미래에 더 적은 토지가 농업에 제공될 수 있음을 암시한다. 농작물은 오늘날 사용되는 것보다 더 척박한 땅에서 자랄 수 있고, 수확량이 낮고 환경 및 생물 다양성이 저하될 환경일지도 모른다. 농작물의 수확량은 농장과 국가에 따라 크게 다르다. 예를 들어, 2013년 미국의 옥수수 평균 수확량은 10.0t/ha, 짐바브웨가 0.9t/ha였는데, 두 국가 모두 작물 재배를 위한 기후 조건은 비슷했다(2015년 유엔 식량 농업기구). 미국의 수확률이 다른 모든 나라의 목표겠지만 각국의 정책, 전문가의 조언, 종자 및 비료에 접근하는 데 크게 의존할 수밖에 없다. 그리고 그 중 어느 것도 새로운 농지에서 확실한 수확률을 보장하지는 않는다. 따라서 좋은 시기에는 수확 잠재력이 개선된 종자가 필요하지 않을 수도 있지만, 아무것도 준비하지 않는 건 위험하다. 실험실에서 혁신적인 방법을 개발하는 것과 그걸 바탕으로 농민에게 종자를 제공하는 것 사이에 20년에서 30년의 격차가 있다는 걸 감안할 때, 분자 공학과 실제 작물 육종 간의 격차를 줄이고 더 높은 수율을 달성하는 일은 시급하다.

① 누구나 동일한 자원을 가지고 있으며 그 가치와 밀도도 모두 동일하다.

② 특정 자원이 없음으로 해서 다른 자원을 확보하는 데 문제가 발생할 수 있다.

③ 자원은 유한하며 따라서 어떻게 활용하느냐 하는 일이 무엇보다 중요하다.

④ 사람들이 의식하지 못하는 사이에 자원은 습관적으로 낭비되고 있다.

⑤ 무엇이 자원이며 자원을 관리하는 방법이 무엇인지를 모르는 것이 자원관리의 문제점이다.

Tip 식량 부족 문제를 해결하기 위해서는 더 많은 식량을 생산해 내야하지만, 토지를 무한정 늘릴 수 없을 뿐 아니라 이미 확보한 토지마저도 미래엔 줄어들 수 있음을 언급하고 있다. 이것은 식량이라는 자원을 초점으로 하는 것이 아닌 이미 포화 상태에 이르러 유한성을 드러낸 토지에서 어떻게 하면 더 많은 식량을 생산할 수 있는지를 고민하고 있다. 따라서 토지라는 자원은 유한하며 어떻게 효율적인 활용을 할 수 있는지를 주제로 담고 있다고 볼 수 있다.

▎14~15 ▎ 공장 주변지역의 농경수 오염에 책임이 있는 기업이 총 70억 원의 예산을 가지고 피해 현황 심사와 보상을 진행한다고 한다. 다음 글을 읽고 물음에 답하시오.

총 500건의 피해가 발생했고, 기업측에서는 실제 피해 현황을 심사하여 보상하기로 하였다. 심사에 소요되는 비용은 보상 예산에서 사용한다. 심사를 통해 좀 더 정확한 피해 규모를 파악할 수 있지만, 그에 따라 소요되는 비용 또한 증가하게 된다.

	1일째	2일째	3일째	4일째
일별 심사 비용 (억 원)	0.5	0.7	0.9	1.1
일별 보상대상 제외건수	50	45	40	35

- 보상금 총액=예산−심사 비용
- 표는 누적수치가 아닌, 하루에 소요되는 비용을 말함
- 일별 심사 비용은 매일 0.2억씩 증가하고 제외건수는 매일 5건씩 감소함
- 제외건수가 0이 되는 날, 심사를 중지하고 보상금을 지급함

14 기업측이 심사를 중지하는 날까지 소요되는 일별 심사 비용은 총 얼마인가?

① 15억 원
② 15.5억 원
③ 16억 원
④ 16.5억 원
⑤ 17억 원

Tip 제외건수가 매일 5건씩 감소한다고 했으므로 11일째 되는 날 제외건수가 0이 되고 일별 심사 비용은 총 16.5억 원이 된다.

15 심사를 중지하고 총 500건에 대해서 보상을 한다고 할 때, 보상대상자가 받는 건당 평균 보상금은 대략 얼마인가?

① 약 1천만 원
② 약 2천만 원
③ 약 3천만 원
④ 약 4천만 원
⑤ 약 5천만 원

Tip (70억−16.5억)/500건=1,070만 원

Answer 13.③ 14.④ 15.①

▌16 ~ 17 ▌ 다음 자료를 읽고 이어지는 물음에 답하시오.

〈등급별 성과급 지급액〉

항목별 평가 종합점수	성과 등급	등급별 성과급
95점 이상	S	기본급의 30%
90점 이상 ~ 95점 미만	A	기본급의 25%
85점 이상 ~ 90점 미만	B	기본급의 20%
80점 이상 ~ 85점 미만	C	기본급의 15%
75점 이상 ~ 80점 미만	D	기본급의 10%

〈항목별 평가 점수〉

	영업1팀	영업2팀	영업3팀	영업4팀	영업5팀
수익 달성률	90	93	72	85	83
매출 실적	92	78	90	88	87
근태 및 부서평가	90	89	82	77	93

※ 항목별 평가 종합점수는 수익 달성률 점수의 40%, 매출 실적 점수의 40%, 근태 및 부서평가 점수의 20%에 해당하는 각각의 점수를 합산한 값이다.

〈각 팀별 직원의 기본급〉

직원	기본급
곽 대리(영업1팀)	210만 원
엄 과장(영업2팀)	260만 원
신 차장(영업3팀)	320만 원
남 사원(영업4팀)	180만 원
권 대리(영업5팀)	220만 원

※ 팀별 성과급은 해당 팀의 모든 직원에게 적용된다.

16 위의 자료를 참고할 때, 항목별 평가 종합점수 순위가 두 번째와 세 번째인 팀을 순서대로 짝지은 것은 어느 것인가?

① 영업2팀, 영업3팀　　② 영업3팀, 영업4팀
③ 영업5팀, 영업2팀　　④ 영업3팀, 영업2팀
⑤ 영업5팀, 영업3팀

Tip 주어진 규정에 의해 항목별 평가 종합점수를 계산해 보면 다음과 같다.

	영업1팀	영업2팀	영업3팀	영업4팀	영업5팀
수익 달성률	90×0.4=36.0	93×0.4=37.2	72×0.4=28.8	85×0.4=34	83×0.4=33.2
매출 실적	92×0.4=36.8	78×0.4=31.2	90×0.4=36	88×0.4=35.2	87×0.4=34.8
근태 및 부서평가	90×0.2=18	89×0.2=17.8	82×0.2=16.4	77×0.2=15.4	93×0.2=18.6
종합점수	90.8	86.2	81.2	84.6	86.6

따라서 항목별 평가 종합점수가 두 번째로 높은 팀은 영업5팀, 세 번째로 높은 팀은 영업2팀이 된다.

17 영업1팀의 곽 대리와 영업3팀의 신 차장이 받게 될 성과급은 각각 얼마인가?

① 55만 5천 원, 44만 원
② 54만 2천 원, 46만 원
③ 52만 5천 원, 48만 원
④ 51만 8천 원, 49만 원
⑤ 50만 5천 원, 50만 원

Tip 영업1팀과 영업3팀은 항목별 평가 종합점수(90.8점, 81.2점)에 의해 성과 등급이 각각 A등급과 C등급이 된다. 따라서 곽 대리는 210만 원의 25%, 신 차장은 320만 원의 15%를 각각 성과급으로 지급받게 된다.
이를 계산하면, 곽 대리는 52만 5천 원, 신 차장은 48만 원이 된다.

Answer 16.③ 17.③

18 신입사원 H씨는 팀의 다음 사업에 대한 계획을 마련하기 위해 각국의 환경오염의 실태와 해결방안을 조사해서 보고서를 올리라는 지시를 받았다. 다음의 보고서 작성 순서를 바르게 나열한 것은?

> ㉠ 보고서에 들어갈 내용 중 너무 긴 내용은 표나 그래프로 작성한다.
> ㉡ 해외 여러 나라들의 환경오염실태와 해결했던 실례들을 수집한다.
> ㉢ 어떤 내용, 어떤 흐름으로 보고서를 작성할지 구상하고 개요를 작성한다.

① ㉠㉡㉢
② ㉠㉢㉡
③ ㉡㉠㉢
④ ㉢㉡㉠
⑤ ㉢㉠㉡

Tip 보고서를 어떻게 구성해야할지에 대해서 고민하고 개요를 작성한 후 자료를 수집하는 것이 시간을 절약할 수 있고, 구성 면에서도 우수한 보고서를 작성할 수 있다.

19 입사 2년차인 P씨와 같은 팀원들은 하루에도 수십 개씩의 서류를 받는다. 각자 감당할 수 없을 만큼의 서류가 쌓이다보니 빨리 처리해야할 업무가 무엇인지, 나중에 해도 되는 업무가 무엇인지 확인이 되지 않았다. 이런 상황에서 P씨가 가장 먼저 취해야 할 행동으로 가장 적절한 것은?

① 같은 팀원이자 후배인 K씨에게 서류정리를 시킨다.
② 가장 높은 상사의 일부터 처리한다.
③ 보고서와 주문서 등을 종류별로 정리하고 중요내용을 간추려 메모한다.
④ 눈앞의 급박한 상황들을 먼저 처리한다.
⑤ 눈에 보이는 보고서 먼저 해결한다.

Tip 업무 시에는 일의 우선순위를 정하는 것이 중요하다. 많은 서류들을 정리하고 중요 내용을 간추려 메모하면 이후의 서류들도 기존보다 빠르게 정리할 수 있으며 시간을 효율적으로 사용할 수 있다.

20 다음 중 SMART법칙에 따라 목표를 설정하지 못한 사람을 모두 고른 것은?

> • 민수 : 나는 올해 꼭 취업할꺼야.
> • 나라 : 나는 8월까지 볼링 점수 200점에 도달하겠어.
> • 정수 : 나는 오늘 10시까지 단어 100개를 외울거야.
> • 주찬 : 나는 이번 달 안에 NCS강의 20강을 모두 들을거야.
> • 명기 : 나는 이번 여름 방학에 영어 회화를 도전할거야.

① 정수, 주찬
② 나라, 정수
③ 민수, 명기
④ 주찬, 민수
⑤ 명기, 나라

Tip SMART법칙 … 목표를 어떻게 설정하고 그 목표를 성공적으로 달성하기 위해 꼭 필요한 필수 요건들을 S.M.A.R.T. 5개 철자에 따라 제시한 것이다.

㉠ Specific(구체적으로) : 목표를 구체적으로 작성한다.
㉡ Measurable(측정 가능하도록) : 수치화, 객관화시켜서 측정 가능한 척도를 세운다.
㉢ Action-oriented(행동 지향적으로) : 사고 및 생각에 그치는 것이 아니라 행동을 중심으로 목표를 세운다.
㉣ Realistic(현실성 있게) : 실현 가능한 목표를 세운다.
㉤ Time limited(시간적 제약이 있게) : 목표를 설정함에 있어 제한 시간을 둔다.

Answer 18.④ 19.③ 20.③

21 다음 〈표〉는 K국 '갑'~'무' 공무원의 국외 출장 현황과 출장 국가별 여비 지급 기준액을 나타낸 자료이다. 〈표〉와 〈조건〉을 근거로 출장 여비를 지급받을 때, 출장 여비를 가장 많이 지급받는 출장자는 누구인가?

〈표1〉 K국 '갑'~'무' 공무원 국외 출장 현황

출장자	출장국가	출장기간	숙박비 지급 유형	1박 실지출 비용($/박)	출장 시 개인 마일리지 사용 여부
갑	A	3박 4일	실비지급	145	미사용
을	A	3박 4일	정액지급	130	사용
병	B	3박 5일	실비지급	110	사용
정	C	4박 6일	정액지급	75	미사용
무	D	5박 6일	실비지급	75	사용

※ 각 출장자의 출장 기간 중 매 박 실지출 비용은 변동 없음

〈표2〉 출장 국가별 1인당 여비 지급 기준액

구분 / 출장국가	1일 숙박비 상한액($/박)	1일 식비($/일)
A	170	72
B	140	60
C	100	45
D	85	35

〈조건〉

㉠ 출장 여비($) = 숙박비 + 식비

㉡ 숙박비는 숙박 실지출 비용을 지급하는 실비지급 유형과 출장국가 숙박비 상한액의 80%를 지급하는 정액지급 유형으로 구분

- 실비지급 숙박비($) = (1박 실지출 비용) × ('박' 수)
- 정액지급 숙박비($) = (출장국가 1일 숙박비 상한액) × ('박' 수) × 0.8

㉢ 식비는 출장 시 개인 마일리지 사용여부에 따라 출장 중 식비의 20% 추가지급

- 개인 마일리지 미사용시 지급 식비($) = (출장국가 1일 식비) × ('일' 수)
- 개인 마일리지 사용시 지급 식비($) = (출장국가 1일 식비) × ('일' 수) × 1.2

① 갑
② 을
③ 병
④ 정
⑤ 무

Tip

① $145 \times 3 + 72 \times 4 = 723$

② $170 \times 3 \times 0.8 + 72 \times 4 \times 1.2 = 753.6$

③ $110 \times 3 + 60 \times 5 \times 1.2 = 690$

④ $100 \times 4 \times 0.8 + 45 \times 6 = 590$

⑤ $75 \times 5 + 35 \times 6 \times 1.2 = 627$

22 다음은 영업사원인 甲씨가 오늘 미팅해야 할 거래처 직원들과 방문해야 할 업체에 관한 정보이다. 다음의 정보를 모두 반영하여 하루의 일정을 짠다고 할 때 순서가 올바르게 배열된 것은? (단, 장소간 이동 시간은 없는 것으로 가정한다)

〈거래처 직원들의 요구 사항〉

- A거래처 과장 : 회사 내부 일정으로 인해 미팅은 10시~12시 또는 16~18시까지 2시간 정도 가능합니다.
- B거래처 대리 : 12시부터 점심식사를 하거나, 18시부터 저녁식사를 하시죠. 시간은 2시간이면 될 것 같습니다.
- C거래처 사원 : 외근이 잡혀서 오전 9시부터 10시까지 1시간만 가능합니다.
- D거래처 부장 : 외부일정으로 18시부터 저녁식사만 가능합니다.

〈방문해야 할 업체와 가능시간〉

- E서점 : 14~18시, 소요시간은 2시간
- F은행 : 12~16시, 소요시간은 1시간
- G미술관 관람 : 하루 3회(10시, 13시, 15시), 소요시간은 1시간

① C거래처 사원 – A거래처 과장 – B거래처 대리 – E서점 – G미술관 – F은행 – D거래처 부장

② C거래처 사원 – A거래처 과장 – F은행 – B거래처 대리 – G미술관 – E서점 – D거래처 부장

③ C거래처 사원 – G미술관 – F은행 – B거래처 대리 – E서점 – A거래처 과장 – D거래처 부장

④ C거래처 사원 – A거래처 과장 – B거래처 대리 – F은행 – G미술관 – E서점 – D거래처 부장

⑤ C거래처 사원 – A거래처 과장 – F은행 – G미술관 – E서점 – B거래처 대리 – D거래처 부장

Tip C거래처 사원(9시~10시) – A거래처 과장(10시~12시) – B거래처 대리(12시~14시) – F은행(14시~15시) – G미술관(15시~16시) – E서점(16시~18시) – D거래처 부장(18시~)

① E서점까지 들리면 16시가 되는데, 그 이후에 G미술관을 관람할 수 없다.
② F은행까지 들리면 13시가 되는데, B거래처 대리 약속은 18시에 가능하다.
③ G미술관 관람을 마치고 나면 11시가 되는데 F은행은 12시에 가야한다. 1시간 기다려서 F은행 일이 끝나면 13시가 되는데, B거래처 대리 약속은 18시에 가능하다.
⑤ E서점까지 들리면 16시가 되는데, B거래처 대리 약속과 D거래처 부장 약속이 동시에 18시가 된다.

Answer 21.② 22.④

23 다음 상황에서 총 순이익 200억 원 중에 Y사가 150억 원을 분배 받았다면 Y사의 연구개발비는 얼마인가?

X사와 Y사는 신제품을 공동개발하여 판매한 총 순이익을 다음과 같은 기준에 의해 분배하기로 약정하였다.

- 1번째 기준 : X사와 Y사는 총 순이익에서 각 회사 제조원가의 10%에 해당하는 금액을 우선 각자 분배 받는다.
- 2번째 기준 : 총 순수익에서 위의 1번째 기준에 의해 분배 받은 금액을 제외한 나머지 금액에 대한 분배는 각 회사가 연구개발에 지출한 비용에 비례하여 분배액을 정한다.

〈신제품 개발과 판례에 따른 연구개발비용과 총 순이익〉

(단위 : 억 원)

구분	X사	Y사
제조원가	200	600
연구개발비	100	(　)
총 순이익	200	

① 200억 원　② 250억 원
③ 300억 원　④ 350억 원
⑤ 360억 원

Tip 1번째 기준에 의해 X사는 200억의 10%인 20억을 분배 받고, Y사는 600억의 10%인 60억을 분배 받는다. Y가 분배 받은 금액이 총 150억이라고 했으므로 X사가 분배 받은 금액은 50억이다. X사가 두 번째 기준에 의해 분배 받은 금액은 30억이고, Y사가 두 번째 기준에 의해 분배 받은 금액은 90억이다. 두 번째 기준은 연구개발비용에 비례하여 분배 받은 것이므로 X사의 연구개발비의 3배로 계산하면 300억이다.

24 O회사에 근무하고 있는 채과장은 거래 업체를 선정하고자 한다. 업체별 현황과 평가기준이 다음과 같을 때, 선정되는 업체는?

〈업체별 현황〉

업체명	시장매력도	정보화수준	접근가능성
	시장규모(억 원)	정보화순위	수출액(백만 원)
A업체	550	106	9,103
B업체	333	62	2,459
C업체	315	91	2,597
D업체	1,706	95	2,777
E업체	480	73	3,888

〈평가기준〉

- 업체별 종합점수는 시장매력도(30점 만점), 정보화수준(30점 만점), 접근가능성(40점 만점)의 합계(100점 만점)로 구하며, 종합점수가 가장 높은 업체가 선정된다.
- 시장매력도 점수는 시장매력도가 가장 높은 업체에 30점, 가장 낮은 업체에 0점, 그 밖의 모든 업체에 15점을 부여한다. 시장규모가 클수록 시장매력도가 높다.
- 정보화수준 점수는 정보화순위가 가장 높은 업체에 30점, 가장 낮은 업체에 0점, 그 밖의 모든 업체에 15점을 부여한다.
- 접근가능성 점수는 접근가능성이 가장 높은 업체에 40점, 가장 낮은 업체에 0점, 그 밖의 모든 업체에 20점을 부여한다. 수출액이 클수록 접근가능성이 높다.

① A　② B

③ C　④ D

⑤ E

Tip 업체별 평가기준에 따른 점수는 다음과 같으며, D업체가 65점으로 선정된다.

	시장매력도	정보화수준	접근가능성	합계
A	15	0	40	55
B	15	30	0	45
C	0	15	20	35
D	30	15	20	65
E	15	15	20	50

Answer 23.③ 24.④

25 J회사 관리부에서 근무하는 L씨는 소모품 구매를 담당하고 있다. 2017년 5월 중에 다음 조건 하에서 A4용지와 토너를 살 때, 총 비용이 가장 적게 드는 경우는? (단, 2017년 5월 1일에는 A4용지와 토너는 남아 있다고 가정하며, 다 썼다는 말이 없으면 그 소모품들은 남아있다고 가정한다)

- A4용지 100장 한 묶음의 정가는 1만 원, 토너는 2만 원이다(A4용지는 100장 단위로 구매함).
- J회사와 거래하는 ◇◇오피스는 매달 15일에 전 품목 20% 할인 행사를 한다.
- ◇◇오피스에서는 5월 5일에 A사 카드를 사용하면 정가의 10%를 할인해 준다.
- 총 비용이란 소모품 구매가격과 체감비용(소모품을 다 써서 느끼는 불편)을 합한 것이다.
- 체감비용은 A4용지와 토너 모두 하루에 500원이다.
- 체감비용을 계산할 때, 소모품을 다 쓴 당일은 포함하고 구매한 날은 포함하지 않는다.
- 소모품을 다 쓴 당일에 구매하면 체감비용은 없으며, 소모품이 남은 상태에서 새 제품을 구입할 때도 체감비용은 없다.

① 3일에 A4용지만 다 써서 5일에 A사 카드로 A4용지와 토너를 살 경우

② 13일에 토너만 다 써서 당일 토너를 사고, 15일에 A4용지를 살 경우

③ 10일에 A4용지와 토너를 다 써서 15일에 A4용지와 토너를 같이 살 경우

④ 3일에 A4용지만 다 써서 당일 A4용지를 사고, 13일에 토너를 다 써서 15일에 토너만 살 경우

⑤ 4일에 A4용지와 토너를 다 써서 5일에 A사 카드로 A4용지와 토너를 살 경우

Tip

① 1,000원(체감비용)+27,000원=28,000원

② 20,000원(토너)+8,000원(A4용지)=28,000원

③ 5,000원(체감비용)+24,000원=29,000원

④ 10,000원(A4용지)+1,000원(체감비용)+16,000원(토너)=27,000원

⑤ 1,000원(체감비용)+27,000원=28,000원

26 이번에 탄생한 TF팀에서 팀장과 부팀장을 선정하려고 한다. 선정기준은 이전에 있던 팀에서의 근무성적과 성과점수, 봉사점수 등을 기준으로 한다. 구체적인 선정기준이 다음과 같을 때 선정되는 팀장과 부팀장을 바르게 연결한 것은?

〈선정기준〉

- 최종점수가 가장 높은 직원이 팀장이 되고, 팀장과 다른 성별의 직원 중에서 가장 높은 점수를 받은 직원이 부팀장이 된다(예를 들어 팀장이 남자가 되면, 여자 중 최고점을 받은 직원이 부팀장이 된다).
- 근무성적 40%, 성과점수 40%, 봉사점수 20%로 기본점수를 산출하고, 기본점수에 투표점수를 더하여 최종점수를 산정한다.
- 투표점수는 한 명당 5점이 부여된다(예를 들어 2명에게서 한 표씩 받으면 10점이다).

〈직원별 근무성적과 점수〉

직원	성별	근무성적	성과점수	봉사점수	투표한 사람수
고경원	남자	88	92	80	2
박하나	여자	74	86	90	1
도경수	남자	96	94	100	0
하지민	여자	100	100	75	0
유해영	여자	80	90	80	2
문정진	남자	75	75	95	1

① 고경원 – 하지민
② 고경원 – 유해영
③ 하지민 – 도경수
④ 하지민 – 문정진
⑤ 고경원 – 박하나

Tip 점수를 계산하면 다음과 같다.

직원	성별	근무점수	성과점수	봉사점수	투표점수	합계
고경원	남자	35.2	36.8	16	10	98
박하나	여자	29.6	34.4	18	5	87
도경수	남자	38.4	37.6	20	0	96
하지민	여자	40	40	15	0	95
유해영	여자	32	36	16	10	94
문정진	남자	30	30	19	5	84

Answer 25.④ 26.①

▌27~28▐ 다음은 A병동 11월 근무 일정표 초안이다. A병동은 1~4조로 구성되어 있으며 3교대로 돌아간다. 주어진 정보를 보고 물음에 답하시오.

	일	월	화	수	목	금	토
	1	2	3	4	5	6	7
오전	1조	1조	1조	1조	1조	2조	2조
오후	2조	2조	2조	3조	3조	3조	3조
야간	3조	4조	4조	4조	4조	4조	1조
	8	9	10	11	12	13	14
오전	2조	2조	2조	3조	3조	3조	3조
오후	3조	4조	4조	4조	4조	4조	1조
야간	1조	1조	1조	1조	2조	2조	2조
	15	16	17	18	19	20	21
오전	3조	4조	4조	4조	4조	4조	1조
오후	1조	1조	1조	1조	2조	2조	2조
야간	2조	2조	3조	3조	3조	3조	3조
	22	23	24	25	26	27	28
오전	1조	1조	1조	1조	2조	2조	2조
오후	2조	2조	3조	3조	3조	3조	3조
야간	4조	4조	4조	4조	4조	1조	1조
	29	30					
오전	2조	2조					
오후	4조	4조					
야간	1조	1조					

- 1조 : 나경원(조장), 임채민, 조은혜, 이가희, 김가은
- 2조 : 김태희(조장), 이샘물, 이가야, 정민지, 김민경
- 3조 : 우채원(조장), 황보경, 최희경, 김희원, 노혜은
- 4조 : 전혜민(조장), 고명원, 박수진, 김경민, 탁정은

※ 한 조의 일원이 개인 사유로 근무가 어려울 경우 당일 오프인 조의 일원(조장 제외) 중 1인이 대체 근무를 한다.

※ 대체근무의 경우 오전근무 직후 오후근무 또는 오후근무 직후 야간근무는 가능하나 야간근무 직후 오전근무는 불가능하다.

※ 대체근무가 어려운 경우 휴무자가 포함된 조의 조장이 휴무자의 업무를 대행한다.

27 다음은 직원들의 휴무 일정이다. 배정된 대체근무자로 적절하지 못한 사람은?

휴무일자	휴무 예정자	대체 근무 예정자
11월 3일	임채민	① 노혜은
11월 12일	황보경	② 이가희
11월 17일	우채원	③ 이샘물
11월 24일	탁정은	④ 정민지
11월 30일	고명원	⑤ 최희경

Tip 11월 12일 황보경(3조)은 오전근무이다. 1조는 바로 전날 야간근무를 했기 때문에 대체해줄 수 없다. 따라서 이가희가 아닌 우채원(3조 조장)이 황보경의 업무를 대행한다.

28 다음은 직원들의 휴무 일정이다. 배정된 대체근무자로 적절하지 못한 사람은?

휴무일자	휴무 예정자	대체 근무 예정자
11월 7일	노혜은	① 탁정은
11월 10일	이샘물	② 최희경
11월 15일	최희경	③ 고명원
11월 20일	김희원	④ 임채민
11월 29일	탁정은	⑤ 김희원

Tip 11월 20일 김희원(3조)은 야간근무이다. 1조는 바로 다음 날 오전근무를 해야 하기 때문에 대체해줄 수 없다. 따라서 임채민이 아닌 우채원(3조 조장)이 김희원의 업무를 대행한다.

Answer 27.② 28.④

❙ 29~30 ❙ D회사에서는 1년에 1명을 선발하여 해외연수를 보내주는 제도가 있다. 김부장, 최과장, 오과장, 홍대리, 박사원 5명이 지원한 가운데 〈선발 기준〉과 〈지원자 현황〉은 다음과 같다. 다음을 보고 물음에 답하시오.

〈선발 기준〉

구분	점수	비고
외국어 성적	50점	
근무 경력	20점	15년 이상이 만점 대비 100%, 10년 이상 15년 미만이 70%, 10년 미만이 50%이다. 단, 근무경력이 최소 5년 이상인 자만 선발 자격이 있다.
근무 성적	10점	
포상	20점	3회 이상이 만점 대비 100%, 1~2회가 50%, 0회가 0%이다.
계	100점	

〈지원자 현황〉

구분	김부장	최과장	오과장	홍대리	박사원
근무경력	30년	20년	10년	3년	2년
포상	2회	4회	0회	5회	1회

※ 외국어 성적은 김부장과 최과장이 만점 대비 50%이고, 오과장이 80%, 홍대리와 박사원이 100%이다.

※ 근무 성적은 최과장과 박사원이 만점이고, 김부장, 오과장, 홍대리는 만점 대비 90%이다.

29 위의 선발 기준과 지원자 현황에 따를 때 가장 높은 점수를 받은 사람이 선발된다면 선발되는 사람은?

① 김부장
② 최과장
③ 오과장
④ 홍대리
⑤ 박사원

Tip

<table>
<tr><th></th><th>김부장</th><th>최과장</th><th>오과장</th><th>홍대리, 박사원</th></tr>
<tr><td>외국어 성적</td><td>25점</td><td>25점</td><td>40점</td><td rowspan="5">근무경력이 5년 미만이므로 선발 자격이 없다.</td></tr>
<tr><td>근무 경력</td><td>20점</td><td>20점</td><td>14점</td></tr>
<tr><td>근무 성적</td><td>9점</td><td>10점</td><td>9점</td></tr>
<tr><td>포상</td><td>10점</td><td>20점</td><td>0점</td></tr>
<tr><td>계</td><td>64점</td><td>75점</td><td>63점</td></tr>
</table>

30 회사 규정의 변경으로 인해 선발 기준이 다음과 같이 변경되었다면, 새로운 선발 기준 하에서 선발되는 사람은? (단, 가장 높은 점수를 받은 사람이 선발된다)

구분	점수	비고
외국어 성적	40점	
근무 경력	40점	30년 이상이 만점 대비 100%, 20년 이상 30년 미만이 70%, 20년 미만이 50%이다. 단, 근무경력이 최소 5년 이상인 자만 선발 자격이 있다.
근무 성적	10점	
포상	10점	3회 이상이 만점 대비 100%, 1~2회가 50%, 0회가 0%이다.
계	100점	

① 김부장
② 최과장
③ 오과장
④ 홍대리
⑤ 박사원

Tip

<table>
<tr><th></th><th>김부장</th><th>최과장</th><th>오과장</th><th>홍대리, 박사원</th></tr>
<tr><td>외국어 성적</td><td>20점</td><td>20점</td><td>32점</td><td rowspan="5">근무경력이 5년 미만이므로 선발 자격이 없다.</td></tr>
<tr><td>근무 경력</td><td>40점</td><td>28점</td><td>20점</td></tr>
<tr><td>근무 성적</td><td>9점</td><td>10점</td><td>9점</td></tr>
<tr><td>포상</td><td>5점</td><td>10점</td><td>0점</td></tr>
<tr><td>계</td><td>74점</td><td>68점</td><td>61점</td></tr>
</table>

Answer 29.② 30.①

CHAPTER

05 조직이해능력

1 조직과 개인

(1) 조직

① 조직과 기업

㉠ 조직 : 두 사람 이상이 공동의 목표를 달성하기 위해 의식적으로 구성된 상호작용과 조정을 행하는 행동의 집합체

㉡ 기업 : 노동, 자본, 물자, 기술 등을 투입하여 제품이나 서비스를 산출하는 기관

② 조직의 유형

기준	구분	예
공식성	공식조직	조직의 규모, 기능, 규정이 조직화된 조직
	비공식조직	인간관계에 따라 형성된 자발적 조직
영리성	영리조직	사기업
	비영리조직	정부조직, 병원, 대학, 시민단체
조직규모	소규모 조직	가족 소유의 상점
	대규모 조직	대기업

(2) 경영

① 경영의 의미 … 조직의 목적을 달성하기 위한 전략, 관리, 운영활동이다.

② 경영의 구성요소

㉠ 경영목적 : 조직의 목적을 달성하기 위한 방법이나 과정

㉡ 인적자원 : 조직의 구성원 · 인적자원의 배치와 활용

㉢ 자금 : 경영활동에 요구되는 돈 · 경영의 방향과 범위 한정

㉣ 경영전략 : 변화하는 환경에 적응하기 위한 경영활동 체계화

③ 경영자의 역할

대인적 역할	정보적 역할	의사결정적 역할
• 조직의 대표자 • 조직의 리더 • 상징자, 지도자	• 외부환경 모니터 • 변화전달 • 정보전달자	• 문제 조정 • 대외적 협상 주도 • 분쟁조정자, 자원배분자, 협상가

(3) 조직체제 구성요소

① **조직목표** … 전체 조직의 성과, 자원, 시장, 인력개발, 혁신과 변화, 생산성에 대한 목표

② **조직구조** … 조직 내의 부문 사이에 형성된 관계

③ **조직문화** … 조직구성원들 간에 공유하는 생활양식이나 가치

④ **규칙 및 규정** … 조직의 목표나 전략에 따라 수립되어 조직구성원들이 활동범위를 제약하고 일관성을 부여하는 기능

예제 1

주어진 글의 빈칸에 들어갈 말로 가장 적절한 것은?

> 조직이 지속되게 되면 조직구성원들 간 생활양식이나 가치를 공유하게 되는데 이를 조직의 (㉠)라고 한다. 이는 조직구성원들의 사고와 행동에 영향을 미치며 일체감과 정체성을 부여하고 조직이 (㉡)으로 유지되게 한다. 최근 이에 대한 중요성이 부각되면서 긍정적인 방향으로 조성하기 위한 경영층의 노력이 이루어지고 있다.

① ㉠ : 목표, ㉡ : 혁신적　　② ㉠ : 구조, ㉡ : 단계적
③ ㉠ : 문화, ㉡ : 안정적　　④ ㉠ : 규칙, ㉡ : 체계적

[출제의도]
본 문항은 조직체계의 구성요소들의 개념을 묻는 문제이다.
[해설]
조직문화란 조직구성원들 간에 공유하게 되는 생활양식이나 가치를 말한다. 이는 조직구성원들의 사고와 행동에 영향을 미치며 일체감과 정체성을 부여하고 조직이 안정적으로 유지되게 한다.

답 ③

(4) 조직변화의 과정

환경변화 인지 → 조직변화 방향 수립 → 조직변화 실행 → 변화결과 평가

(5) **조직과 개인**

개인	지식, 기술, 경험 →	조직
	← 연봉, 성과급, 인정, 칭찬, 만족감	

2 조직이해능력을 구성하는 하위능력

(1) 경영이해능력

① 경영 … 조직의 목적을 달성하기 위한 전략, 관리, 운영활동이다.

㉠ 경영의 구성요소 : 경영목적, 인적자원, 자금, 전략

㉡ 경영의 과정

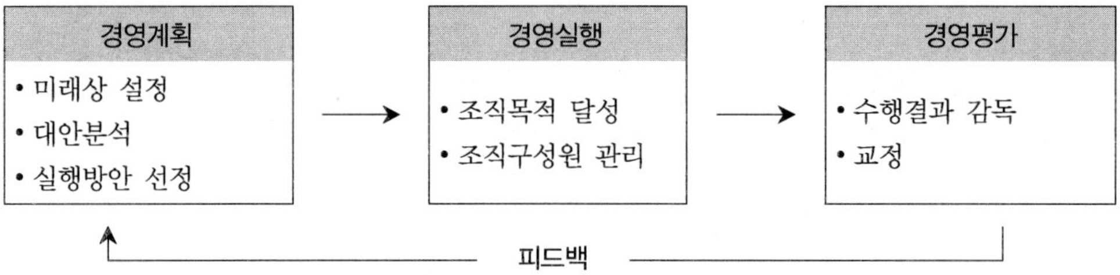

㉢ 경영활동 유형

- 외부경영활동 : 조직외부에서 조직의 효과성을 높이기 위해 이루어지는 활동이다.
- 내부경영활동 : 조직내부에서 인적, 물적 자원 및 생산기술을 관리하는 것이다.

② 의사결정과정

㉠ 의사결정의 과정

- 확인 단계 : 의사결정이 필요한 문제를 인식한다.
- 개발 단계 : 확인된 문제에 대하여 해결방안을 모색하는 단계이다.
- 선택 단계 : 해결방안을 마련하며 실행가능한 해결안을 선택한다.

㉡ 집단의사결정의 특징

- 지식과 정보가 더 많아 효과적인 결정을 할 수 있다.
- 다양한 견해를 가지고 접근할 수 있다.
- 결정된 사항에 대하여 의사결정에 참여한 사람들이 해결책을 수월하게 수용하고, 의사소통의 기회도 향상된다.

- 의견이 불일치하는 경우 의사결정을 내리는데 시간이 많이 소요된다.
- 특정 구성원에 의해 의사결정이 독점될 가능성이 있다.

③ 경영전략

㉠ 경영전략 추진과정

전략목표설정		환경분석		경영전략 도출		경영전략 실행		평가 및 피드백
• 비전 설정 • 미션 설정	→	• 내부환경 분석 • 외부환경 분석 (SWOT 등)	→	• 조직전략 • 사업전략 • 부문전략	→	• 경영목적 달성	→	• 경영전략 결과 평가 • 전략목표 및 경영전략 재조명

㉡ 마이클 포터의 본원적 경쟁전략

전략적 우위 요소

전략적 목표		고객들이 인식하는 제품의 특성	원가우위
	산업전체	차별화	원가우위
	산업의 특정부문	집중화 (차별화 + 집중화)	 (원가우위 + 집중화)

예제 2

다음은 경영전략을 세우는 방법 중 하나인 SWOT에 따른 어느 기업의 분석결과이다. 다음 중 주어진 기업 분석 결과에 대응하는 전략은?

강점(Strength)	• 차별화된 맛과 메뉴 • 폭넓은 네트워크
약점(Weakness)	• 매출의 계절적 변동폭이 큼 • 딱딱한 기업 이미지
기회(Opportunity)	• 소비자의 수요 트랜드 변화 • 가계의 외식 횟수 증가 • 경기회복 가능성
위협(Threat)	• 새로운 경쟁자의 진입 가능성 • 과도한 가계부채

내부환경 / 외부환경	강점(Strength)	약점(Weakness)
기회 (Opportunity)	① 계절 메뉴 개발을 통한 분기 매출 확보	② 고객의 소비패턴을 반영한 광고를 통한 이미지 쇄신
위협 (Threat)	③ 소비 트렌드 변화를 반영한 시장 세분화 정책	④ 고급화 전략을 통한 매출 확대

[출제의도]
본 문항은 조직이해능력의 하위능력인 경영관리능력을 측정하는 문제이다. 기업에서 경영전략을 세우는데 많이 사용되는 SWOT분석에 대해 이해하고 주어진 분석표를 통해 가장 적절한 경영전략을 도출할 수 있는지를 확인할 수 있다.

[해설]
② 딱딱한 이미지를 현재 소비자의 수요 트렌드라는 환경 변화에 대응하여 바꿀 수 있다.

답 ②

④ 경영참가제도

㉠ 목적

- 경영의 민주성을 제고할 수 있다.
- 공동으로 문제를 해결하고 노사 간의 세력 균형을 이룰 수 있다.
- 경영의 효율성을 제고할 수 있다.
- 노사 간 상호 신뢰를 증진시킬 수 있다.

㉡ 유형

- 경영참가 : 경영자의 권한인 의사결정과정에 근로자 또는 노동조합이 참여하는 것
- 이윤참가 : 조직의 경영성과에 대하여 근로자에게 배분하는 것
- 자본참가 : 근로자가 조직 재산의 소유에 참여하는 것

예제 3

다음은 중국의 H사에서 시행하는 경영참가제도에 대한 기사이다. 밑줄 친 이 제도는 무엇인가?

> H사는 '사람' 중심의 수평적 기업문화가 발달했다. H사는 <u>이 제도</u>의 시행을 통해 직원들이 경영에 간접적으로 참여할 수 있게 하였는데 이에 따라 자연스레 기업에 대한 직원들의 책임 의식도 강화됐다. 참여주주는 8만2471명이다. 모두 H사의 임직원이며, 이 중 창립자인 CEO R은 개인주주로 총 주식의 1.18%의 지분과 퇴직연금으로 주식총액의 0.21%만을 보유하고 있다.

① 노사협의회제도　② 이윤분배제도
③ 종업원지주제도　④ 노동주제도

[출제의도]
경영참가제도는 조직원이 자신이 속한 조직에서 주인의식을 갖고 조직의 의사결정과정에 참여할 수 있도록 하는 제도이다. 본 문항은 경영참가제도의 유형을 구분해낼 수 있는가를 묻는 질문이다.
[해설]
종업원지주제도 … 기업이 자사 종업원에게 특별한 조건과 방법으로 자사 주식을 분양·소유하게 하는 제도이다. 이 제도의 목적은 종업원에 대한 근검저축의 장려, 공로에 대한 보수, 자사에의 귀속의식 고취, 자사에의 일체감 조성 등이 있다.

답 ③

(2) 체제이해능력

① **조직목표** … 조직이 달성하려는 장래의 상태

㉠ 조직목표의 기능

- 조직이 존재하는 정당성과 합법성 제공
- 조직이 나아갈 방향 제시
- 조직구성원 의사결정의 기준
- 조직구성원 행동수행의 동기유발
- 수행평가 기준
- 조직설계의 기준

㉡ 조직목표의 특징
- 공식적 목표와 실제적 목표가 다를 수 있음
- 다수의 조직목표 추구 가능
- 조직목표 간 위계적 상호관계가 있음
- 가변적 속성
- 조직의 구성요소와 상호관계를 가짐

② 조직구조

㉠ 조직구조의 결정요인 : 전략, 규모, 기술, 환경

㉡ 조직구조의 유형과 특징

유형	특징
기계적 조직	• 구성원들의 업무가 분명하게 규정 • 엄격한 상하 간 위계질서 • 다수의 규칙과 규정 존재
유기적 조직	• 비공식적인 상호의사소통 • 급변하는 환경에 적합한 조직

③ 조직문화

㉠ 조직문화 기능
- 조직구성원들에게 일체감, 정체성 부여
- 조직몰입 향상
- 조직구성원들의 행동지침 : 사회화 및 일탈행동 통제
- 조직의 안정성 유지

㉡ 조직문화 구성요소(7S) : 공유가치(Shared Value), 리더십 스타일(Style), 구성원(Staff), 제도 · 절차(System), 구조(Structure), 전략(Strategy), 스킬(Skill)

④ 조직 내 집단

㉠ 공식적 집단 : 조직에서 의식적으로 만든 집단으로 집단의 목표, 임무가 명확하게 규정되어 있다.

예 임시위원회, 작업팀 등

㉡ 비공식적 집단 : 조직구성원들의 요구에 따라 자발적으로 형성된 집단이다.

예 스터디모임, 봉사활동 동아리, 각종 친목회 등

(3) 업무이해능력

① 업무 … 업무는 상품이나 서비스를 창출하기 위한 생산적인 활동이다.

㉠ 업무의 종류

부서	업무(예)
총무부	주주총회 및 이사회개최 관련 업무, 의전 및 비서업무, 집기비품 및 소모품의 구입과 관리, 사무실 임차 및 관리, 차량 및 통신시설의 운영, 국내외 출장 업무 협조, 복리후생 업무, 법률자문과 소송관리, 사내외 홍보 광고업무
인사부	조직기구의 개편 및 조정, 업무분장 및 조정, 인력수급계획 및 관리, 직무 및 정원의 조정 종합, 노사관리, 평가관리, 상벌관리, 인사발령, 교육체계 수립 및 관리, 임금제도, 복리후생제도 및 지원업무, 복무관리, 퇴직관리
기획부	경영계획 및 전략 수립, 전사기획업무 종합 및 조정, 중장기 사업계획의 종합 및 조정, 경영정보 조사 및 기획보고, 경영진단업무, 종합예산수립 및 실적관리, 단기사업계획 종합 및 조정, 사업계획, 손익추정, 실적관리 및 분석
회계부	회계제도의 유지 및 관리, 재무상태 및 경영실적 보고, 결산 관련 업무, 재무제표분석 및 보고, 법인세, 부가가치세, 국세 지방세 업무자문 및 지원, 보험가입 및 보상업무, 고정자산 관련 업무
영업부	판매 계획, 판매예산의 편성, 시장조사, 광고 선전, 견적 및 계약, 제조지시서의 발행, 외상매출금의 청구 및 회수, 제품의 재고 조절, 거래처로부터의 불만처리, 제품의 애프터서비스, 판매원가 및 판매가격의 조사 검토

예제 4

다음은 I기업의 조직도와 팀장님의 지시사항이다. H씨가 팀장님의 심부름을 수행하기 위해 연락해야 할 부서로 옳은 것은?

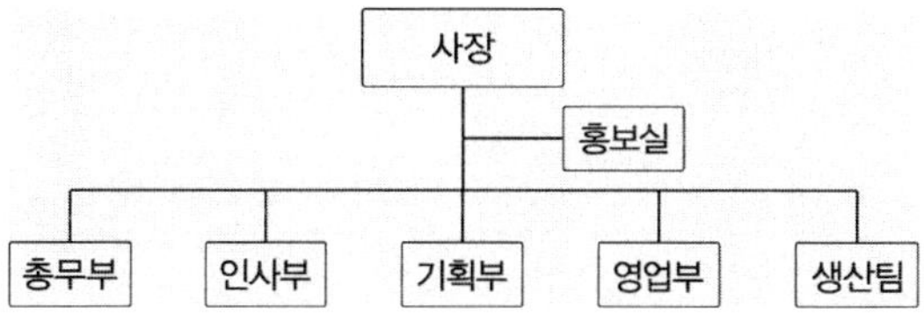

H씨! 내가 지금 너무 바빠서 그러는데 부탁 좀 들어줄래요? 다음 주 중에 사장님 모시고 클라이언트와 만나야 할 일이 있으니까 사장님 일정을 확인해주시구요. 이번 달에 신입사원 교육·훈련계획이 있었던 것 같은데 정확한 시간이랑 날짜를 확인해주세요.

① 총무부, 인사부 ② 총무부, 홍보실
③ 기획부, 총무부 ④ 영업부, 기획부

[출제의도]
조직도와 부서의 명칭을 보고 개략적인 부서의 소관 업무를 분별할 수 있는지를 묻는 문항이다.
[해설]
사장의 일정에 관한 사항은 비서실에서 관리하나 비서실이 없는 회사의 경우 총무부(또는 팀)에서 비서업무를 담당하기도 한다. 또한 신입사원 관리 및 교육은 인사부에서 관리한다.

답 ①

㉡ 업무의 특성
- 공통된 조직의 목적 지향
- 요구되는 지식, 기술, 도구의 다양성
- 다른 업무와의 관계, 독립성
- 업무수행의 자율성, 재량권

② 업무수행 계획
㉠ 업무지침 확인 : 조직의 업무지침과 나의 업무지침을 확인한다.
㉡ 활용 자원 확인 : 시간, 예산, 기술, 인간관계
㉢ 업무수행 시트 작성
- 간트 차트 : 단계별로 업무의 시작과 끝 시간을 바 형식으로 표현
- 워크 플로 시트 : 일의 흐름을 동적으로 보여줌
- 체크리스트 : 수행수준 달성을 자가점검

Point 》 간트 차트와 플로 차트

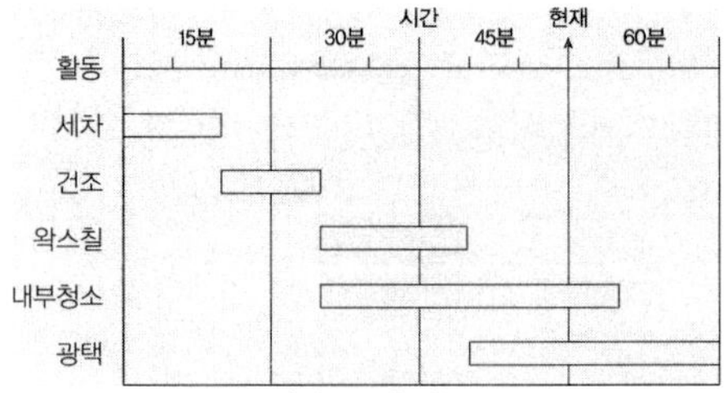

〈간트 차트〉

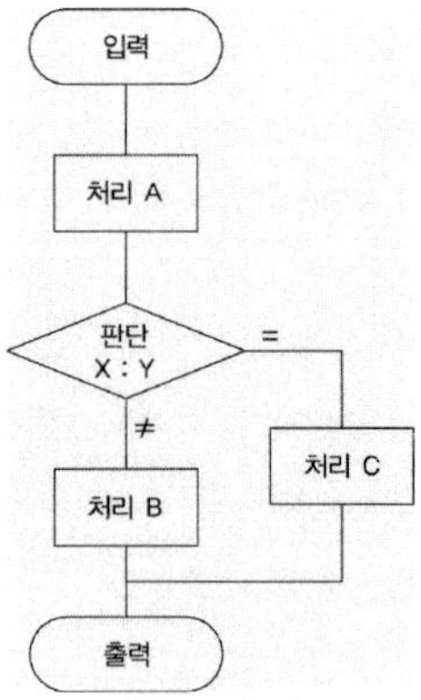

〈플로 차트〉

예제 5

다음 중 업무수행 시 단계별로 업무를 시작해서 끝나는 데까지 걸리는 시간을 바 형식으로 표시하여 전체 일정 및 단계별로 소요되는 시간과 각 업무활동 사이의 관계를 볼 수 있는 업무수행 시트는?

① 간트 차트
② 워크 플로 차트
③ 체크리스트
④ 퍼트 차트

[출제의도]
업무수행 계획을 수립할 때 간트 차트, 워크 플로 시트, 체크리스트 등의 수단을 이용하면 효과적으로 계획하고 마지막에 급하게 일을 처리하지 않고 주어진 시간 내에 끝마칠 수 있다. 본 문항은 그러한 수단이 되는 차트들의 이해도를 묻는 문항이다.

[해설]
② 일의 절차 처리의 흐름을 표현하기 위해 기호를 써서 도식화 한 것
③ 업무를 세부적으로 나누고 각 활동별로 수행수준을 달성했는지를 확인하는 데 효과적
④ 하나의 사업을 수행하는 데 필요한 다수의 세부사업을 단계와 활동으로 세분하여 관련된 계획 공정으로 묶고, 각 활동의 소요시간을 낙관시간, 최가능시간, 비관시간 등 세 가지로 추정하고 이를 평균하여 기대시간을 추정

답 ①

③ 업무 방해요소
㉠ 다른 사람의 방문, 인터넷, 전화, 메신저 등
㉡ 갈등관리
㉢ 스트레스

(4) 국제감각

① 세계화와 국제경영

㉠ 세계화 : 3Bs(국경 ; Border, 경계 ; Boundary, 장벽 ; Barrier)가 완화되면서 활동범위가 세계로 확대되는 현상이다.

㉡ 국제경영 : 다국적 내지 초국적 기업이 등장하여 범지구적 시스템과 네트워크 안에서 기업 활동이 이루어지는 것이다.

② 이문화 커뮤니케이션 : 서로 상이한 문화 간 커뮤니케이션으로 직업인이 자신의 일을 수행하는 가운데 문화배경을 달리하는 사람과 커뮤니케이션을 하는 것이 이에 해당한다. 이문화 커뮤니케이션은 언어적 커뮤니케이션과 비언어적 커뮤니케이션으로 구분된다.

③ 국제 동향 파악 방법

㉠ 관련 분야 해외사이트를 방문해 최신 이슈를 확인한다.

㉡ 매일 신문의 국제면을 읽는다.

㉢ 업무와 관련된 국제잡지를 정기구독 한다.

㉣ 고용노동부, 한국산업인력공단, 산업통상자원부, 중소벤처기업부, 대한상공회의소, 산업별인적자원개발협의체 등의 사이트를 방문해 국제동향을 확인한다.

㉤ 국제학술대회에 참석한다.

㉥ 업무와 관련된 주요 용어의 외국어를 알아둔다.

㉦ 해외서점 사이트를 방문해 최신 서적 목록과 주요 내용을 파악한다.

㉧ 외국인 친구를 사귀고 대화를 자주 나눈다.

④ 대표적인 국제매너

㉠ 미국인과 인사할 때에는 눈이나 얼굴을 보는 것이 좋으며 오른손으로 상대방의 오른손을 힘주어 잡았다가 놓아야 한다.

㉡ 러시아와 라틴아메리카 사람들은 인사할 때에 포옹을 하는 경우가 있는데 이는 친밀함의 표현이므로 자연스럽게 받아주는 것이 좋다.

㉢ 명함은 받으면 꾸기거나 계속 만지지 않고 한 번 보고나서 탁자 위에 보이는 채로 대화하거나 명함집에 넣는다.

㉣ 미국인들은 시간 엄수를 중요하게 생각하므로 약속시간에 늦지 않도록 주의한다.

㉤ 스프를 먹을 때에는 몸쪽에서 바깥쪽으로 숟가락을 사용한다.

㉥ 생선요리는 뒤집어 먹지 않는다.

㉦ 빵은 스프를 먹고 난 후부터 디저트를 먹을 때까지 먹는다.

출제예상문제

1 다음 그림과 같은 형태의 조직체계를 유지하고 있는 기업에 대한 설명으로 적절한 것은?

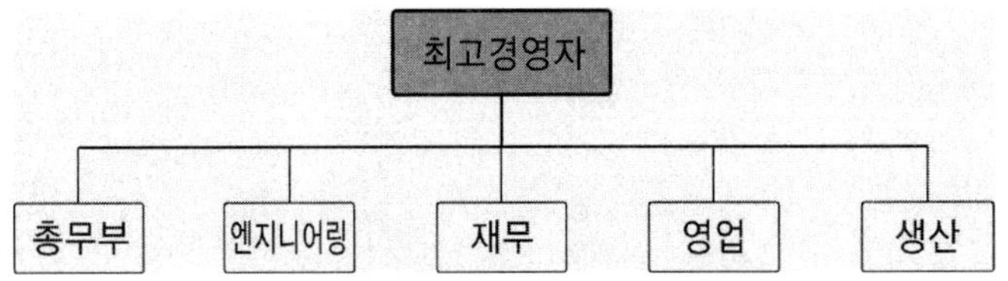

① 다양한 프로젝트를 수행해야 할 필요성이 커짐에 따라 조직 간의 유기적인 협조체제를 구축하였다.
② 의사결정 권한이 분산되어 더욱 전문적인 업무 처리가 가능하다.
③ 각 부서 간 내부 경쟁을 유발할 수 있다.
④ 조직 내 내부 효율성을 확보할 수 있는 조직 구조이다.
⑤ 의사결정까지 시간이 오래 걸리기 때문에 각 부서장의 역할이 매우 중요한 조직 구조이다.

Tip 그림과 같은 조직 구조는 하나의 의사결정권자의 지시와 부서별 업무 분화가 명확해, 전문성은 높아지고 유연성 및 유기성은 떨어지는 조직 구조라고 볼 수 있다. 또한 의사결정권자가 한 명으로 집중되면서 내부 효율성이 확보된다.
① 조직의 유기적인 협조체제가 구축된 구조는 아니다.
② 의사결정 권한이 집중된 조직 구조이다.
③ 유사한 업무를 통한 내부 경쟁을 유발할 수 있는 구조는 사업별 조직구조이다.
⑤ 의사결정권자가 한 명이기 때문에 시간이 오래 걸리지 않는 구조에 해당한다.

2 다음은 조직문화의 구성 요소를 나타낸 7S 모형이다. ⓐ와 ⓑ에 들어갈 요소를 옳게 짝지은 것은?

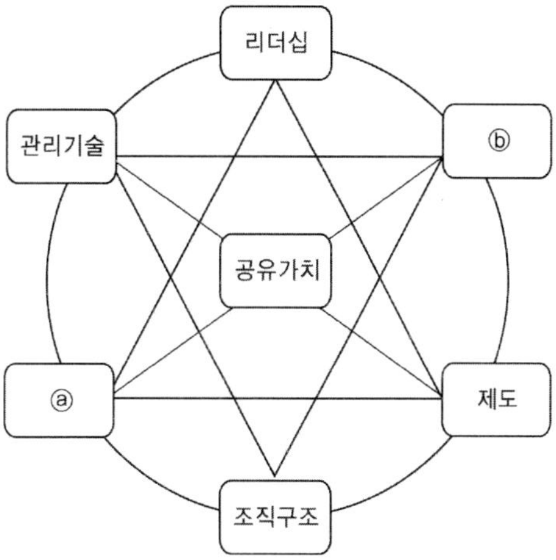

	ⓐ	ⓑ
①	구성원	전략
②	구성원	만족도
③	용이성	단절성
④	전략	응답성
⑤	전략	유용성

Tip 7S모형은 조직의 현상을 이해하기 위해 조직의 핵심적 구성요소를 파악한 것으로, 이를 중심으로 조직을 진단하는 것은 조직의 문제해결을 위한 유용한 접근방법이다.
조직진단 7S 모형은 조직의 핵심적 역량요소를 공유가치(shared value), 전략(strategy), 조직구조(structure), 제도(system), 구성원(staff), 관리기술(skill), 리더십 스타일(style) 등 영문자 'S'로 시작하는 단어 7개로 구성하고 있다.

Answer 1.④ 2.①

3 다음 조직의 경영자에 대한 정의를 참고할 때, 경영자의 역할로 적절하지 않은 것은?

> 조직의 경영자는 조직의 전략, 관리 및 운영활동을 주관하며, 조직구성원들과 의사결정을 통해 조직이 나아갈 방향을 제시하고 조직의 유지와 발전에 대해 책임을 지는 사람이며, 조직의 변화방향을 설정하는 리더이며, 조직구성원들이 조직의 목표에 부합된 활동을 할 수 있도록 이를 결합시키고 관리하는 관리자이다.

① 대외 협상을 주도하기 위한 자문위원을 선발한다.
② 외부환경 변화를 주시하며 조직의 변화 방향을 설정한다.
③ 우수한 인재를 뽑기 위한 구체적이고 개선된 채용 기준을 마련한다.
④ 미래전략을 연구하기 위해 기획조정실과의 회의를 주도한다.
⑤ 외국의 유사 기관 기관장 일행의 방문을 맞이하여 업무협약서 체결을 지시한다.

Tip 우수한 인재를 채용하고자 하는 등의 기본 방침을 설정하는 일은 조직 경영자로서의 역할이라 할 수 있으나, 그에 따른 구체적인 채용 기준을 마련하는 일은 해당 산하 조직의 역할이라고 보아야 한다.

4 다음 설명을 참고할 때, '차별화 전략'의 단점으로 가장 거리가 먼 것은 어느 것인가?

> 조직의 경영전략은 경영자의 경영이념이나 조직의 특성에 따라 다양하다. 이 중 대표적인 경영전략으로 마이클 포터(Michael E. Porter)의 본원적 경쟁전략이 있다. 본원적 경쟁전략은 해당 사업에서 경쟁우위를 확보하기 위한 전략이며 차별화 전략, 집중화 전략, 원가우위 전략이 이에 속한다.
> 차별화 전략은 조직이 생산품이나 서비스를 차별화하여 고객에게 가치가 있고 독특하게 인식되도록 하는 전략이다. 이러한 전략을 활용하기 위해서는 연구개발이나 광고를 통하여 기술, 품질, 서비스, 브랜드 이미지를 개선할 필요가 있다.

① 많은 비용이 수반된다.
② 비차별화 전략에 비해 시장을 세분화해야 하는 어려움이 있다.
③ 다양한 상품 개발에 따라 상품 원가가 높아질 수 있다.
④ 과도한 가격경쟁력 확보를 추진할 경우 수익구조에 악영향을 끼칠 수 있다.
⑤ 유통경로 관리와 촉진에 추가적인 노력이 필요하다.

Tip 가격경쟁력을 확보하고자 하는 것은 원가우위 전략에서 실시하는 세부 전략 내용이다. 원가를 낮춰 더 많은 고객을 확보하는 것이 원가우위 전략의 기본 목표이므로 이러한 전략이 과도할 경우 매출만 신장될 뿐 수익구조가 오히려 악화될 우려가 있다.
한편, 차별화 전략은 여러 세분화된 시장을 표적 시장으로 삼아 이들 각각에 독특한 상품을 제공하고자 하는 전략으로 차별적 마케팅을 추진하기 위하여 많은 비용이 수반된다. 또한, 상품과 시장이 다양해져 그에 따른 관리 비용 역시 많아진다는 것이 가장 큰 단점이라고 할 수 있다.

5 다음은 A사의 임직원 행동지침의 일부이다. 이에 대한 설명으로 올바르지 않은 것은 어느 것인가?

> 제OO조(외국 업체 선정을 위한 기술평가위원회 운영)
> - 외국 업체 선정을 위한 기술평가위원회 운영이 필요한 경우 기술평가위원 위촉 시 부패행위 전력자 및 당사 임직원 행동강령 제5조 제1항 제2호 및 제3호에 따른 이해관계자를 배제해야 하며, 기술평가위원회 활동 중인 위원의 부정행위 적발 시에는 해촉하도록 한다.
> - 외국 업체 선정을 위한 기술평가위원회 위원은 해당 분야 자격증, 학위 소지여부 등에 대한 심사를 엄격히 하여 전문성을 가진 자로 선발한다.
> - 계약관련 외국 업체가 사전로비를 하는 것을 방지하기 위하여 외국 업체 선정을 위한 기술평가위원회 명단을 외부에 공개하는 것을 금지한다.
> - 외국 업체 선정을 위한 기술평가위원회를 운영할 경우 위원의 제척, 기피 및 회피제를 포함하여야 하며, 평가의 공정성 및 책임성 확보를 위해 평가위원으로부터 청렴서약서를 징구한다.
> - 외국 업체 선정을 위한 기술평가위원회를 개최하는 경우 직원은 평가위원의 발언 요지, 결정사항 및 표결내용 등의 회의결과를 기록하고 보관해야 한다.

① 기술평가위원의 발언과 결정사항 등은 번복이나 변경을 방지하고자 기록되어진다.
② 기술평가위원이 누구인지 내부적으로는 공개된다.
③ 이해관계에 의한 불공정 평가는 엄정히 방지된다.
④ 부패행위의 전력이 있어도 기술위원으로 위촉될 수 없다.
⑤ 기술평가위원에게 해당 분야의 전문성은 필수조건이다.

Tip 임직원 행동지침에 나타난 내용을 통하여 조직의 업무를 파악할 줄 알아야 한다.
제시된 임직원 행동지침에서는 기술평가위원 명단의 사전 외부 공개를 금지한다고 되어 있으나 내부적으로도 금지 원칙은 기본적으로 따르는 것이다.

Answer 3.③ 4.④ 5.②

6 다음은 한국교통안전공단의 본사 조직도이다. 조직도에 대한 설명으로 옳지 않은 것은?

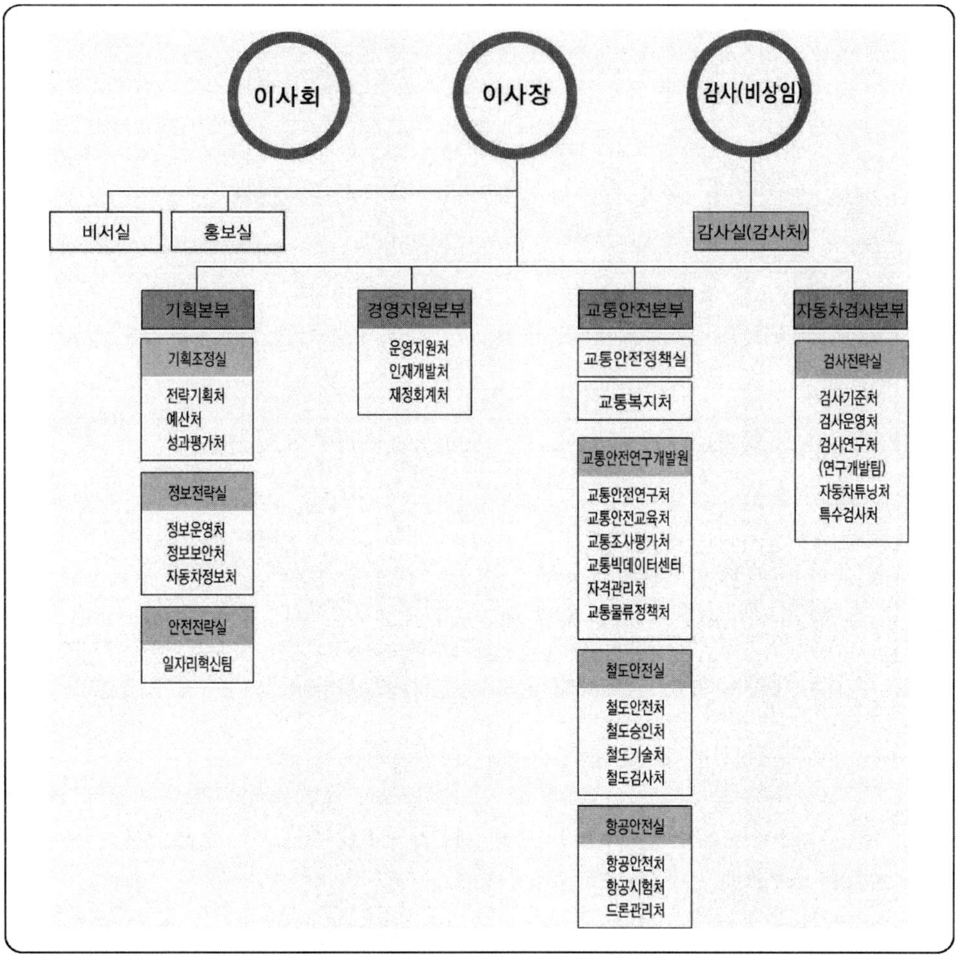

① 정보보안처는 기획본부에 속해있다.

② 기획본부는 3개의 실과 6개의 처로 구성되어 있다.

③ 항공안전실은 3개의 처로 구성되어 있다.

④ 감사와 감사실은 독립된 부서이다.

⑤ 비서실과 홍보실은 본부에 속해있지 않다.

Tip 기획본부는 3개의 실과 7개의 처로 구성되어 있다.

7 다음 제시된 글에서 빈칸에 들어갈 말로 적절한 것은?

> 조직을 통해 조직구성원들 간에 공유하는 생활양식을 공유하는 것을 (㉠)라고 한다. 또한 조직의 목표나 전략에 따라 수립된 (㉡)을 통해 일관성이 부여된다.

① ㉠ 조직목표, ㉡ 조직구조

② ㉠ 규칙, ㉡ 조직문화

③ ㉠ 조직문화, ㉡ 규칙

④ ㉠ 조직구조, ㉡ 조직목표

⑤ ㉠ 규칙, ㉡ 조직구조

Tip 조직체제 구성요소

㉠ **조직목표** : 전체 조직의 성과, 자원, 시장, 인력개발, 혁신과 변화, 생산성에 대한 목표

㉡ **조직구조** : 조직 내의 부문 사이에 형성된 관계

㉢ **조직문화** : 조직구성원들 간에 공유하는 생활양식이나 가치

㉣ **규칙 및 규정** : 조직의 목표나 전략에 따라 수립되어 조직구성원들이 활동범위를 제약하고 일관성을 부여하는 기능

Answer 6.② 7.③

8 다음은 Q기업의 조직도와 팀장님의 지시사항이다. 다음 중 J씨가 해야 할 행동으로 가장 적절한 것은?

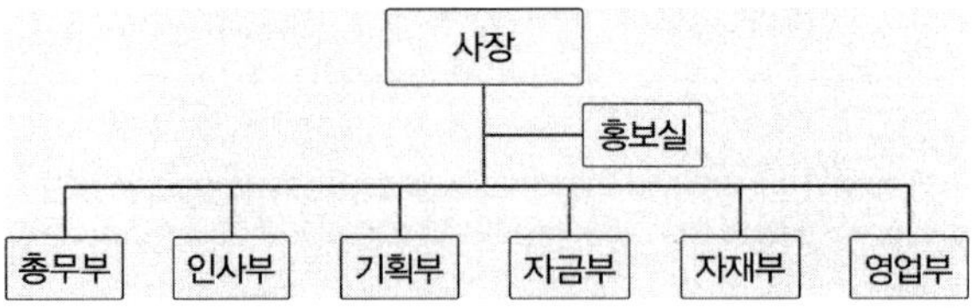

[팀장 지시사항]

J씨, 다음 주에 신규직원 공채시작이지? 실무자에게 부탁해서 공고문 확인하고 지난 번에 우리 부서에서 제출한 자료랑 맞게 제대로 들어갔는지 확인해주고 공채 절차하고 채용 후에 신입직원 교육이 어떻게 진행되는지 정확한 자료를 좀 받아와요.

① 홍보실에서 신규직원 공채 공고문을 받고, 인사부에서 신입직원 교육 자료를 받아온다.
② 인사부에서 신규직원 공채 공고문을 받고, 총무부에서 신입직원 교육 자료를 받아온다.
③ 인사부에서 신규직원 공채 공고문과 신입직원 교육 자료를 받아온다.
④ 총무부에서 신규직원 공채 공고문과 신입직원 교육 자료를 받아온다.
⑤ 영업부에서 신규직원 공채 공고문과 신입직원 교육 자료를 받아온다.

Tip 인력수급계획 및 관리, 교육체계 수립 및 관리는 인사부에서 담당하는 업무의 일부이다.

| 9~10 | 다음은 어느 회사의 사내 복지 제도와 지원내역에 관한 자료이다. 물음에 답하시오.

〈2016년 사내 복지 제도〉

주택 지원
주택구입자금 대출
전보자 및 독신자를 위한 합숙소 운영

자녀학자금 지원
중고생 전액지원, 대학생 무이자융자

경조사 지원
사내근로복지기금을 운영하여 각종 경조금 지원

기타
사내 동호회 활동비 지원
상병 휴가, 휴직, 4대보험 지원
생일 축하금(상품권 지급)

〈2016년 1/4분기 지원 내역〉

이름	부서	직위	내역	금액(만 원)
엄영식	총무팀	차장	주택구입자금 대출	-
이수연	전산팀	사원	본인 결혼	10
임효진	인사팀	대리	독신자 합숙소 지원	-
김영태	영업팀	과장	휴직(병가)	-
김원식	편집팀	부장	대학생 학자금 무이자융자	-
심민지	홍보팀	대리	부친상	10
이영호	행정팀	대리	사내 동호회 활동비 지원	10
류민호	자원팀	사원	생일(상품권 지급)	5
백성미	디자인팀	과장	중학생 학자금 전액지원	100
채준민	재무팀	인턴	사내 동호회 활동비 지원	10

Answer 8.③

9 인사팀에 근무하고 있는 사원 B씨는 2016년 1분기에 지원을 받은 사원들을 정리했다. 다음 중 분류가 잘못된 사원은?

구분	이름
주택 지원	엄영식, 임효진
자녀학자금 지원	김원식, 백성미
경조사 지원	이수연, 심민지, 김영태
기타	이영호, 류민호, 채준민

① 엄영식
② 김원식
③ 심민지
④ 김영태
⑤ 류민호

Tip 김영태는 병가로 인한 휴직이므로 '기타'에 속해야 한다.

10 사원 B씨는 위의 복지제도와 지원 내역을 바탕으로 2분기에도 사원들을 지원하려고 한다. 지원한 내용으로 옳지 않은 것은?

① 엄영식 차장이 장모상을 당하셔서 경조금 10만 원을 지원하였다.
② 심민지 대리가 동호회에 참여하게 되어서 활동비 10만 원을 지원하였다.
③ 이수연 사원의 생일이라서 현금 5만 원을 지원하였다.
④ 류민호 사원이 결혼을 해서 10만 원을 지원하였다.
⑤ 김영태 과장의 자녀가 중학교에 입학하여 학자금 전액을 지원하였다.

Tip ③ 생일인 경우에는 상품권 5만 원을 지원한다.

11 다음은 기업용 소프트웨어를 개발 · 판매하는 A기업의 조직도와 사내 업무협조전이다. 주어진 업무협조전의 발신부서와 수신부서로 가장 적절한 것은?

〈A기업 조직도〉

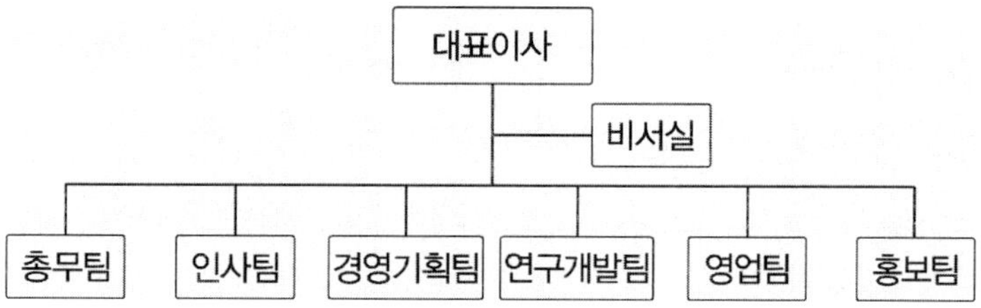

업무협조전

제목 : 콘텐츠 개발에 따른 적극적 영업 마케팅 협조
내용 :
2014년 경영기획팀의 요청으로 저희 팀에서 제작하기 시작한 업무매니저 "한방에" 소프트웨어가 모두 제작 완료되었습니다. 하여 해당 소프트웨어 5종에 관한 적극적인 마케팅을 부탁드립니다.
"한방에"는 거래처관리 소프트웨어, 직원/급여관리 소프트웨어, 매입/매출관리 소프트웨어, 증명서 발급관리 소프트웨어, 거래/견적/세금관리 소프트웨어로 각 분야별 영업을 진행하시면 될 것 같습니다.
특히나 직원/급여관리 소프트웨어는 회사 직원과 급여를 통합적으로 관리할 수 있는 프로그램으로 중소기업에서도 보편적으로 이용할 수 있도록 설계되어 있기 때문에 적극적인 영업 마케팅이 더해졌을 때 큰 이익을 낼 수 있을 거라 예상됩니다.
해당 5개의 프로그램의 이용 매뉴얼과 설명서를 첨부해드리오니 담당자분들께서는 이를 숙지하시고 판매에 효율성을 가지시기 바랍니다.
첨부 : 업무매니저 "한방에" 매뉴얼 및 설명서

	발신	수신
①	경영기획팀	홍보팀
②	연구개발팀	영업팀
③	총무팀	인사팀
④	영업팀	연구개발팀
⑤	총무팀	홍보팀

Tip 발신부서는 소프트웨어를 제작하는 팀이므로 연구개발팀이고, 발신부서는 수신부서에게 신제품 개발에 대한 대략적인 내용과 함께 영업 마케팅에 대한 당부를 하고 있으므로 수신부서는 영업팀이 가장 적절하다.

Answer 9.④ 10.③ 11.②

▌12~14▐ 다음 설명을 읽고 분석 결과에 대응하는 가장 적절한 전략을 고르시오.

> SWOT분석이란 기업의 환경 분석을 통해 마케팅 전략을 수립하는 기법이다. 조직 내부 환경으로는 조직이 우위를 점할 수 있는 강점(Strength), 조직의 효과적인 성과를 방해하는 자원·기술·능력면에서의 약점(Weakness), 조직 외부 환경으로는 조직 활동에 이점을 주는 기회(Opportunity), 조직 활동에 불이익을 미치는 위협(Threat)으로 구분된다.
>
> ※ SWOT분석에 의한 마케팅 전략
> ㉠ SO전략(강점-기회전략) : 시장의 기회를 활용하기 위해 강점을 사용하는 전략
> ㉡ ST전략(강점-위협전략) : 시장의 위협을 회피하기 위해 강점을 사용하는 전략
> ㉢ WO전략(약점-기회전략) : 약점을 극복함으로 시장의 기회를 활용하려는 전략
> ㉣ WT전략(약점-위협전략) : 시장의 위협을 회피하고 약점을 최소화하는 전략

12 다음은 A화장품 기업의 SWOT분석이다. 다음 중 SO전략 해당하는 것은?

강점(Strength)	• 화장품과 관련된 높은 기술력 보유 • 기초화장품 전문 브랜드라는 소비자인식과 높은 신뢰도
약점(Weakness)	• 남성전용 화장품 라인의 후발주자 • 용량 대비 높은 가격
기회(Opportunity)	• 남성들의 화장품에 대한 인식변화와 화장품 시장의 지속적인 성장 • 화장품 분야에 대한 정부의 지원
위협(Threat)	• 경쟁업체들의 남성화장품 시장 공략 • 내수경기 침체로 인한 소비심리 위축

① 유통비 조정을 통한 제품의 가격 조정
② 정부의 지원을 통한 제품의 가격 조정
③ 남성화장품 이외의 라인에 주력하여 경쟁력 강화
④ 기초화장품 기술력을 통한 경쟁적 남성 기초화장품 개발
⑤ 기초화장품 기술력을 남성화장품 이외의 라인에 적용

Tip
① WO전략
② WO전략
③ WT전략
⑤ ST전략

13 다음은 여성의류 인터넷쇼핑몰의 SWOT분석이다. 가장 적절한 전략은?

강점(Strength)	• 쉽고 빠른 제품선택, 시 · 공간의 제약 없음 • 오프라인 매장이 없어 비용 절감 • 고객데이터 활용의 편리성
약점(Weakness)	• 높은 마케팅비용 • 보안 및 결제시스템의 취약점 • 낮은 진입 장벽으로 경쟁업체 난립
기회(Opportunity)	• 업체 간 업무 제휴로 상생 경영 • IT기술과 전자상거래 기술 발달
위협(Threat)	• 경기 침체의 가변성 • 잦은 개인정보유출사건으로 인한 소비자의 신뢰도 하락 • 일부 업체로의 집중화에 의한 독과점 발생

① SO전략 : 액세서리 쇼핑몰과의 제휴로 마케팅비용을 줄인다.

② ST전략 : 높은 IT기술을 이용하여 보안부문을 강화한다.

③ WT전략 : 고객데이터를 이용하여 이벤트를 주기적으로 열어 경쟁력을 높인다.

④ WO전략 : 남성의류 쇼핑몰과 제휴를 맺어 연인컨셉으로 경쟁력을 높인다.

⑤ ST전략 : IT 업계와의 협업을 통해 고객에게 제품 정보를 제공한다.

Tip

①② WO전략
③ ST전략
⑤ SO전략

Answer 12.④ 13.④

14 다음은 K모바일메신저의 SWOT분석이다. 가장 적절한 전략은?

강점(Strength)	• 국내 브랜드 이미지 1위 • 무료 문자&통화 가능 • 다양한 기능(쇼핑, 뱅킹서비스 등)
약점(Weakness)	• 특정 지역에서의 접속 불량 • 서버 부족으로 인한 잦은 결함
기회(Opportunity)	• 스마트폰의 사용 증대 • App Store 시장의 확대
위협(Threat)	• 경쟁업체의 고급화 • 안정적인 해외 업체 메신저의 유입

① SO전략 : 다양한 기능과 고객만족서비스를 늘려 경쟁력을 확보한다.

② ST전략 : 국내 브랜드 이미지를 바탕으로 쇼핑 어플을 개발한다.

③ ST전략 : 접속 불량이 일어나는 지역의 원인을 파악하여 제거한다.

④ WO전략 : 서버를 추가적으로 구축하여 이용자를 유치한다.

⑤ WT전략 : 무료문자 기능을 앞세운 모바일용 홈페이지를 제작한다.

Tip
① ST전략
②⑤ SO전략
③ WO전략

▌15~17▐ 다음 결재규정을 보고 주어진 상황에 맞게 작성된 양식을 고르시오.

〈결재규정〉

- 결재를 받으려는 업무에 대해서는 대표이사를 포함한 이하 직책자의 결재를 받아야 한다.
- '전결'은 회사의 경영 · 관리 활동에 있어서 대표이사의 결재를 생략하고, 자신의 책임 하에 최종적으로 결정하는 행위를 말한다.
- 전결사항에 대해서도 위임 받은 자를 포함한 이하 직책자의 결재를 받아야 한다.
- 표시내용 : 결재를 올리는 자는 대표이사로부터 전결 사항을 위임 받은 자가 있는 경우 결재란에 전결이라고 표시하고 최종결재란에 위임받은 자를 표시한다. 다만, 결재가 불필요한 직책자의 결재란은 상향대각선으로 표시한다.
- 대표이사의 결재사항 및 대표이사로부터 위임된 전결사항은 아래의 표에 따른다.

구분	내용	금액기준	결재서류	팀장	부장	대표이사
접대비	거래처 식대, 경조사비 등	20만 원 이하	접대비지출품의서 지출결의서	● ■		
		30만 원 이하			● ■	
		30만 원 초과				● ■
교통비	국내 출장비	30만 원 이하	출장계획서 출장비신청서	● ■		
		50만 원 이하		●	■	
		50만 원 초과		●		■
	해외 출장비			●		■
교육비	사내 · 외 교육		기안서 지출결의서	●		■

※ ● : 기안서, 출장계획서, 접대비지출품의서

※ ■ : 지출결의서, 각종신청서

Answer 14.④

15 영업부 사원 甲씨는 부산출장으로 450,000원을 지출했다. 甲씨가 작성한 결재 양식으로 옳은 것은?

①

출장계획서				
결	담당	팀장	부장	최종결재
재	甲	/	/	팀장

②

출장계획서				
결	담당	팀장	부장	최종결재
재	甲	전결	/	팀장

③

출장비신청서				
결	담당	팀장	부장	최종결재
재	甲		/	

④

출장비신청서				
결	담당	팀장	부장	최종결재
재	甲			대표이사

⑤

출장비신청서				
결	담당	팀장	부장	최종결재
재	甲	전결	/	팀장

Tip 국내 출장비 50만 원 이하인 경우 출장계획서는 팀장 전결, 출장비신청서는 부장 전결이므로 사원 甲씨가 작성해야 하는 결재 양식은 다음과 같다.

출장계획서				
결	담당	팀장	부장	최종결재
재	甲	전결	/	팀장

출장비신청서				
결	담당	팀장	부장	최종결재
재	甲		전결	부장

16 기획팀 사원 乙씨는 같은 팀 사원 丙씨의 부친상 부의금 500,000원을 회사 명의로 지급하기로 했다. 乙씨가 작성한 결재 양식으로 옳은 것은?

①

접대비지출품의서				
결	담당	팀장	부장	최종결재
재	乙		전결	부장

②

접대비지출품의서				
결	담당	팀장	부장	최종결재
재	乙	전결	/	팀장

③

접대비지출품의서				
결	담당	팀장	부장	최종결재
재	乙			대표이사

④

지출결의서				
결	담당	팀장	부장	최종결재
재	乙		전결	부장

⑤

지출결의서				
결	담당	팀장	부장	최종결재
재	乙	전결	/	팀장

Tip 부의금은 접대비에 해당하는 경조사비이다. 30만 원이 초과되는 접대비는 접대비지출품의서, 지출결의서 모두 대표이사 결재사항이다. 따라서 사원 乙씨가 작성해야 하는 결재 양식은 다음과 같다.

접대비지출품의서				
결재	담당	팀장	부장	최종결재
	乙			대표이사

지출품의서				
결재	담당	팀장	부장	최종결재
	乙			대표이사

17 민원실 사원 丁씨는 외부 교육업체로부터 1회에 5만 원씩 총 10회에 걸쳐 진행되는 「전화상담 역량교육」을 담당하게 되었다. 丁씨가 작성한 결재 양식으로 옳은 것은?

①

지출결의서				
결재	담당	팀장	부장	최종결재
	丁	전결	/	팀장

②

지출결의서				
결재	담당	팀장	부장	최종결재
	丁			부장

③

기안서				
결재	담당	팀장	부장	최종결재
	丁			대표이사

④

기안서				
결재	담당	팀장	부장	최종결재
	丁	전결	/	팀장

⑤

기안서				
결재	담당	팀장	부장	최종결재
	丁		전결	부장

Tip 교육비의 결재서류는 금액에 상관없이 기안서는 팀장 전결, 지출결의서는 대표이사 결재사항이므로 丁씨가 작성해야 하는 결재 양식은 다음과 같다.

기안서				
결재	담당	팀장	부장	최종결재
	丁	전결	/	팀장

지출결의서				
결재	담당	팀장	부장	최종결재
	丁			대표이사

Answer 15.② 16.③ 17.④

18 다음 사례에서와 같은 조직 문화의 긍정적인 기능이라고 보기 어려운 것은 어느 것인가?

> 영업3팀은 팀원 모두가 야구광이다. 신 부장은 아들이 고교 야구선수라서 프로 선수를 꿈꾸는 아들을 위해 야구광이 되었다. 남 차장은 큰 딸이 프로야구 D팀의 한 선수를 너무 좋아하여 주말에 딸과 야구장을 가려면 자신부터 야구팬이 되지 않을 수 없다. 이 대리는 고등학교 때까지 야구 선수 생활을 했었고, 요즘 젊은 친구답지 않게 승현 씨는 야구를 게임보다 좋아한다. 영업3팀 직원들의 취향이 이렇다 보니 팀 여기저기엔 야구 관련 장식품들이 쉽게 눈에 띄고, 점심시간과 티타임에 나누는 대화는 온통 야구 이야기이다. 다른 부서에서는 우스갯소리로 야구를 좋아하지 않으면 아예 영업3팀 근처에 얼씬거릴 생각도 말라고 할 정도다.
>
> 부서 회식이나 단합대회를 야구장에서 하는 것은 물론이고 주말에도 식사 내기, 입장권 내기 등으로 직원들은 거의 매일 야구에 묻혀 산다. 영업3팀은 현재 인사처 자료에 의하면 사내에서 부서 이동률이 가장 낮은 조직이다.

① 구성원들에게 일체감과 정체성을 부여한다.

② 조직이 변해야 할 시기에 일치단결된 모습을 보여준다.

③ 조직의 몰입도를 높여준다.

④ 조직의 안정성을 가져온다.

⑤ 조직원들 간의 협동심을 높이고 갈등을 해소시킬 수 있다.

Tip 조직문화는 조직의 방향을 결정하고 존속하게 하는데 중요한 요인이지만, 개성 있고 강한 조직 문화는 다양한 조직구성원들의 의견을 받아들일 수 없거나, 조직이 변화해야 할 시기에 장애요인으로 작용하기도 한다.

19 조직문화는 흔히 관계지향 문화, 혁신지향 문화, 위계지향 문화, 과업지향 문화의 네 가지로 분류된다. 다음 글에서 제시된 ㈎~㈒와 같은 특징 중 과업지향 문화에 해당하는 것은 어느 것인가?

> ㈎ A팀은 무엇보다 엄격한 통제를 통한 결속과 안정성을 추구하는 분위기이다. 분명한 명령계통으로 조직의 통합을 이루는 일을 제일의 가치로 삼는다.
> ㈏ B팀은 업무 수행의 효율성을 강조하며 목표 달성과 생산성 향상을 위해 전 조직원이 산출물 극대화를 위해 노력하는 문화가 조성되어 있다.
> ㈐ C팀은 자율성과 개인의 책임을 강조한다. 고유 업무 뿐 아니라 근태, 잔업, 퇴근 후 시간활용 등에 있어서도 정해진 흐름을 배제하고 개인의 자율과 그에 따른 책임을 강조한다.
> ㈑ D팀은 직원들 간의 응집력과 사기 진작을 위한 방안을 모색 중이다. 인적자원의 가치를 개발하기 위해 직원들 간의 관계에 초점을 둔 조직문화가 D팀의 특징이다.
> ㈒ E팀은 직원들에게 창의성과 기업가 정신을 강조한다. 또한, 조직의 유연성을 통해 외부 환경에의 적응력에 비중을 둔 조직문화를 가지고 있다.

① ㈎
② ㈏
③ ㈐
④ ㈑
⑤ ㈒

Tip 조직 문화의 분류와 그 특징은 다음과 같은 표로 정리될 수 있다. ㈐와 같이 개인의 자율성을 추구하는 경우는 조직문화의 고유 기능과 거리가 멀다고 보아야 한다.

관계지향 문화	• 조직 내 가족적인 분위기의 창출과 유지에 가장 큰 역점을 둠 • 조직 구성원들의 소속감, 상호 신뢰, 인화/단결 및 팀워크, 참여 등이 이 문화유형의 핵심가치로 자리 잡음
혁신지향 문화	• 조직의 유연성을 강조하는 동시에 외부 환경에의 적응성에 초점을 둠 • 따라서 이러한 적응과 조직성장을 뒷받침할 수 있는 적절한 자원획득이 중요하고, 구성원들의 창의성 및 기업가정신이 핵심 가치로 강조됨
위계지향 문화	• 조직 내부의 안정적이고 지속적인 통합/조정을 바탕으로 조직효율성을 추구함 • 이를 위해 분명한 위계질서와 명령계통, 그리고 공식적인 절차와 규칙을 중시하는 문화임
과업지향 문화	• 조직의 성과 달성과 과업 수행에 있어서의 효율성을 강조함 • 따라서 명확한 조직목표의 설정을 강조하며, 합리적 목표 달성을 위한 수단으로서 구성원들의 전문능력을 중시하며, 구성원들 간의 경쟁을 주요 자극제로 활용함

Answer 18.② 19.②

20 다음 글의 '직무순환제'와 연관성이 높은 설명에 해당하는 것은?

> 경북 포항시에 본사를 둔 대기환경관리 전문업체 (주)에어릭스는 직원들의 업무능력을 배양하고 유기적인 조직운영을 위해 '직무순환제'를 실시하고 있다. 에어릭스의 직무순환제는 대기환경설비의 생산, 정비, 설계, 영업 파트에 속한 직원들이 일정 기간 해당 업무를 익힌 후 다른 부서로 이동해 또 다른 업무를 직접 경험해볼 수 있도록 하는 제도이다. 직무순환제를 통해 젊은 직원들은 다양한 업무를 거치면서 개개인의 역량을 쌓을 수 있을 뿐 아니라 풍부한 현장 경험을 축적한다. 특히 대기환경설비 등 플랜트 사업은 설계, 구매 · 조달, 시공 등 모든 파트의 유기적인 운영이 중요하다. 에어릭스의 경우에도 현장에서 실시하는 환경진단과 설비 운영 및 정비 등의 경험을 쌓은 직원이 효율적으로 집진기를 설계하며 생생한 현장 노하우가 영업에서의 성과로 이어진다. 또한 직무순환제를 통해 다른 부서의 업무를 실질적으로 이해함으로써 각 부서 간 활발한 소통과 협업을 이루고 있다.

① 직무순환을 실시함으로써 구성원들의 노동에 대한 싫증 및 소외감을 더 많이 느끼게 될 것이다.

② 직무순환을 실시할 경우 구성원 자신이 조직의 구성원으로써 가치 있는 존재로 인식을 하게끔 하는 역할을 수행한다.

③ 구성원들을 승진시키기 전 단계에서 실시하는 하나의 단계적인 교육훈련방법으로 파악하기 어렵다.

④ 직무순환은 조직변동에 따른 부서 간의 과부족 인원의 조정 또는 사원 개개인의 사정에 의한 구제를 하지 않기 위함이다.

⑤ 직무순환은 장기적 관점보다는 단기적 관점에서 검토하여야 한다.

Tip 직무순환은 종업원들의 여러 업무에 대한 능력개발 및 단일직무로 인한 나태함을 줄이기 위한 것에 그 의미가 있으며, 여러 가지 다양한 업무를 경험함으로써 종업원에게도 어떠한 성장할 수 있는 기회를 제공한다. 따라서 인사와 교육의 측면에서 장기적 관점으로 검토해야 한다.

21 다음은 의료기기 영업부 신입사원 J씨가 H대리와 함께 일본 거래처 A기업의 "사토 쇼헤이" 부장에게 신제품을 알리기 위해 일본 출장에 가서 생긴 일이다. 다음 밑줄 친 행동 중 "사토 쇼헤이" 부장의 표정이 좋지 않았던 이유가 될 만한 것은?

> J씨는 출장 ① 2주 전에 메일로 사토 쇼헤이 부장에게 출장의 일시와 약속장소 등을 확인한 후 하루 일찍 일본으로 출발했다. 약속 당일 A기업의 사옥 프론트에 도착한 두 사람은 ② 소속과 이름을 밝히고 사토 쇼헤이 부장과 약속이 있다고 전했다. 안내된 회의실에서 사토 쇼헤이 부장을 만난 두 사람은 서로 명함을 교환한 후 ③ 신제품 카탈로그와 함께 선물로 준비한 한국의 김과 차를 전달하고 프레젠테이션을 시작했고, J씨는 H대리와 사토 상의 대화에서 중요한 부분들을 잊지 않기 위해 ④ 그 자리에서 명함 뒤에 작게 메모를 해두었다. 상담이 끝난 후 ⑤ 엘리베이터에서 사토 상이 먼저 탈 때까지 기다렸다가 탑승하였다. 사옥 입구에서 좋은 답변을 기다리겠노라고 인사하는데 어쩐지 사토 상의 표정이 좋지 않았다.

Tip 일본에서는 명함은 그 사람 그 자체, 얼굴이라는 인식이 있어 받은 명함은 정중히 취급해야 한다. 받자마자 주머니나 명함케이스에 넣으면 안 되며, 상담 중에는 책상 위 눈앞에 정중하게 두고, 상담 종료 후에 정중하게 명함케이스에 넣어야 한다. 또한 명함에 상대방 이름의 읽는 방법이나 미팅 날짜 등을 적고 싶은 경우에도 상담 후 방문 기업을 나온 뒤에 행하는 것이 좋다.

Answer 20.② 21.④

22 다음 기사를 읽고 밑줄 친 부분에 관련한 설명으로 틀린 것은?

> 결국 밖에서 지켜보고 이야기를 듣는 것 자체만으로도 안타까움을 넘어서 짜증스럽기까지 했던 골 깊은 조직 갈등이 대형 사고를 쳤다. 청주시문화산업진흥재단의 안종철 사무총장과 이상현 비엔날레부장, 정규호 문화예술부장, 변광섭 문화산업부장, 유향걸 경영지원부장 등 4명의 집단사표, 지난 8일 지역사회에 충격을 안겨준 이번 사태는 출범 초기부터 안고 있던 정치적 행태와 <u>조직문화</u>의 병폐가 더 이상 갈 곳을 잃고 폭발하고만 것이라는 지적이다. 청주시문화재단은 선거캠프 보은인사, 지역 인사의 인척 등 복잡한 인적 구성으로 인해 조직 안의 세력이 갈리고 불신이 깊게 자리 잡다 보니 한 부서에서 일어나는 작은 일까지 굴절된 시각으로 확대 해석하는 일들이 빈번하게 발생하면서 구성원들의 사기저하와 불만이 팽배한 상태였다. 문화재단의 한 직원은 "그동안 지역의 문화예술발전을 위해 정부 공모사업 유치와 다양한 문화행사를 펼쳤지만, 업무 외에 접하는 서로 간의 불신과 음해가 많은 상처와 회의감을 줬다"며 "실제로 이런 조직문화에 지치고 염증을 느껴 재단을 떠난 사람들도 많고, 지금도 업무보다 사람에 시달리는 게 더 힘들다"고 토로했다. 이와 함께 이승훈 청주시장이 취임하면서 강조하고 있는 경제활성화를 초점에 둔 '문화예술의 산업화'가 이번 사태의 한 원인이 됐다는 지적도 있다. 전임 한범덕 시장은 '향유하는 문화'를 지향한 반면, 이승훈 현 시장은 '수익 창출 문화산업'에 방점을 찍고 있다. 임기만료를 앞두고 시행한 안 총장의 목표관리 평가와 최근 단행한 전 부서장의 순환인사도 연임을 염두에 두고 현 시장의 문화예술정책 기조를 받들기 위한 것임은 다 알고 있던 터였다. 이러한 안 총장의 행보는 50대 초반의 전문가가 2년만 일하고 떠나기는 개인적으로나 업무적으로나 아쉬움이 클 거라는 동조 의견과 의욕은 좋으나 포용력과 리더십이 부족하다는 양면적인 평가를 받아왔다. 안 총장은 그동안 청주국제공예비엔날레, 한 · 중 · 일 예술명인전 등 국제행사의 성공적 개최는 물론 2014년 지역문화브랜드 최우수상 수상, 2015년 동아시아 문화도시 선정 등 의욕적인 활동을 벌였으나 밀어붙이기식 업무 추진이 내부 직원들의 불만을 샀다. 안 총장은 그동안 시청의 고위직이 맡았던 기존의 관례를 깨고 전 한범덕 시장 시절 처음으로 외부 공모를 통해 임명된 인사다. 그렇기 때문에 안 총장 본인도 휴가를 반납하면서 까지 열정적으로 일하며 '첫 외부인사로서 새로운 신화'를 쓰고자 했으나, 결국 재단이 출범 초기부터 안고 있던 고질적 병폐에 백기를 들었다는 해석도 가능하다. 아무튼 재단을 진두지휘하는 수장과 실무 부서장들의 전원 사표라는 초유 사태는 시민들에게 큰 실망감을 안겨주고 있으며, 청주문화재단의 이미지를 대내외적으로 크게 실추시키고 있다. 이번 사태를 기점으로 정치색과 행정을 벗어나 좀 더 창의적으로 일할 수 있는 조직혁신과 업무에만 매진할 수 있는 인적 쇄신 등 대대적 수술이 필요하다. 청주국제공예비엔날레, 국립현대미술관 분원 유치, 2015 동아시아 문화도시 선정 등 그동안 재단이 이루어놓은 굵직한 사업이 차질 없이 추진되고, '문화로 행복한 청주'를 만드는 일에 전념할 수 있는 청주시문화재단으로 새롭게 만들어야 한다는 여론이다. 한 지역문화예술인은 "집단사표 소식을 전해 듣고 깜짝 놀랐다"며 "사무총장은 그렇다 치고 10여 년 세월을 고생하고 애써서 가꾼 문화재단의 명예를 성숙하지 못한 처신으로 이렇게 허물 수 있냐"고 반문하며 안타까워했다. 이어 "이번 사태는 공중에 떠 있는 문화재단의 현주소를 시인한 것이며 이 일을 거울삼아 대대적인 조직정비를 단행해 건강한 '통합청주시의 문화예술의 전초기지'로 거듭났으면 좋겠다"고 말했다.

① 조직구성원들의 고유 가치에도 동기부여를 함으로써 종업원들의 조직에 대한 근로의욕 및 조직에 대한 몰입도를 낮출 수 있는 역할을 수행한다.
② 하나의 조직 구성원들이 공유하는 가치와 신념 및 이념, 관습, 전통, 규범 등을 통합한 개념이다.
③ 조직문화의 기능은 그 역할이 강할수록, 기업 조직의 활동에 있어서 통일된 지각을 형성하게 해 줌으로써 조직 내 통제에 긍정적인 역할을 할 수가 있다.
④ 조직 구성원들에게 정보의 탐색 및 그에 따른 해석과 축적, 전달 등을 쉽게 할 수 있으므로, 그들 구성원들에게 공통의 의사결정기준을 제공해주는 역할을 한다.
⑤ 대부분의 조직이 '조직 전반'의 문화라는 것을 가지고 있더라도 그 안에는 다양한 하위 문화가 존재한다.

Tip 조직구성원들의 고유 가치에도 동기부여를 함으로써 종업원들의 조직에 대한 근로의욕 및 조직에 대한 몰입도를 높일 수 있는 역할을 수행한다.

Answer 22.①

23 다음은 관리조직의 일반적인 업무내용을 나타내는 표이다. 다음 표를 참고할 때, C대리가 〈보기〉와 같은 업무를 처리하기 위하여 연관되어 있는 팀만으로 나열된 것은 어느 것인가?

부서명	업무내용
총무팀	집기비품 및 소모품의 구입과 관리, 사무실 임차 및 관리, 차량 및 통신시설의 운영, 국내외 출장 업무 협조, 사내외 홍보 광고업무, 회의실 및 사무 공간 관리, 사내·외 행사 주관
인사팀	조직기구의 개편 및 조정, 업무분장 및 조정, 인력수급계획 및 관리, 노사관리, 평가관리, 상벌관리, 인사발령, 교육체계 수립 및 관리, 임금제도, 복리후생제도 및 지원업무, 복무관리, 퇴직관리
기획팀	경영계획 및 전략 수립, 전사기획업무 종합 및 조정, 경영정보 조사 및 기획보고, 경영진단업무, 종합예산수립 및 실적관리, 단기사업계획 종합 및 조정, 사업계획, 손익추정, 실적관리 및 분석
외환팀	수출입 외화자금 회수, 외환 자산 관리 및 투자, 수출 물량 해상 보험 업무, 직원 외환업무 관련 교육 프로그램 시행, 영업활동에 따른 환차손익 관리 및 손실 최소화 방안 강구
회계팀	회계제도의 유지 및 관리, 재무상태 및 경영실적 보고, 결산 관련 업무, 재무제표 분석 및 보고, 법인세, 부가가치세, 국세 지방세 업무자문 및 지원, 보험가입 및 보상업무, 고정자산 관련 업무

〈보기〉

C대리는 오늘 매우 바쁜 하루를 보내야 한다. 항공사의 파업으로 비행 일정이 아직 정해지지 않아 이틀 후로 예정된 출장이 확정되지 않고 있다. 일정 확정 통보를 받는 즉시 지사와 연락을 취해 현지 거래처와의 미팅 일정을 논의해야 한다. 또한, 지난 주 퇴직한 선배사원의 퇴직금 정산 내역을 확인하여 이메일로 자료를 전해주기로 하였다. 오후에는 3/4분기 사업계획 관련 전산입력 담당자 회의에 참석하여야 하며, 이를 위해 회의 전 전년도 실적 관련 자료를 입수해 확인해 두어야 한다.

① 인사팀, 기획팀, 외환팀
② 총무팀, 기획팀, 회계팀
③ 총무팀, 인사팀, 외환팀, 회계팀
④ 총무팀, 인사팀, 기획팀, 회계팀
⑤ 총무팀, 인사팀, 기획팀, 외환팀

Tip 출장을 위한 항공 일정 확인 및 확정 업무는 총무팀의 협조가 필요하며, 퇴직자의 퇴직금 정산 내역은 인사팀의 협조가 필요하다. 사업계획 관련 회의는 기획팀에서 주관하는 회의가 될 것이며, 전년도 실적 자료를 입수하는 것은 회계팀에 요청하거나 회계팀의 확인 작업을 거쳐야 공식적인 자료로 간주될 수 있을 것이다. 따라서 총무팀, 인사팀, 기획팀, 회계팀과의 업무 협조가 예상되는 상황이며, 외환팀과의 업무 협조는 '오늘' 예정되어 있다고 볼 수 없다.

24 다음의 빈칸에 들어갈 말을 순서대로 나열한 것은?

> 조직의 (㉠)은/는 조직 내의 부문 사이에 형성된 관계로 조직목표를 달성하기 위한 조직구성원들의 상호작용을 보여준다. 이는 결정권의 집중정도, 명령계통, 최고경영자의 통제, 규칙과 규제의 정도에 따라 달라지며 구성원들의 업무나 권한이 분명하게 정의된 기계적 조직과 의사결정권이 하부구성원들에게 많이 위임되고 업무가 고정적이지 않은 유기적 조직으로 구분될 수 있다. (㉡)은/는 이를 쉽게 파악할 수 있고 구성원들의 임무, 수행하는 과업, 일하는 장소 등을 파악하는데 용이하다.
>
> 한편 조직이 지속되게 되면 조직구성원들 간 생활양식이나 가치를 공유하게 되는데 이를 조직의 (㉢)라고 한다. 이는 조직구성원들의 사고와 행동에 영향을 미치며 일체감과 정체성을 부여하고 조직이 (㉣)으로 유지되게 한다. 최근 이에 대한 중요성이 부각되면서 긍정적인 방향으로 조성하기 위한 경영층의 노력이 이루어지고 있다.

	㉠	㉡	㉢	㉣
①	구조	조직도	문화	안정적
②	목표	비전	규정	체계적
③	미션	핵심가치	구조	혁신적
④	직급	규정	비전	단계적
⑤	문화	회사내규	핵심가치	협력적

Tip 조직체제 구성요소

㉠ **조직목표** : 조직이 달성하려는 장래의 상태로 조직이 존재하는 정당성과 합법성을 제공한다. 전체 조직의 성과, 자원, 시장, 인력개발, 혁신과 변화, 생산성에 대한 목표가 포함된다.

㉡ **조직구조** : 조직 내의 부문 사이에 형성된 관계로 조직목표를 달성하기 위한 조직구성원들의 상호작용을 보여준다. 조직구조는 결정권의 집중정도, 명령계통, 최고경영자의 통제, 규칙과 규제의 정도에 따라 달라지며 구성원들의 업무나 권한이 분명하게 정의된 기계적 조직과 의사결정권이 하부구성원들에게 많이 위임되고 업무가 고정적이지 않은 유기적 조직으로 구분될 수 있다. 조직의 구성은 조직도를 통해 쉽게 파악할 수 있는데, 이는 구성원들의 임무, 수행하는 과업, 일하는 장소 등을 파악하는데 용이하다.

㉢ **조직문화** : 조직이 지속되게 되면서 조직구성원들 간에 공유되는 생활양식이나 가치로 조직구성원들의 사고와 행동에 영향을 미치며 일체감과 정체성을 부여하고 조직이 안정적으로 유지되게 한다. 최근 조직문화에 대한 중요성이 부각되면서 긍정적인 방향으로 조성하기 위한 경영층의 노력이 이루어지고 있다.

㉣ **조직의 규칙과 규정** : 조직의 목표나 전략에 따라 수립되어 조직구성원들의 활동범위를 제약하고 일관성을 부여하는 기능을 하는 것으로 인사규정, 총무규정, 회계규정 등이 있다. 특히 조직이 구성원들의 행동을 관리하기 위하여 규칙이나 절차에 의존하고 있는 공식화 정도에 따라 조직의 구조가 결정되기도 한다.

Answer 23.④ 24.①

CHAPTER

06 기술능력

1 기술과 기술능력

(1) 기술과 과학

① 노하우(know-how)와 노와이(know-why)

㉠ 노하우 : 특허권을 수반하지 않는 과학자, 엔지니어 등이 가지고 있는 체화된 기술로 경험적이고 반복적인 행위에 의해 얻어진다.

㉡ 노와이 : 기술이 성립하고 작용하는가에 관한 원리적 측면에 중심을 둔 개념으로 이론적인 지식으로서 과학적인 탐구에 의해 얻어진다.

② 기술의 특징

㉠ 하드웨어나 인간에 의해 만들어진 비자연적인 대상, 혹은 그 이상을 의미한다.

㉡ 기술은 노하우(know-how)를 포함한다.

㉢ 기술은 하드웨어를 생산하는 과정이다.

㉣ 기술은 인간의 능력을 확장시키기 위한 하드웨어와 그것의 활용을 뜻한다.

㉤ 기술은 정의 가능한 문제를 해결하기 위해 순서화되고 이해 가능한 노력이다.

③ **기술과 과학** … 기술은 과학과 같이 추상적 이론보다는 실용성, 효용, 디자인을 강조하고 과학은 그 반대로 추상적 이론, 지식을 위한 지식, 본질에 대한 이해를 강조한다.

(2) 기술능력

① **기술능력과 기술교양** … 기술능력은 기술교양의 개념을 보다 구체화시킨 개념으로, 기술교양은 모든 사람들이 광범위한 관점에서 기술의 특성, 기술적 행동, 기술의 힘, 기술의 결과에 대해 어느 정도의 지식을 가지는 것을 의미한다.

② 기술능력이 뛰어난 사람의 특징

㉠ 실질적 해결을 필요로 하는 문제를 인식한다.

㉡ 인식된 문제를 위한 다양한 해결책을 개발하고 평가한다.

㉢ 실제적 문제를 해결하기 위해 지식이나 기타 자원을 선택·최적화시키며 적용한다.

㉣ 주어진 한계 속에서 제한된 자원을 가지고 일한다.

ⓜ 기술적 해결에 대한 효용성을 평가한다.

ⓗ 여러 상황 속에서 기술의 체계와 도구를 사용하고 배울 수 있다.

예제 1

Y그룹 기술연구소에 근무하는 정호는 연구 역량 강화를 위한 업계 워크숍에 참석해 기술 능력이 뛰어난 사람의 특징에 대해 기조 발표를 하려고 한다. 다음 중 정호가 발표에 포함시킬 내용으로 옳지 않은 것은?

① 기술의 체계와 같은 무형의 기술에 대한 능력과는 무관하다.
② 주어진 한계 속에서 제한된 자원을 가지고 일한다.
③ 기술적 해결에 대한 효용성을 평가한다.
④ 실질적 해결을 필요로 하는 문제를 인식한다.

[출제의도]
기술능력이 뛰어난 사람의 특징에 대해 묻는 문제로 문제의 길이가 길 경우 그 속에 포함된 핵심 어구를 찾는다면 쉽게 풀 수 있는 문제다.
[해설]
① 여러 상황 속에서 기술의 체계와 도구를 사용하고 배울 수 있다.

답 ①

③ 새로운 기술능력 습득방법

㉠ 전문 연수원을 통한 기술과정 연수
㉡ E-learning을 활용한 기술교육
㉢ 상급학교 진학을 통한 기술교육
㉣ OJT를 활용한 기술교육

(3) 분야별 유망 기술 전망

① 전기전자정보공학분야 … 지능형 로봇 분야

② 기계공학분야 … 하이브리드 자동차 기술

③ 건설환경공학분야 … 지속가능한 건축 시스템 기술

④ 화학생명공학분야 … 재생에너지 기술

(4) 지속가능한 기술

① 지속가능한 발전 … 지금 우리의 현재 욕구를 충족시키면서 동시에 후속 세대의 욕구 충족을 침해하지 않는 발전

② 지속가능한 기술

㉠ 이용 가능한 자원과 에너지를 고려하는 기술
㉡ 자원이 사용되고 그것이 재생산되는 비율의 조화를 추구하는 기술
㉢ 자원의 질을 생각하는 기술
㉣ 자원이 생산적인 방식으로 사용되는가에 주의를 기울이는 기술

(5) 산업재해

① 산업 활동 중의 사고로 인해 사망하거나 부상을 당하고, 또는 유해 물질에 의한 중독 등으로 직업성 질환에 걸리거나 신체적 장애를 가져오는 것을 말한다.

② 산업 재해의 기본적 원인

㉠ **교육적 원인** : 안전 지식의 불충분, 안전 수칙의 오해, 경험이나 훈련의 불충분과 작업관리자의 작업 방법의 교육 불충분, 유해 위험 작업 교육 불충분 등

㉡ **기술적 원인** : 건물·기계 장치의 설계 불량, 구조물의 불안정, 재료의 부적합, 생산 공정의 부적당, 점검·정비·보존의 불량 등

㉢ **작업 관리상 원인** : 안전 관리 조직의 결함, 안전 수칙 미제정, 작업 준비 불충분, 인원 배치 및 작업 지시 부적당 등

예제 2

다음은 철재가 알아낸 산업재해 원인과 관련된 자료이다. 다음 자료에 해당하는 산업재해의 기본적인 원인은 무엇인가?

2015년 산업재해 현황분석 자료에 따른 사망자의 수

(단위 : 명)

사망원인	사망자 수
안전 지식의 불충분	120
안전 수칙의 오해	56
경험이나 훈련의 불충분	73
작업관리자의 작업방법 교육 불충분	28
유해 위험 작업 교육 불충분	91
기타	4

출처 : 고용노동부 2015 산업재해 현황분석

① 정책적 원인
② 작업 관리상 원인
③ 기술적 원인
④ 교육적 원인

[출제의도]
산업재해의 원인은 크게 기본적 원인과 직접적 원인으로 나눌 수 있고 이들 원인은 다시 여러 개의 세부 원인들로 나뉜다. 표에 나와 있는 각각의 원인들이 어디에 속하는지 잘 구분할 수 있어야 한다.

[해설]
④ 안전 지식의 불충분, 안전 수칙의 오해, 경험이나 훈련의 불충분, 작업관리자의 작업방법 교육 불충분, 유해 위험 작업 교육 불충분 등은 산업재해의 기본적 원인 중 교육적 원인에 해당한다.

답 ④

③ 산업 재해의 직접적 원인

㉠ **불안전한 행동** : 위험 장소 접근, 안전장치 기능 제거, 보호 장비의 미착용 및 잘못 사용, 운전 중인 기계의 속도 조작, 기계·기구의 잘못된 사용, 위험물 취급 부주의, 불안전한 상태 방치, 불안전한 자세와 동장, 감독 및 연락 잘못 등

㉡ **불안전한 상태** : 시설물 자체 결함, 전기 기설물의 누전, 구조물의 불안정, 소방기구의 미확보, 안전 보호 장치 결함, 복장·보호구의 결함, 시설물의 배치 및 장소 불량, 작업 환경 결함, 생산 공정의 결함, 경계 표시 설비의 결함 등

④ 산업 재해의 예방 대책

㉠ **안전 관리 조직**: 경영자는 사업장의 안전 목표를 설정하고, 안전 관리 책임자를 선정해야 하며, 안전 관리 책임자는 안전 계획을 수립하고, 이를 시행 · 후원 · 감독해야 한다.

㉡ **사실의 발견**: 사고 조사, 안전 점검, 현장 분석, 작업자의 제안 및 여론 조사, 관찰 및 보고서 연구, 면담 등을 통하여 사실을 발견한다.

㉢ **원인 분석**: 재해의 발생 장소, 재해 형태, 재해 정도, 관련 인원, 직원 감독의 적절성, 공구 및 장비의 상태 등을 정확히 분석한다.

㉣ **시정책의 선정**: 원인 분석을 토대로 적절한 시정책, 즉 기술적 개선, 인사 조정 및 교체, 교육, 설득, 호소, 공학적 조치 등을 선정한다.

㉤ **시정책 적용 및 뒤처리**: 안전에 대한 교육 및 훈련 실시, 안전시설과 장비의 결함 개선, 안전 감독 실시 등의 선정된 시정책을 적용한다.

2 기술능력을 구성하는 하위능력

(1) 기술이해능력

① 기술시스템

㉠ **개념**: 인공물의 집합체만이 아니라 회사, 투자회사, 법적 제도, 정치, 과학, 자연자원을 모두 포함하는 것이기 때문에, 기술적인 것(the technical)과 사회적인 것(the social)이 결합해서 공존한다.

㉡ **기술시스템의 발전 단계**: 발명 · 개발 · 혁신의 단계 → 기술 이전의 단계 → 기술 경쟁의 단계 → 기술 공고화 단계

② 기술혁신

㉠ 기술혁신의 특성

- 기술혁신은 그 과정 자체가 매우 불확실하고 장기간의 시간을 필요로 한다.
- 기술혁신은 지식 집약적인 활동이다.
- 혁신 과정의 불확실성과 모호함은 기업 내에서 많은 논쟁과 갈등을 유발할 수 있다.
- 기술혁신은 조직의 경계를 넘나드는 특성을 갖고 있다.

㉡ 기술혁신의 과정과 역할

기술혁신 과정	혁신 활동	필요한 자질과 능력
아이디어 창안	• 아이디어를 창출하고 가능성을 검증 • 일을 수행하는 새로운 방법 고안 • 혁신적인 진보를 위한 탐색	• 각 분야의 전문지식 • 추상화와 개념화 능력 • 새로운 분야의 일을 즐김
챔피언	• 아이디어의 전파 • 혁신을 위한 자원 확보 • 아이디어 실현을 위한 헌신	• 정력적이고 위험을 감수함 • 아이디어의 응용에 관심
프로젝트 관리	• 리더십 발휘 • 프로젝트의 기획 및 조직 • 프로젝트의 효과적인 진행 감독	• 의사결정 능력 • 업무 수행 방법에 대한 지식
정보 수문장	• 조직외부의 정보를 내부 구성원들에게 전달 • 조직 내 정보원 기능	• 높은 수준의 기술적 역량 • 원만한 대인 관계 능력
후원	• 혁신에 대한 격려와 안내 • 불필요한 제약에서 프로젝트 보호 • 혁신에 대한 자원 획득을 지원	• 조직의 주요 의사결정에 대한 영향력

(2) 기술선택능력

① **기술선택** … 기업이 어떤 기술을 외부로부터 도입하거나 자체 개발하여 활용할 것인가를 결정하는 것이다.

㉠ 기술선택을 위한 의사결정

- 상향식 기술선택 : 기업 전체 차원에서 필요한 기술에 대한 체계적인 분석이나 검토 없이 연구자나 엔지니어들이 자율적으로 기술을 선택하는 것
- 하향식 기술선택 : 기술경영진과 기술기획담당자들에 의한 체계적인 분석을 통해 기업이 획득해야 하는 대상기술과 목표기술수준을 결정하는 것

㉡ 기술선택을 위한 절차

외부환경분석
↓
중장기 사업목표 설정 → 사업 전략 수립 → 요구기술 분석 → 기술전략 수립 → 핵심기술 선택
↑
내부 역량 분석

• 외부환경분석 : 수요변화 및 경쟁자 변화, 기술 변화 등 분석
• 중장기 사업목표 설정 : 기업의 장기비전, 중장기 매출목표 및 이익목표 설정
• 내부 역량 분석 : 기술능력, 생산능력, 마케팅/영업능력, 재무능력 등 분석
• 사업 전략 수립 : 사업 영역결정, 경쟁 우위 확보 방안 수립
• 요구기술 분석 : 제품 설계/디자인 기술, 제품 생산공정, 원재료/부품 제조기술 분석
• 기술전략 수립 : 기술획득 방법 결정

ⓒ 기술선택을 위한 우선순위 결정
• 제품의 성능이나 원가에 미치는 영향력이 큰 기술
• 기술을 활용한 제품의 매출과 이익 창출 잠재력이 큰 기술
• 쉽게 구할 수 없는 기술
• 기업 간에 모방이 어려운 기술
• 기업이 생산하는 제품 및 서비스에 보다 광범위하게 활용할 수 있는 기술
• 최신 기술로 진부화될 가능성이 적은 기술

예제 3

주현은 건설회사에 근무하면서 프로젝트 관리를 한다. 얼마 전 대규모 프로젝트에 참가한 한 하청업체가 중간 보고회를 열고 다음과 같이 자신들이 이번 프로젝트의 성공적 마무리를 위해 노력하고 있음을 설명하고 있다. 다음 중 총괄 책임자로서 주현이 하청업체의 올바른 추진 방향으로 인정해줘야 하는 부분으로 바르게 묶인 것은?

ⓐ 정부 및 환경단체가 요구하는 성과평가의 실천 방안을 연구하여 반영하고 있습니다.
ⓑ 이번 프로젝트 성공을 위해 기술적 효용과 함께 환경적 효용도 추구하고 있습니다.
ⓒ 오염 예방을 위한 청정 생산기술을 진단하고 컨설팅하면서 협력회사와 연대하고 있습니다.
ⓓ 환경영향평가에 대해서는 철저한 사후평가 방식으로 진행하고 있습니다.

① ⓐⓑⓒ ② ⓐⓑⓓ
③ ⓐⓒⓓ ④ ⓑⓒⓓ

[출제의도]
실제 현장에서 사용하는 기술들에 대해 바람직한 평가요소는 무엇인지 묻는 문제다.
[해설]
ⓓ 환경영향평가에 대해서는 철저한 사전평가 방식으로 진행해야 한다.

답 ①

② 벤치마킹

㉠ 벤치마킹의 종류

기준	종류
비교대상에 따른 분류	• 내부 벤치마킹 : 같은 기업 내의 다른 지역, 타 부서, 국가 간의 유사한 활동을 비교대상으로 함 • 경쟁적 벤치마킹 : 동일 업종에서 고객을 직접적으로 공유하는 경쟁기업을 대상으로 함 • 비경쟁적 벤치마킹 : 제품, 서비스 및 프로세스의 단위 분야에 있어 가장 우수한 실무를 보이는 비경쟁적 기업 내의 유사 분야를 대상으로 함 • 글로벌 벤치마킹 : 프로세스에 있어 최고로 우수한 성과를 보유한 동일업종의 비경쟁적 기업을 대상으로 함
수행방식에 따른 분류	• 직접적 벤치마킹 : 벤치마킹 대상을 직접 방문하여 수행하는 방법 • 간접적 벤치마킹 : 인터넷 및 문서형태의 자료를 통해서 수행하는 방법

㉡ 벤치마킹의 주요 단계

- 범위결정 : 벤치마킹이 필요한 상세 분야를 정의하고 목표와 범위를 결정하며 벤치마킹을 수행할 인력들을 결정
- 측정범위 결정 : 상세분야에 대한 측정항목을 결정하고, 측정항목이 벤치마킹의 목표를 달성하는 데 적정한가를 검토
- 대상 결정 : 비교분석의 대상이 되는 기업/기관들을 결정하고, 대상 후보별 벤치마킹 수행의 타당성을 검토하여 최종적인 대상 및 대상별 수행방식을 결정
- 벤치마킹 : 직접 또는 간접적인 벤치마킹을 진행
- 성과차이 분석 : 벤치마킹 결과를 바탕으로 성과차이를 측정항목별로 분석
- 개선계획 수립 : 성과차이에 대한 원인 분석을 진행하고 개선을 위한 성과목표를 결정하며, 성과목표를 달성하기 위한 개선계획을 수립
- 변화 관리 : 개선목표 달성을 위한 변화사항을 지속적으로 관리하고, 개선 후 변화사항과 예상했던 변화 사항을 비교

③ 매뉴얼 … 매뉴얼의 사전적 의미는 어떤 기계의 조작 방법을 설명해 놓은 사용 지침서이다.

㉠ 매뉴얼의 종류

- 제품 매뉴얼 : 사용자를 위해 제품의 특징이나 기능 설명, 사용방법과 고장 조치방법, 유지 보수 및 A/S, 폐기까지 제품에 관련된 모든 서비스에 대해 소비자가 알아야 할 모든 정보를 제공하는 것
- 업무 매뉴얼 : 어떤 일의 진행 방식, 지켜야할 규칙, 관리상의 절차 등을 일관성 있게 여러 사람이 보고 따라할 수 있도록 표준화하여 설명하는 지침서

㉡ 매뉴얼 작성을 위한 Tip

- 내용이 정확해야 한다.
- 사용자가 알기 쉽게 쉬운 문장으로 쓰여야 한다.
- 사용자의 심리적 배려가 있어야 한다.
- 사용자가 찾고자 하는 정보를 쉽게 찾을 수 있어야 한다.
- 사용하기 쉬어야 한다.

(3) 기술적용능력

① 기술적용

㉠ 기술적용 형태

- 선택한 기술을 그대로 적용한다.
- 선택한 기술을 그대로 적용하되, 불필요한 기술은 과감히 버리고 적용한다.
- 선택한 기술을 분석하고 가공하여 활용한다.

㉡ 기술적용 시 고려 사항

- 기술적용에 따른 비용이 많이 드는가?
- 기술의 수명 주기는 어떻게 되는가?
- 기술의 전략적 중요도는 어떻게 되는가?
- 잠재적으로 응용 가능성이 있는가?

② 기술경영자와 기술관리자

㉠ 기술경영자에게 필요한 능력

- 기술을 기업의 전반적인 전략 목표에 통합시키는 능력
- 빠르고 효과적으로 새로운 기술을 습득하고 기존의 기술에서 탈피하는 능력
- 기술을 효과적으로 평가할 수 있는 능력
- 기술 이전을 효과적으로 할 수 있는 능력
- 새로운 제품개발 시간을 단축할 수 있는 능력
- 크고 복잡하고 서로 다른 분야에 걸쳐 있는 프로젝트를 수행할 수 있는 능력
- 조직 내의 기술 이용을 수행할 수 있는 능력
- 기술 전문 인력을 운용할 수 있는 능력

예제 4

다음은 기술경영자의 어떤 부분을 이야기하고 있는가?

> 어떤 일을 마무리하는 데 있어서 6개월의 시간이 걸린다면 그는 그 일을 한 달 안으로 끝낼 것을 원한다. 그에게 강한 밀어붙임을 경험한 사람들은 그에 대해 비판적인 입장을 취하기도 한다. 그의 직원 중 일부는 그 무게를 이겨내지 못하고, 다른 일부의 직원들은 그것을 스스로 더욱 열심히 할 수 있는 자극제로 사용한다고 말한다.

① 빠르고 효과적으로 새로운 기술을 습득하는 능력
② 기술 이전을 효과적으로 할 수 있는 능력
③ 기술 전문 인력을 운용할 수 있는 능력
④ 조직 내의 기술 이용을 수행할 수 있는 능력

[출제의도]
해당 사례가 기술경영자에게 필요한 능력 중 무엇에 해당하는 내용인지 묻는 문제로 각 능력에 대해 확실하게 이해하고 있어야 한다.

[해설]
③ 기술경영자는 기술 전문 인력을 운용함에 있어 강한 리더십을 발휘하고 직원 스스로 움직일 수 있게 이끌 수 있어야 한다.

답 ③

ⓛ 기술관리자에게 필요한 능력
- 기술을 운용하거나 문제 해결을 할 수 있는 능력
- 기술직과 의사소통을 할 수 있는 능력
- 혁신적인 환경을 조성할 수 있는 능력
- 기술적, 사업적, 인간적인 능력을 통합할 수 있는 능력
- 시스템적인 관점
- 공학적 도구나 지원방식에 대한 이해 능력
- 기술이나 추세에 대한 이해 능력
- 기술팀을 통합할 수 있는 능력

③ 네트워크 혁명

㉠ 네트워크 혁명의 3가지 법칙
- 무어의 법칙 : 컴퓨터의 파워가 18개월마다 2배씩 증가한다는 법칙
- 메트칼피의 법칙 : 네트워크의 가치는 사용자 수의 제곱에 비례한다는 법칙
- 카오의 법칙 : 창조성은 네트워크에 접속되어 있는 다양한 지수함수로 비례한다는 법칙

ⓛ 네트워크 혁명의 역기능 : 디지털 격차(digital divide), 정보화에 따른 실업의 문제, 인터넷 게임과 채팅 중독, 범죄 및 반사회적인 사이트의 활성화, 정보기술을 이용한 감시 등

예제 5

직표는 J그룹의 기술연구팀에서 근무하고 있는데 하루는 공정 개선 워크숍이 열려 최근 사내에서 이슈로 떠오른 신 제조공법의 도입과 관련해 토론을 벌이고 있다. 신 제조공법 도입으로 인한 이해득실에 대해 의견이 분분한 가운데 직표가 할 수 있는 발언으로 옳지 않은 것은?

① "기술의 수명 주기뿐만 아니라 기술의 전략적 중요성과 잠재적 응용 가능성 등도 따져봐야 합니다."

② "다른 것은 그냥 넘어가도 되지만 기계 교체로 인한 막대한 비용만큼은 철저히 고려해야 합니다."

③ "신 제조공법 도입이 우리 회사의 어떤 시장 전략과 연관되어 있는지 궁금합니다."

④ "신 제조공법의 수명을 어떻게 예상하고 있는지 알고 싶군요."

[출제의도]
기술적용능력에 대해 포괄적으로 묻는 문제로 신기술 적용 시 중요하게 생각해야 할 요소로는 무엇이 있는지 파악하고 있어야 한다.

[해설]
② 기계 교체로 인한 막대한 비용뿐만 아니라 신 기술도입과 관련된 모든 사항에 대해 사전에 철저히 고려해야 한다.

답 ②

출제예상문제

| 2~3 | 안전한 패스워드 구성방법에 관한 다음 안내문을 읽고 이어지는 물음에 답하시오.

구분	권장 규칙	회피 규칙
문자 구성 및 길이	• 3가지 종류 이상의 문자구성으로 8자리 이상의 길이로 구성된 패스워드 • 2가지 종류 이상의 문자구성으로 10자리 이상의 길이로 구성된 패스워드 ※ 문자 종류는 알파벳 대문자와 소문자, 특수기호, 숫자의 4가지	• 2가지 종류 이하의 문자구성으로 8자리 이하의 길이로 구성된 패스워드 • 문자구성과 관계없이 7자리 이하 길이로 구성된 패스워드 ※ 문자 종류는 알파벳 대문자와 소문자, 특수기호, 숫자의 4가지
패턴 조건	• 한글, 영어 등의 사전적 단어를 포함하지 않은 패스워드 • 널리 알려진 단어를 포함하지 않거나 예측이 어렵도록 가공한 패스워드 ※ 널리 알려진 단어인 컴퓨터 용어, 기업 등의 특정명칭을 가공하지 않고 명칭 그대로 사용하는 경우 ※ 온라인상에서 자주 쓰이는 속어, 방언, 은어 등을 포함한 경우 • 사용자 ID와 연관성이 있는 단어구성을 포함하지 않은 패스워드 • 제3자가 쉽게 알 수 있는 개인정보를 포함하지 않은 패스워드 ※ 개인정보는 가족, 생일, 주소, 휴대전화번호 등을 포함하는 패스워드	• 한글, 영어 등을 포함한 사전적인 단어로 구성된 패스워드 ※ 스펠링을 거꾸로 구성하거나 한/영키를 변환한 패스워드도 포함 • 널리 알려진 단어로 구성된 패스워드 ※ 컴퓨터 용어, 사이트, 기업 등의 특정 명칭으로 구성된 패스워드도 포함 • 사용자 ID를 이용한 패스워드 ※ 사용자 ID 혹은 사용자 ID를 거꾸로 구성한 패스워드도 포함 • 제3자가 쉽게 알 수 있는 개인정보를 바탕으로 구성된 패스워드 ※ 가족, 생일, 주소, 휴대전화번호 등을 포함하는 패스워드

1 다음 중 위의 안내문을 바르게 이해하지 못한 설명은 무엇인가?

① 사용자 또는 사용자 이외의 특정 인물, 유명인, 연예인 등의 이름을 포함하는 패스워드는 회피하여야 한다.

② 일정한 패턴이 반복되는 패스워드가 아니라면 보안 수준이 높다고 할 수 있다.

③ 키보드 상에서 연속한 위치에 존재하는 문자들의 집합은 노출되기 쉬운 패스워드이다.

④ 영어 단어를 한글 모드에서 타이핑하여 입력하게 되면 쉽게 노출되지 않는 패스워드 조합을 구성할 수 있다.

⑤ 온라인상에서 자주 쓰이는 비속어를 포함한 패스워드는 권장규칙에 어긋난다.

Tip ④ 한글, 영어 등을 포함한 사전적인 단어로 구성된 패스워드 또는 이런 단어들의 스펠링을 거꾸로 구성하거나 한/영키를 변환한 패스워드는 회피하여야 한다.

2 다음 키보드 그림을 참고할 때, 위의 안내문에 따라 만든 가장 적절한 패스워드라고 볼 수 있는 것은?

① bo3$&K

② S37북?sx@4@

③ @ytisrevinu!

④ 1h3o3u4s8e?

⑤ 77ncs−cookie8

Tip ②와 같은 패스워드는 문자, 숫자 등의 혼합사용이나 자릿수 등 쉽게 이해할 수 있는 부분이 없는 경우로 적절한 패스워드로 볼 수 있다.
① 문자 조합에 관계없이 7자리 이하의 패스워드이므로 적절하지 않다.
③ 'university'를 거꾸로 타이핑한 부적절한 패스워드이다.
④ 'house'를 쉽게 알 수 있는 경우이다.
⑤ 'ncs', 'cookie' 등의 특정 명칭으로 구성된 부적절한 패스워드이다.

Answer 1.④ 2.②

3 다음은 정부의 '식품사고' 위기에 대한 대응 매뉴얼 내용의 일부이다. 이에 대한 설명으로 올바르지 않은 것은?

위기경보	수준
관심	• 해외에서 유해물질에 의한 식품사고가 발생하거나 발생할 우려가 있는 제품이 국내에 유통되고 있다는 정보 입수 • 수입, 통관, 유통단계에서 유해물질이 검출되거나 검출될 우려가 있는 제품이 국내에 유통되고 있다는 정보 입수 • 농 · 수 · 축산물 생산단계에서 유해물질이 검출되거나 검출될 우려가 있는 제품이 유통되고 있다는 정보 입수(풍수해, 유해화학물질 유출 등 재난 발생 정보 입수 포함) • 유해물질이 검출되거나 검출될 우려가 있는 제품이 제조, 가공, 유통된 경우(정보 입수 포함) • 50인 미만의 식중독 환자가 발생한 경우 • 국회, 소비자단체, 경찰 등 수사기관, 지자체 등에서 이슈가 제기된 경우(정보 입수 포함)
주의	• 관심 단계에서 입수된 정보가 실제로 발생한 경우 • 1개 지역에서 50인 이상 집단식중독 환자가 발생한 경우 • 제기된 이슈에 대해 2개 이상 언론사에서 부정적 언론을 보도한 경우
경계	• 주의 단계에서 발생한 사고 식품이 대량 유통되거나 관련 언론보도가 확산된 경우 • 2개 이상 지역에서 동일 원인으로 추정되는 집단식중독 환자가 총 100인 이상 발생한 경우 • 이슈 사항에 대하여 부정적인 언론보도가 지속적으로 반복되어 위기가 확산되는 경우
심각	• 주의 단계에서 발생한 사고 식품으로 인해 사망자 발생 등 심각하게 국민 불안감이 야기된 경우 • 원인불명에 의해 전국적으로 대규모 집단식중독 환자가 발생한 경우 • 이슈제기 사항에 대한 부정적 언론보도 확산으로 심각하게 국민 불안감이 야기된 경우

① A시와 B시에서 동일 원인에 의한 식중독 환자가 각각 40명과 70명 발생한 경우는 '경계' 단계에 해당된다.

② 환자나 사망자 없이 언론보도로 인한 불안감 증폭 시에도 위기경보 수준이 단계별로 변동될 수 있다.

③ 풍수해로 인한 농산물의 오염 시에는 최소 위기경보 수준이 '경계' 단계이다.

④ 언론을 통한 불안감 증폭이 없는 상황에서 실제로 환자가 발생하지 않을 경우, 위기경보 수준은 '관심' 단계를 유지하게 된다.

⑤ 사고 식품에 의한 사망자가 한 지역에서 3명 발생하였을 경우 '심각' 단계에 해당된다.

Tip 풍수해로 인한 오염에 따른 식품의 사고 시에도 위기경보 수준은 4단계 모두가 적용된다.

① 2개 지역에서 총 100명 이상의 식중독 환자가 발생하였으므로 '경계' 단계에 해당된다.

② 위기경보의 단계별 수준 내역에는 언론보도로 인한 불안감 증폭 수준의 변화도 기준으로 명시되어 있다.

④ 언론에 의한 불안감 증폭과 환자 발생 여부는 위기경보 단계 상향 조정의 원인이 되므로 언급된 원인이 없는 상황은 '관심' 단계에 해당된다.

⑤ 사망자의 수는 제한을 두지 않고 있으므로 발생과 동시에 '심각' 단계가 된다.

4 급속히 발전하고 있는 기술변화의 모습에 적응하고자 많은 사람들이 기술 습득의 다양한 방법을 선택하고 있다. 다음 중 'OJT를 통한 기술교육'에 대한 올바른 설명을 〈보기〉에서 모두 고른 것은?

〈보기〉

(가) 학문적이면서도 최신 기술의 흐름을 반영하며 관련 산업체와의 프로젝트 활동이 가능해 실무 중심의 기술교육이 가능하다.

(나) 피교육자인 종업원이 업무수행의 중단되는 일이 없이 업무수행에 필요한 지식·기술·능력·태도를 교육훈련 받을 수 있다.

(다) 원하는 시간과 장소에 교육받을 수 있어 시간, 공간적 측면에서 독립적이다.

(라) 다년간에 걸친 연수 분야의 노하우에 의한 체계적이고 현장과 밀착된 교육이 가능하다.

(마) 시간의 낭비가 적고 조직의 필요에 합치되는 교육훈련을 할 수 있다.

① (가), (라)
② (가), (마)
③ (나), (마)
④ (나), (다), (라)
⑤ (다), (라), (마)

Tip OJT(On the Job Training)란 조직 안에서 피교육자인 종업원이 직무에 종사하면서 받게 되는 교육 훈련방법이다. 직장 상사나 선배가 지도·조언을 해주는 형태로 훈련이 행하여지기 때문에, 교육자와 피교육자 사이에 친밀감을 조성하며 시간의 낭비가 적고 조직의 필요에 합치되는 교육훈련을 할 수 있다는 장점이 있다.

(가) 상급학교 진학을 통한 기술교육 (X)
(나) OJT를 통한 기술교육 (O)
(다) e-learning을 활용한 기술교육 (X)
(라) 전문 연수원을 통한 기술과정 연수 (X)
(마) OJT를 통한 기술교육 (O)

Answer 3.③ 4.③

▌5~6▌ 다음은 어느 디지털 캠코더의 사용설명서이다. 이를 읽고 물음에 답하시오.

고장신고 전 확인사항

캠코더에 문제가 있다고 판단될 시 다음 사항들을 먼저 확인해 보시고 그래도 문제해결이 되지 않을 경우 가까운 A/S센터를 방문해 주세요.

1. 배터리 관련

화면표시	원인	조치 및 확인사항
배터리 용량이 부족합니다.	배터리가 거의 소모되었습니다.	충전된 배터리로 교체하거나 전원공급기를 연결하세요.
정품 배터리가 아닙니다.	배터리의 정품여부를 확인할 수 없습니다.	배터리가 정품인지 확인 후 새 배터리로 교체하세요.

2. 동영상 편집

화면표시	원인	조치 및 확인사항
다른 해상도는 선택할 수 없습니다.	서로 다른 해상도의 동영상은 합쳐지지 않습니다.	서로 다른 해상도의 동영상은 합치기 기능을 사용할 수 없습니다.
메모리 카드 공간이 충분하지 않습니다.	편집 시 사용할 메모리 카드의 공간이 부족합니다.	불필요한 파일을 삭제한 후 편집 기능을 실행하세요.
합치기를 위해 2개의 파일만 선택해 주세요.	합치기 기능은 2개의 파일만 가능합니다.	먼저 2개의 파일을 합친 후 나머지 파일을 합쳐주세요. 단, 총 용량이 1.8GB 이상일 경우 합치기는 불가능합니다.
파일의 크기가 1.8GB가 넘습니다.	총 용량이 1.8GB 이상인 파일은 합치기가 불가능합니다.	파일 나누기 기능을 실행하여 불필요한 부분을 제거한 후 합치기를 실행하세요.

3. 촬영관련

화면표시	원인	조치 및 확인사항
쓰기 실패하였습니다.	저장매체에 문제가 있습니다.	• 데이터 복구를 위해 기기를 껐다가 다시 켜세요. • 중요한 파일은 컴퓨터에 복사한 후 저장매체를 포맷하세요.
스마트 오토 기능을 해제해 주세요.	스마트 오토 기능이 실행 중일 때는 일부 기능을 수동으로 설정할 수 없습니다.	스마트 오토 모드를 해제하세요.

5 캠코더를 사용하다가 갑자기 화면에 '메모리 카드 공간이 충분하지 않습니다.'라는 문구가 떴다. 이를 해결하는 방법으로 가장 적절한 것은?

① 스마트 오토 모드를 해제한다.
② 불필요한 파일을 삭제한 후 편집기능을 실행한다.
③ 충전된 배터리로 교체하거나 전원공급기를 연결한다.
④ 중요한 파일은 컴퓨터에 복사한 후 저장매체를 포맷한다.
⑤ 파일 나누기 기능을 실행한다.

Tip ② 화면에 '메모리 카드 공간이 충분하지 않습니다.'라는 문구가 떴을 때 취해야 할 방법은 불필요한 파일을 삭제한 후 편집기능을 실행하는 것이다.

6 캠코더 화면에 '쓰기 실패하였습니다.'라는 문구가 뜨면 어떻게 대처해야 하는가?

① 파일 나누기 기능을 실행하여 불필요한 부분을 제거한 후 합치기를 실행한다.
② 서로 다른 해상도의 동영상은 합치기 기능을 사용할 수 없다.
③ 배터리가 정품인지 확인 후 새 배터리로 교체한다.
④ 데이터 복구를 위해 기기를 껐다가 다시 켠다.
⑤ 스마트 오토 모드를 해제한다.

Tip 캠코더 화면에 '쓰기 실패하였습니다.'라는 문구가 뜰 경우 대처 방법
• 데이터 복구를 위해 기기를 껐다가 다시 켠다.
• 중요한 파일은 컴퓨터에 복사한 후 저장매체를 포맷한다.

Answer 5.② 6.④

7 창조성은 네트워크에 접속되어 있는 다양한 지수함수로 비례한다는 네트워크 혁명의 법칙은?

① 무어의 법칙　② 메트칼피의 법칙
③ 세이의 법칙　④ 카오의 법칙
⑤ 메러비안의 법칙

Tip 네트워크 혁명의 3가지 법칙
- 무어의 법칙 : 컴퓨터의 파워가 18개월마다 2배씩 증가한다는 법칙
- 메트칼피의 법칙 : 네트워크의 가치는 사용자 수의 제곱에 비례한다는 법칙
- 카오의 법칙 : 창조성은 네트워크에 접속되어 있는 다양한 지수함수로 비례한다는 법칙

8 다음 사례에서 나타난 기술경영자의 능력으로 가장 적절한 것은?

> 동영상 업로드 시 거쳐야 하는 긴 영상 포맷 변환 시간을 획기적으로 줄일 수는 없을까? 영상 스트리밍 사이트에 동영상을 업로드하면 '영상 처리 중입니다' 문구가 나온다. 이는 올린 영상을 트랜스코딩(영상 재압축) 하는 것인데 시간은 보통 영상 재생 길이와 맞먹는다. 즉, 한 시간짜리 동영상을 업로드하려면 한 시간을 영상 포맷하느라 소비해야 하는 것이다. A기업은 이러한 문제점을 해결하고자 동영상 업로드 시 포맷 변환을 생략하고 바로 재생할 수 있는 '노 컷 어댑티브 스트리밍(No Cut Adaptive Streaming)' 기술을 개발했다. 이 기술을 처음 제안한 A기업의 기술최고책임자(CTO) T는 "영상 길이에 맞춰 기다려야 했던 포맷 변환 과정을 건너뛴 것"이라며 "기존 영상 스트리밍 사이트가 갖고 있던 단점을 보완한 기술"이라고 설명했다. 화질을 유동적으로 변환시켜 끊김없이 재생하는 어댑티브 스트리밍 기술은 대부분의 영상 스트리밍 사이트에 적용되고 있다. mp4나 flv 같은 동영상 포맷을 업로드 할 경우 어댑티브 스트리밍 포맷에 맞춰 변환시켜줘야 한다. 바로 이 에어브로드 기술은 자체 개발한 알고리즘으로 변환 과정을 생략한 것이다.

① 기술을 기업의 전반적인 전략 목표에 통합시키는 능력
② 새로운 기술을 습득하고 기존의 기술에서 탈피하는 능력
③ 새로운 제품개발 시간을 단축할 수 있는 능력
④ 기술 전문 인력을 운용할 수 있는 능력
⑤ 기술을 효과적으로 평가할 수 있는 능력

Tip 주어진 보기는 모두 기술경영자에게 필요한 능력이지만 자료는 A기업 기술최고책임자(CTO) T가 기존의 기술이 갖고 있던 단점을 보완하여 새로운 기술을 개발해 낸 사례이기 때문에 가장 적절한 답은 ②가 된다.

※ 기술경영자에게 필요한 능력
㉠ 기술을 기업의 전반적인 전략 목표에 통합시키는 능력
㉡ 빠르고 효과적으로 새로운 기술을 습득하고 기존의 기술에서 탈피하는 능력
㉢ 기술을 효과적으로 평가할 수 있는 능력
㉣ 기술 이전을 효과적으로 할 수 있는 능력
㉤ 새로운 제품개발 시간을 단축할 수 있는 능력
㉥ 크고 복잡하고 서로 다른 분야에 걸쳐 있는 프로젝트를 수행할 수 있는 능력
㉦ 조직 내의 기술 이용을 수행할 수 있는 능력
㉧ 기술 전문 인력을 운용할 수 있는 능력

9 산업 재해를 예방하기 위한 대책을 다음 〈보기〉와 같은 5단계로 나누어 볼 때, 행동 요령에 맞는 순서대로 나열한 것은?

〈보기〉

가. 사고 조사, 안전 점검, 현장 분석, 작업자의 제안 및 여론 조사, 관찰 및 보고서 연구 등을 통하여 사실을 발견한다.
나. 안전에 대한 교육 및 훈련 실시, 안전시설과 장비의 결함 개선, 안전 감독 실시 등의 선정된 시정책을 적용한다.
다. 원인 분석을 토대로 적절한 시정책 즉, 기술적 개선, 인사 조정 및 교체, 교육, 설득, 공학적 조치 등을 선정한다.
라. 경영자는 안전 목표를 설정하고, 안전 관리 책임자를 선정 하며, 안전 계획을 수립하고, 이를 시행 · 감독해야 한다.
마. 재해의 발생 장소, 재해 형태, 재해 정도, 관련 인원, 직원 감독의 적절성, 공구 및 장비의 상태 등을 정확히 분석한다.

① 라 - 가 - 마 - 다 - 나
② 가 - 다 - 나 - 라 - 마
③ 나 - 라 - 가 - 다 - 마
④ 라 - 마 - 가 - 나 - 다
⑤ 가 - 라 - 다 - 나 - 마

Tip 산업재해의 예방과 대책 마련을 위한 5단계 행동 요령은 다음과 같다.
1. 안전을 관리하는 조직을 구성한다.
2. 사실을 조사하고 분석하여 발견한다.
3. 원인을 정확히 분석한다.
4. 대책 마련을 위한 기술을 공고화한다.
5. 시정책을 적용하고 뒤처리를 한다.

Answer 7.④ 8.② 9.①

10 개발팀의 팀장 B씨는 요즘 신입사원 D씨 때문에 고민이 많다. 입사 시에 높은 성적으로 입사한 D씨가 실제 업무를 담당하자마자 이곳저곳에서 불평이 들려오기 시작했다. 머리는 좋지만 실무경험이 없고 인간관계가 미숙하여 여러 가지 문제가 생겼던 것이다. 업무에 대한 기본적이고 일반적인 내용만을 교육하는 신입사원 집합교육은 부족하다 판단한 B씨는 D씨에게 추가적으로 기술교육을 시키기로 결심했다. 하지만 현재 개발팀은 고양이 손이라도 빌려야 할 정도로 바빠서 B씨는 고민 끝에 업무숙달도가 뛰어나고 사교성이 좋은 입사 5년차 대리 J씨에게 D씨의 교육을 일임하였다. 다음 중 J씨가 D씨를 교육하기 위해 선택할 방법으로 가장 적절한 것은?

① 전문 연수원을 통한 기술교육

② E-learning을 활용한 기술교육

③ 상급학교 진학을 통한 기술교육

④ OJT를 활용한 기술교육

⑤ 오리엔테이션을 통한 기술교육

Tip OJT란 조직 안에서 피교육자인 종업원이 직무에 종사하면서 받게 되는 교육 훈련방법으로 집합교육으로는 기본적 · 일반적 사항 밖에 훈련시킬 수 없어 피교육자인 종업원에게 '업무수행의 중단되는 일이 없이 업무수행에 필요한 지식 · 기술 · 능력 · 태도를 가르치는 것'을 말한다. 다른 말로 직장훈련 · 직장지도 · 직무상 지도 등이라고도 한다. OJT는 모든 관리자 · 감독자가 업무수행상의 지휘감독자이자 업무수행 과정에서 부하직원의 능력향상을 책임지는 교육자이어야 한다는 생각을 기반으로 직장 상사나 선배가 지도 · 조언을 해주는 형태로 훈련이 행하여지기 때문에, 교육자와 피교육자 사이에 친밀감을 조성하며 시간의 낭비가 적고 조직의 필요에 합치되는 교육훈련을 할 수 있다는 장점이 있다.

11 다음은 어느 해의 산업재해로 인한 사망사고 건수이다. 다음 중 산업재해 사망건수에 가장 큰 영향을 끼치는 산업재해의 기본적 원인은?

〈표〉 20XX년도 산업재해 사망사고 원인별 분석

산업재해 발생원인	건수
작업준비 불충분	162
유해 · 위험작업 교육 불충분	76
건물 · 기계 · 장치의 설계 불량	61
안전 지식의 불충분	46
안전관리 조직의 결함	45
생산 공정의 부적당	43

① 기술적 원인
② 교육적 원인
③ 작업 관리상 원인
④ 불안전한 상태
⑤ 불안전한 행동

Tip 주어진 발생원인 중 가장 많은 수를 차지한 기본적 원인은 작업 관리상 원인[안전관리 조직의 결함(45), 작업준비 불충분(162)]이다.

※ 산업재해의 기본적 원인

㉠ **교육적 원인**: 안전 지식의 불충분, 안전 수칙의 오해, 경험이나 훈련의 불충분, 작업관리자의 작업 방법의 교육 불충분, 유해 · 위험 작업 교육 불충분 등

㉡ **기술적 원인**: 건물 · 기계 장치의 설계 불량, 구조물의 불안정, 재료의 부적합, 생산 공정의 부적당, 점검 · 정비 · 보존의 불량 등

㉢ **작업 관리상 원인**: 안전 관리 조직의 결함, 안전 수칙 미제정, 작업준비 불충분, 인원 배치 및 작업 지시 부적당 등

※ 산업재해의 직접적 원인

㉠ **불안전한 행동**: 위험 장소 접근, 안전장치 기능 제거, 보호 장비의 미착용 및 잘못된 사용, 운전 중인 기계의 속도 조작, 기계 · 기구의 잘못된 사용, 위험물 취급 부주의, 불안전한 상태 방치, 불안전한 자세와 동작, 감독 및 연락 잘못

㉡ **불안전한 상태**: 시설물 자체 결함, 전기 시설물의 누전, 구조물의 불안정, 소방기구의 미확보, 안전 보호 장치 결함, 복장 · 보호구의 결함, 시설물의 배치 및 장소 불량, 작업 환경 결함, 생산 공정의 결함, 경계 표시 설비의 결함 등

Answer 10.④ 11.③

▌12~14 ▌ 다음은 △△회사의 식기세척기 사용설명서 중〈고장신고 전에 확인해야 할 사항〉의 일부 내용이다. 다음을 보고 물음에 답하시오.

이상증상	확인사항	조치방법
세척이 잘 되지 않을 때	식기가 서로 겹쳐 있진 않나요?	식기의 배열 상태에 따라 세척성능에 차이가 있습니다. 사용설명서의 효율적인 그릇배열 및 주의사항을 참고하세요.
	세척날개가 회전할 때 식기에 부딪치도록 식기를 수납하셨나요?	국자, 젓가락 등 가늘고 긴 식기가 바구니 밑으로 빠지지 않도록 하세요. 세척노즐이 걸려 돌지 않으므로 세척이 되지 않습니다.
	세척날개의 구멍이 막히진 않았나요?	세척날개를 청소해 주세요.
	필터가 찌꺼기나 이물로 인해 막혀 있진 않나요?	필터를 청소 및 필터 주변의 이물을 제거해 주세요.
	필터가 들뜨거나 잘못 조립되진 않았나요?	필터의 조립상태를 확인하여 다시 조립해 주세요.
	세제를 적정량 사용하셨나요?	적정량의 세제를 넣어야 정상적으로 세척이 되므로 적정량의 세제를 사용해 주세요.
	전용세제 이외의 다른 세제를 사용하진 않았나요?	일반 주방세제나 베이킹 파우더를 사용하시면 거품으로 인해 정상적 세척이 되지 않으며, 누수를 비롯한 각종 불량 현상이 발생할 수 있으므로 전용세제를 사용해 주세요.
동작이 되지 않을 때	문을 확실하게 닫았나요?	문 중앙을 딸깍 소리가 날 때까지 눌러 확실하게 닫아야 합니다.
	급수밸브나 수도꼭지가 잠겨 있진 않나요?	급수밸브와 수도꼭지를 열어주세요.
	단수는 아닌가요?	다른 곳의 수도꼭지를 확인하세요.
	물을 받고 있는 중인가요?	설정된 양만큼 급수될 때까지 기다리세요.
	버튼 잠금 표시가 켜져 있진 않나요?	버튼 잠금 설정이 되어 있는 경우 '헹굼/건조'와 '살균' 버튼을 동시에 2초간 눌러서 해제할 수 있습니다.

운전 중 소음이 날 때	내부에서 달그락거리는 소리가 나나요?	가벼운 식기들이 분사압에 의해 서로 부딪혀 나는 소리일 수 있습니다.
	세척날개가 회전할 때 식기에 부딪치도록 식기를 수납하셨나요?	동작을 멈춘 후 문을 열어 선반 아래로 뾰족하게 내려온 것이 있는지 등 식기 배열을 다시 해주세요.
	운전을 시작하면 '웅~' 울림 소음이 나나요?	급수전에 내부에 남은 잔수를 배수하기 위해 배수펌프가 동작하는 소리이므로 안심하고 사용하세요.
	급수시에 소음이 들리나요?	급수압이 높을 경우 소음이 발생할 수 있습니다. 급수밸브를 약간만 잠가 급수압을 약하게 줄이면 소리가 줄어들 수 있습니다.
냄새가 나는 경우	타는 듯한 냄새가 나나요?	사용 초기에는 제품 운전시 발생하는 열에 의해 세척모터 등의 전기부품에서 특유의 냄새가 날 수 있습니다. 이러한 냄새는 5~10회 정도 사용하면 냄새가 날아가 줄어드니 안심하고 사용하세요.
	세척이 끝났는데 세제 냄새가 나나요?	문이 닫힌 상태로 운전이 되므로 운전이 끝난 후 문을 열게 되면 제품 내부에 갖혀 있던 세제 특유의 향이 날 수 있습니다. 초기 본 세척 행정이 끝나면 세제가 고여 있던 물은 완전히 배수가 되며, 그 이후에 선택한 코스 및 기능에 따라 1~3회의 냉수헹굼과 고온의 가열헹굼이 1회 진행되기 때문에 세제가 남는 것은 아니므로 안심하고 사용하세요.
	새 제품에서 냄새가 나나요?	제품을 처음 꺼내면 새 제품 특유의 냄새가 날 수 있으나 설치 후 사용을 시작하면 냄새는 없어집니다.

12 △△회사의 서비스센터에서 근무하고 있는 Y씨는 고객으로부터 세척이 잘 되지 않는다는 문의전화를 받았다. Y씨가 확인해보라고 할 사항이 아닌 것은?

① 식기가 서로 겹쳐 있진 않습니까?
② 세척날개의 구멍이 막히진 않았습니까?
③ 타는 듯한 냄새가 나진 않습니까?
④ 전용세제 이외의 다른 세제를 사용하진 않았습니까?
⑤ 필터가 들뜨거나 잘못 조립되진 않았습니까?

Tip ③은 냄새가 나는 경우 확인해봐야 하는 사항이다.

Answer 12.③

13 식기세척기가 동작이 되지 않을 때의 조치방법으로 옳지 않은 것은?

① 문이 안 닫힌 경우에는 문 중앙을 딸깍 소리가 날 때까지 눌러 확실하게 닫는다.

② 급수밸브와 수도꼭지가 잠긴 경우에는 급수밸브와 수도꼭지를 열어준다.

③ 물을 받고 있는 경우에는 설정된 양만큼 급수될 때까지 기다린다.

④ 젓가락 등이 아래로 빠진 경우에는 식기배열을 다시 한다.

⑤ 단수인지 아닌지 다른 수도꼭지를 확인한다.

Tip ④는 세척이 잘 되지 않는 경우의 조치방법이다.

14 버튼 잠금 설정이 되어 있는 경우 이를 해제하려면 어떤 버튼을 눌러야 되는가?

① [세척]+[동작/정지]

② [헹굼/건조]+[살균]

③ [헹굼/건조]+[예약]

④ [살균]+[예약]

⑤ [세척]+[살균]

Tip 버튼 잠금 설정이 되어 있는 경우 '헹굼/건조'와 '살균' 버튼을 동시에 2초간 눌러서 해제할 수 있다.

15 다음 C그룹의 사례는 무엇에 대한 설명인가?

> 올 하반기에 출시한 C그룹의 스마트폰에 대한 매출 증대는 전 세계 스마트폰 시장에 새로운 계기를 마련할 것으로 기대된다. 앞서 C그룹의 올해 상반기 매출은 전년 대비 약 23% 줄어든 것으로 밝혀진 반면 같은 경쟁사인 B그룹의 올 상반기 매출은 전년 대비 약 35% 늘어 같은 업종에서도 기업별 실적 차이가 뚜렷이 나타난 것을 볼 수 있었다. 이는 C그룹이 최근 치열해진 스마트폰 경쟁에서 새로운 기술을 개발하지 못한 반면 B그룹은 작년 말 인수한 외국의 소프트웨어 회사를 토대로 새로운 기술을 선보인 결과라 할 수 있다. 뒤늦게 이러한 사실을 깨달은 C그룹은 B그룹의 신기술 개발을 응용해 자사만의 독특한 제품을 올 하반기에 선보여 스마트폰 경쟁에서 재도약을 꾀할 목표를 세웠고 이를 위해 기존에 있던 다수의 계열사들 중 실적이 저조한 일부 계열사를 매각하는 대신 외국의 경쟁력을 갖춘 소프트웨어 회사들을 잇달아 인수하여 새로운 신기술 개발에 박차를 가했다. 그 결과 C그룹은 세계 최초로 스마트폰을 이용한 결제시스템인 ㅇㅇ페이와 더불어 홍채인식 보안프로그램을 탑재한 스마트폰을 출시하게 된 것이다.

① 글로벌 벤치마킹
② 내부 벤치마킹
③ 비경쟁적 벤치마킹
④ 경쟁적 벤치마킹
⑤ 간접적 벤치마킹

Tip
④ **경쟁적 벤치마킹**: 동일 업종에서 고객을 직접적으로 공유하는 경쟁기업을 대상으로 함
① **글로벌 벤치마킹**: 프로세스에 있어 최고로 우수한 성과를 보유한 동일업종의 비경쟁적 기업을 대상으로 함
② **내부 벤치마킹**: 같은 기업 내의 다른 지역, 타 부서, 국가 간의 유사한 활용을 비교 대상으로 함
③ **비경쟁적 벤치마킹**: 제품, 서비스 및 프로세스의 단위 분야에 있어 가장 우수한 실무를 보이는 비경쟁적 기업 내의 유사 분야를 대상으로 하는 방법임
⑤ **간접적 벤치마킹**: 인터넷 및 문서형태의 자료를 통해서 수행하는 방법임

Answer 13.④ 14.② 15.④

▌16~18▐ 다음은 어느 회사 로봇청소기의 〈고장신고 전 확인사항〉이다. 이를 보고 물음에 답하시오.

확인사항	조치방법
주행이 이상합니다.	• 센서를 부드러운 천으로 깨끗이 닦아주세요. • 초극세사 걸레를 장착한 경우라면 장착 상태를 확인해 주세요. • 주전원 스위치를 끈 후, 다시 켜주세요.
흡입력이 약해졌습니다.	• 흡입구에 이물질이 있는지 확인하세요. • 먼지통을 비워주세요. • 먼지통 필터를 청소해 주세요.
소음이 심해졌습니다.	• 먼지통이 제대로 장착되었는지 확인하세요. • 먼지통 필터가 제대로 장착되었는지 확인하세요. • 회전솔에 이물질이 끼어있는지 확인하세요. • Wheel에 테이프, 껌 등 이물이 묻었는지 확인하세요.
리모컨으로 작동시킬 수 없습니다.	• 배터리를 교환해 주세요. • 본체와의 거리가 3m 이하인지 확인하세요. • 본체 밑면의 주전원 스위치가 켜져 있는지 확인하세요.
회전솔이 회전하지 않습니다.	• 회전솔을 청소해 주세요. • 회전솔이 제대로 장착이 되었는지 확인하세요.
충전이 되지 않습니다.	• 충전대 주변의 장애물을 치워주세요. • 충전대에 전원이 연결되어 있는지 확인하세요. • 충전 단자를 마른 걸레로 닦아 주세요. • 본체를 충전대에 붙인 상태에서 충전대 뒷면에 있는 리셋버튼을 3초간 눌러주세요.
자동으로 충전대 탐색을 시작합니다. 자동으로 전원이 꺼집니다.	로봇청소기가 충전 중이지 않은 상태로 아무 동작 없이 10분이 경과되면 자동으로 충전대 탐색을 시작합니다. 충전대 탐색에 성공하면 충전을 시작하고 충전대를 찾지 못하면 처음위치로 복귀하여 10분 후에 자동으로 전원이 꺼집니다.

16 로봇청소기 서비스센터에서 근무하고 있는 L씨는 고객으로부터 소음이 심해졌다는 문의전화를 받았다. 이에 대한 조치방법으로 L씨가 잘못 답변한 것은?

① 먼지통 필터가 제대로 장착되었는지 확인하세요.

② 회전솔에 이물질이 끼어있는지 확인하세요.

③ Wheel에 테이프, 껌 등 이물이 묻었는지 확인하세요.

④ 흡입구에 이물질이 있는지 확인하세요.

⑤ 먼지통이 제대로 장착되었는지 확인하세요.

Tip ④는 흡입력이 약해졌을 때의 조치방법이다.

17 로봇청소기가 충전 중이지 않은 상태로 아무 동작 없이 10분이 경과되면 자동으로 충전대 탐색을 시작하는데 충전대를 찾지 못하면 어떻게 되는가?

① 아무 동작 없이 그 자리에 멈춰 선다.
② 처음위치로 복귀하여 10분 후에 자동으로 전원이 꺼진다.
③ 계속 청소를 한다.
④ 계속 충전대를 찾아 돌아다닌다.
⑤ 그 자리에서 바로 전원이 꺼진다.

Tip 로봇청소기가 충전 중이지 않은 상태로 아무 동작 없이 10분이 경과되면 자동으로 충전대 탐색을 시작한다. 충전대 탐색에 성공하면 충전을 시작하고 충전대를 찾지 못하면 처음위치로 복귀하여 10분 후에 자동으로 전원이 꺼진다.

18 로봇청소기가 갑자기 주행이 이상해졌다. 고객이 시도해보아야 하는 조치방법으로 옳은 것은?

① 충전 단자를 마른 걸레로 닦는다.
② 회전솔을 청소한다.
③ 센서를 부드러운 천으로 깨끗이 닦는다.
④ 먼지통을 비운다.
⑤ 본체 밑면의 주전원 스위치를 켠다.

Tip ① 충전이 되지 않을 때의 조치방법이다.
② 회전솔이 회전하지 않을 때의 조치방법이다.
④ 흡입력이 약해졌을 때의 조치방법이다.
⑤ 리모컨으로 작동시킬 수 없을 때의 조치방법이다.

Answer 16.④ 17.② 18.③

▌19~21▌ 다음은 그래프 구성 명령어 실행 예시이다. 다음 물음에 답하시오.

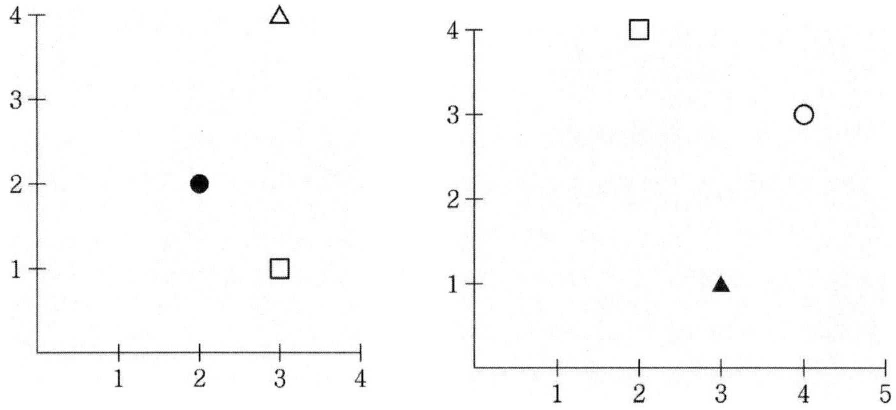

W4/L4
X(2, 2) : B, Y(3, 4) : W, Z(3, 1) : W

W5/L4
X(4, 3) : W, Y(3, 1) : B, Z(2, 4) : W

19 다음 그래프에 알맞은 명령어는 무엇인가?

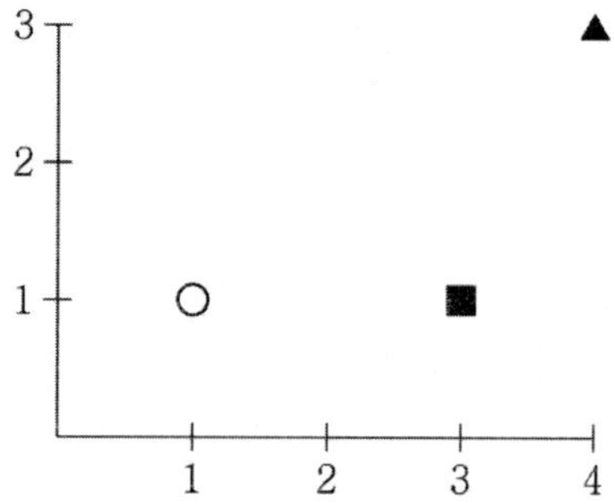

① W4/L3

X(1, 1) : W, Y(3, 4) : B, Z(1, 3) : B

② W4/L3

X(1, 1) : W, Y(4, 3) : B, Z(3, 1) : B

③ W3/L4

X(1, 1) : W, Y(3, 4) : B, Z(1, 3) : B

④ W3/L4

X(1, 1) : W, Y(4, 3) : B, Z(3, 1) : B

⑤ W3/L4

X(1, 1) : W, Y(4, 3) : B, Z(1, 3) : B

Tip 예시의 그래프를 분석하면 W는 가로축(Width), L은 세로축(Length)의 눈금수이다. X, Y, Z는 그래프 내의 도형 ○, △, □를 지칭하며, 괄호 안의 수는 도형의 가로세로 좌표이다. 좌표 뒤의 B, W는 도형의 색깔로 각각 Black(검정색), White(하얀색)를 의미한다.

주어진 그래프의 가로축 눈금은 4, 세로축 눈금은 3이므로 W4/L3이며, 둥근 도형의 좌표는 X(1, 1) : W, 세모 도형의 좌표는 Y(4, 3) : B, 네모 도형의 좌표는 Z(3, 1) : B이다.

∴ W4/L3

X(1, 1) : W, Y(4, 3) : B, Z(3, 1) : B

Answer 19.②

20 다음 그래프에 알맞은 명령어는 무엇인가?

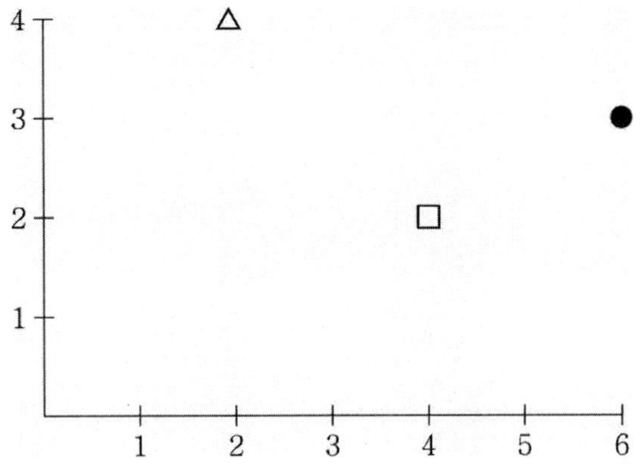

① W6/L4
X(3, 6) : B, Y(4, 2) : W, Z(2, 4) : W

② W6/L4
X(6, 3) : B, Y(2, 4) : W, Z(4, 2) : W

③ W4/L6
X(3, 6) : B, Y(4, 2) : W, Z(2, 4) : W

④ W4/L6
X(6, 3) : B, Y(2, 4) : W, Z(4, 2) : W

⑤ W4/L6
X(6, 3) : B, Y(2, 4) : W, Z(2, 4) : W

Tip 주어진 그래프의 가로축 눈금은 6, 세로축 눈금은 4이므로 W6/L4이며, 둥근 도형의 좌표는 X(6, 3) : B, 세모 도형의 좌표는 Y(2, 4) : W, 네모 도형의 좌표는 Z(4, 2) : W이다.
∴ W6/L4
X(6, 3) : B, Y(2, 4) : W, Z(4, 2) : W

21 다음 그래프에 알맞은 명령어는 무엇인가?

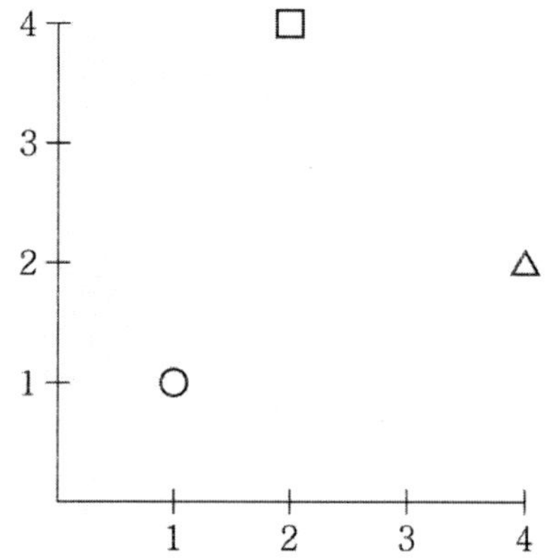

① W4/L4

X(1, 1) : W, Y(2, 4) : W, Z(2, 4) : W

② W4/L4

X(1, 1) : W, Y(4, 2) : W, Z(2, 4) : W

③ W4/L4

X(1, 1) : W, Y(4, 2) : W, Z(4, 2) : B

④ W5/L4

X(1, 1) : W, Y(4, 2) : W, Z(4, 2) : W

⑤ W5/L4

X(1, 1) : W, Y(2, 4) : W, Z(4, 2) : B

Tip 주어진 그래프의 가로축 눈금은 4, 세로축 눈금은 4이므로 W4/L4이며, 둥근 도형의 좌표는 X(1, 1) : W, 세모 도형의 좌표는 Y(4, 2) : W, 네모 도형의 좌표는 Z(2, 4) : W이다.

∴ W4/L4

X(1, 1) : W, Y(4, 2) : W, Z(2, 4) : W

Answer 20.② 21.②

▎22~23▎ 다음은 그래프 구성 명령어 실행의 두 가지 예시이다. 이를 참고하여 이어지는 물음에 답하시오.

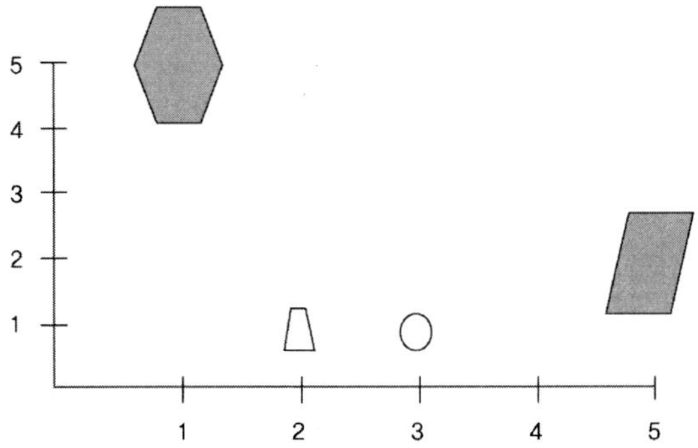

H5/V5
S(1,5):N3 / K(2,1):R2 / W(3,1):R2 / E(5,2):N3

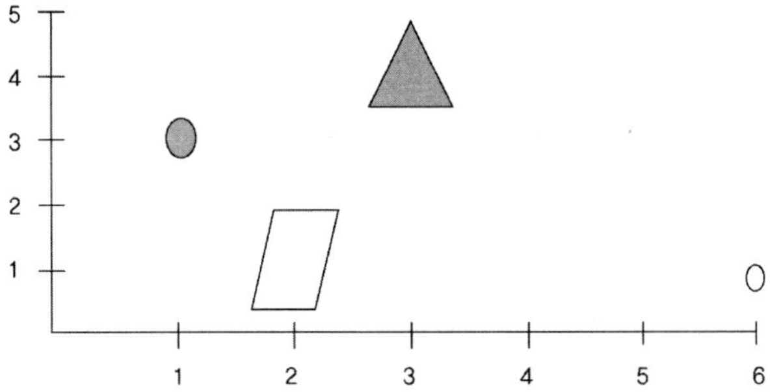

H6 / V5
W(1,3):N2 / E(2,1):R3 / j(3,4):N3 / W(6,1):R1

22 위의 그래프 구성 명령어 실행 예시를 통하여 알 수 있는 사항으로 올바르지 않은 것은?

① S는 육각형을 의미하며, 항상 가장 큰 크기로 표시된다.

② 가로축과 세로축이 네 칸씩 있는 그래프는 H4 / V4로 표시된다.

③ N과 R은 도형의 내부 채색 여부를 의미한다.

④ 삼각형과 평행사변형은 각각 J와 E로 표시된다.

⑤ 도형의 크기는 명령어의 가장 마지막에 표시된다.

Tip S는 육각형을 의미하지만, 항상 가장 큰 크기로 표시되는 것이 아니며, 1, 2, 3 숫자에 의해 어떤 크기로도 표시될 수 있다.

② H는 Horizontal의 약자로 가로축을, V는 Vertical의 약자로 세로축을 의미하므로 네 칸씩 있는 그래프는 H4 / V4로 표시된다.

③ N은 내부 채색을, R은 내부 무채색을 의미한다.

④ 삼각형은 J, 평생사변형은 E, 사다리꼴은 K, 타원은 W로 표시되는 것을 알 수 있다.

⑤ 가장 마지막 N 또는 R 다음에 표시된 숫자가 도형의 크기를 의미한다.

23 다음과 같은 그래프에 해당하는 그래프 구성 명령어로 올바른 것은?

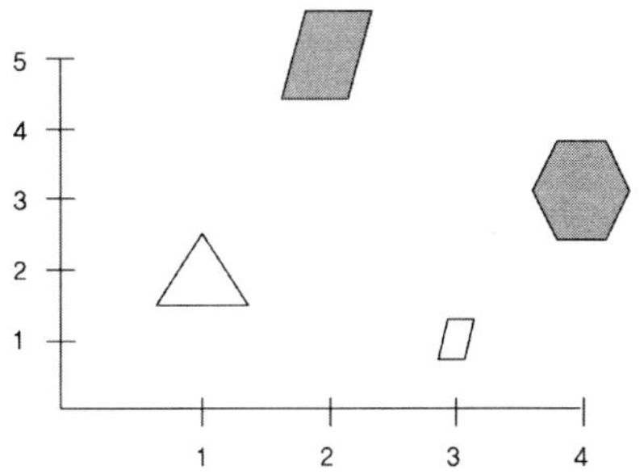

① H5 / V4　J(1,2): N3 / E(2,5): R3 / E(3,1): N2 / S(4,3): R3

② H4 / V5　J(1,2): R3 / E(2,5): W3 / E(3,1): R2 / S(4,3): W3

③ H5 / V4　J(1,2): W3 / E(2,5): N3 / E(3,1): W2 / S(4,3): N3

④ H4 / V5　J(1,2): R3 / E(2,5): N3 / E(3,1): R2 / S(4,3): N3

⑤ H4 / V5　J(1,2): N3 / E(2,5): R3 / E(3,1): N2 / S(4,3): R3

Tip 가로축이 네 칸, 세로축이 다섯 칸이므로 그래프는 H4 / V5의 형태가 된다.
삼각형, 평행사변형, 평행사변형, 육각형이 차례로 표시되어 있으므로 J, E, E, S가 도형의 모양을 나타내는 기호가 되며, 각 좌표를 괄호 안에 표시한다. 첫 번째와 세 번째 도형은 내부 무채색이므로 R, 두 번째와 네 번째 도형은 내부 채색이므로 N이 표시되며, 세 번째 도형은 2의 크기, 나머지 도형은 모두 3의 크기가 된다.
따라서 선택지 ④와 같은 명령어가 정답인 것을 알 수 있다.

Answer 22.① 22.④

24 다음의 표를 참고할 때 처음 상태에서 스위치를 두 번 눌렀더니 아래와 같이 바뀌었다면 어떤 스위치를 눌렀는가?

스위치	기능
★	1번, 3번 도형을 시계 방향으로 90도 회전함
☆	2번, 4번 도형을 시계 방향으로 90도 회전함
▲	1번, 2번 도형을 시계 반대 방향으로 90도 회전함
△	3번, 4번 도형을 시계 반대 방향으로 90도 회전함

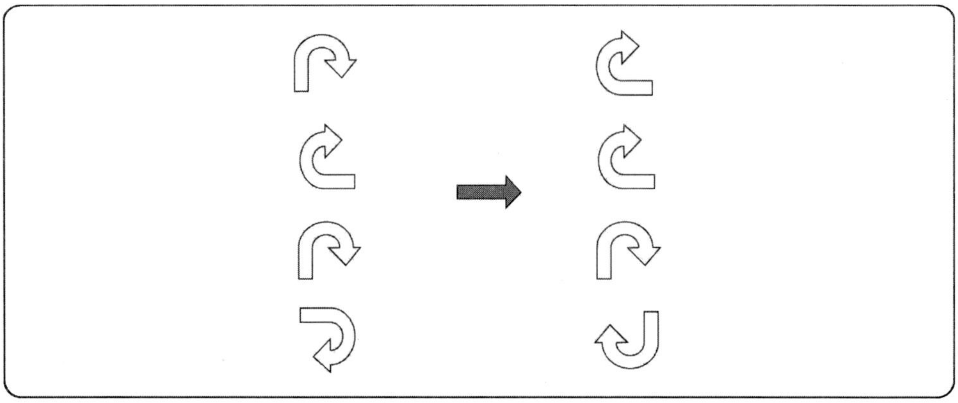

① ★, ▲
② ☆, △
③ △, ▲
④ △, ★
⑤ ▲, ☆

Tip ▲, ☆을 눌러서 다음과 같은 순서로 변화하게 된다.

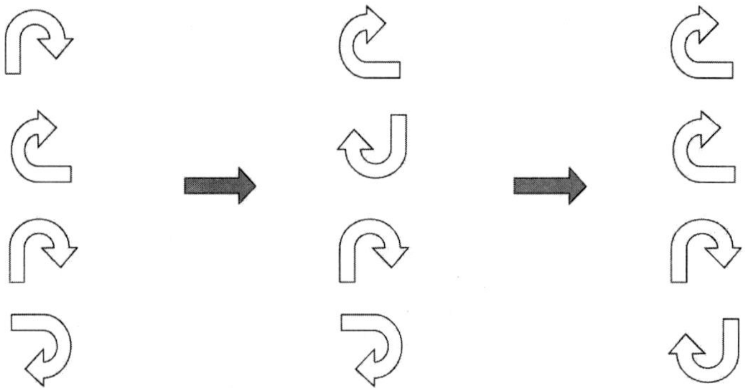

▌25~27▐ 다음 표를 참고하여 질문에 답하시오.

스위치	기능
☆	1번, 2번 기계를 180° 회전함
★	1번, 3번 기계를 180° 회전함
◇	2번, 3번 기계를 180° 회전함
◆	2번, 4번 기계를 180° 회전함

25 처음 상태에서 스위치를 두 번 눌렀더니 다음과 같이 바뀌었다. 어떤 스위치를 눌렀는가?

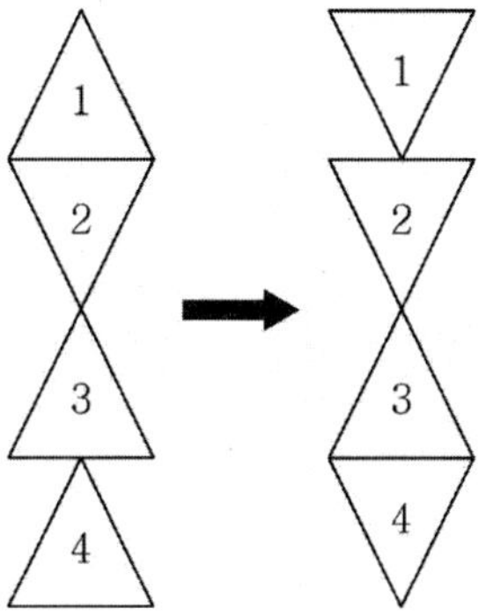

① ☆, ★
② ☆, ◇
③ ☆, ◆
④ ★, ◆
⑤ ★, ◇

Tip 처음 상태와 나중 상태를 비교해보았을 때, 기계의 모양이 바뀐 것은 1번과 4번이다. 스위치가 두 번 눌러서 1번과 4번의 모양만 바꾸기 위해서는 1번, 2번 기계를 회전(☆)시키고 다시 2번, 4번 기계를 회전(◆)시키는 스위치를 누르면 된다.

Answer 24.⑤ 25.③

26 처음 상태에서 스위치를 두 번 눌렀더니 다음과 같이 바뀌었다. 어떤 스위치를 눌렀는가?

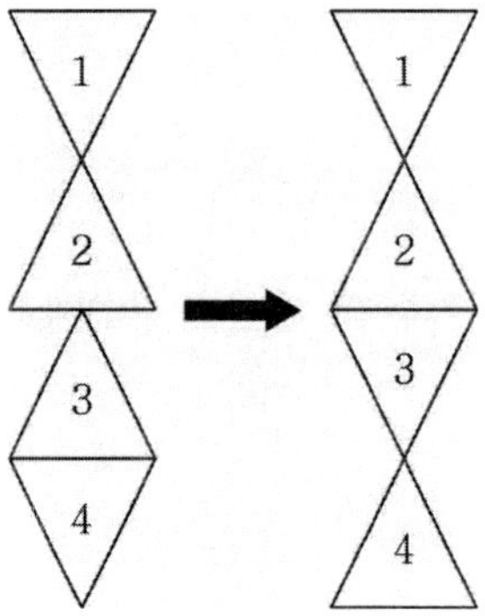

① ☆, ★ ② ☆, ◇

③ ◇, ◆ ④ ★, ◆

⑤ ★, ◇

Tip 처음 상태와 나중 상태를 비교해보았을 때, 기계의 모양이 바뀐 것은 3번과 4번이다. 스위치가 두 번 눌러서 3번과 4번의 모양만 바꾸기 위해서는 2번, 3번 기계를 회전(◇)시키고 다시 2번, 4번 기계를 회전(◆)시키는 스위치를 누르면 된다.

27 처음 상태에서 스위치를 세 번 눌렀더니 다음과 같이 바뀌었다. 어떤 스위치를 눌렀는가?

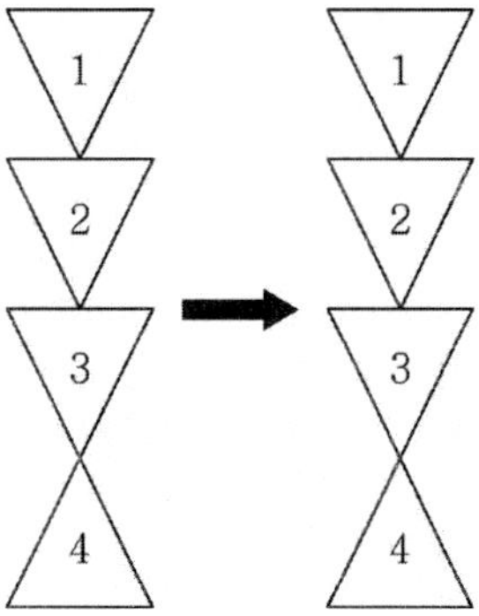

① ★, ◇, ◆　　② ☆, ◇, ◆

③ ☆, ★, ◆　　④ ☆, ★, ◇

⑤ ★, ◇, ☆

Tip 스위치를 세 번 눌러 처음 상태와 나중 상태에서 모양이 변화한 기계가 없으므로 1번, 2번 기계를 회전(☆)하고, 1번, 3번 기계를 회전(★)하면 1번 기계는 원래대로 돌아가서 2번, 3번 기계는 처음 상태에서 회전되어 있는 상태이므로 2번, 3번 기계를 회전(◇)시켜주면 처음과 똑같은 상태가 된다.

Answer 26.③ 27.④

CHAPTER

07 정보능력

1 정보화사회와 정보능력

(1) 정보와 정보화사회

① 자료 · 정보 · 지식

구분	특징
자료 (Data)	객관적 실제의 반영이며, 그것을 전달할 수 있도록 기호화한 것
정보 (Information)	자료를 특정한 목적과 문제해결에 도움이 되도록 가공한 것
지식 (Knowledge)	정보를 집적하고 체계화하여 장래의 일반적인 사항에 대비해 보편성을 갖도록 한 것

② 정보화사회 … 필요로 하는 정보가 중심이 되는 사회

(2) 업무수행과 정보능력

① 컴퓨터의 활용 분야

㉠ 기업 경영 분야에서의 활용 : 판매, 회계, 재무, 인사 및 조직관리, 금융 업무 등

㉡ 행정 분야에서의 활용 : 민원처리, 각종 행정 통계 등

㉢ 산업 분야에서의 활용 : 공장 자동화, 산업용 로봇, 판매시점관리시스템(POS) 등

㉣ 기타 분야에서의 활용 : 교육, 연구소, 출판, 가정, 도서관, 예술 분야 등

② 정보처리과정

㉠ 정보 활용 절차 : 기획 → 수집 → 관리 → 활용

㉡ 5W2H : 정보 활용의 전략적 기획

- WHAT(무엇을?) : 정보의 입수대상을 명확히 한다.
- WHERE(어디에서?) : 정보의 소스(정보원)를 파악한다.
- WHEN(언제까지) : 정보의 요구(수집)시점을 고려한다.
- WHY(왜?) : 정보의 필요목적을 염두에 둔다.

• WHO(누가?) : 정보활동의 주체를 확정한다.
• HOW(어떻게) : 정보의 수집방법을 검토한다.
• HOW MUCH(얼마나?) : 정보수집의 비용성(효용성)을 중시한다.

예제 1

5W2H는 정보를 전략적으로 수집 · 활용할 때 주로 사용하는 방법이다. 5W2H에 대한 설명으로 옳지 않은 것은?

① WHAT : 정보의 수집방법을 검토한다.
② WHERE : 정보의 소스(정보원)를 파악한다.
③ WHEN : 정보의 요구(수집)시점을 고려한다.
④ HOW : 정보의 수집방법을 검토한다.

[출제의도]
방대한 정보들 중 꼭 필요한 정보와 수집 방법 등을 전략적으로 기획하고 정보수집이 이루어질 때 효과적인 정보 수집이 가능해진다. 5W2H는 이러한 전략적 정보 활용 기획의 방법으로 그 개념을 이해하고 있는지를 묻는 질문이다.
[해설]
5W2H의 'WHAT'은 정보의 입수대상을 명확히 하는 것이다. 정보의 수집방법을 검토하는 것은 HOW(어떻게)에 해당되는 내용이다.

답 ①

(3) 사이버공간에서 지켜야 할 예절

① 인터넷의 역기능
㉠ 불건전 정보의 유통
㉡ 개인 정보 유출
㉢ 사이버 성폭력
㉣ 사이버 언어폭력
㉤ 언어 훼손
㉥ 인터넷 중독
㉦ 불건전한 교제
㉧ 저작권 침해

② 네티켓(netiquette) … 네트워크(network) + 에티켓(etiquette)

(4) 정보의 유출에 따른 피해사례

① 개인정보의 종류

㉠ 일반 정보 : 이름, 주민등록번호, 운전면허정보, 주소, 전화번호, 생년월일, 출생지, 본적지, 성별, 국적 등

㉡ 가족 정보 : 가족의 이름, 직업, 생년월일, 주민등록번호, 출생지 등

㉢ 교육 및 훈련 정보 : 최종학력, 성적, 기술자격증/전문면허증, 이수훈련 프로그램, 서클활동, 상벌사항, 성격/행태보고 등

㉣ 병역 정보 : 군번 및 계급, 제대유형, 주특기, 근무부대 등

㉤ 부동산 및 동산 정보 : 소유주택 및 토지, 자동차, 저축현황, 현금카드, 주식 및 채권, 수집품, 고가의 예술품 등

㉥ 소득 정보 : 연봉, 소득의 원천, 소득세 지불 현황 등

㉦ 기타 수익 정보 : 보험가입현황, 수익자, 회사의 판공비 등

㉧ 신용 정보 : 대부상황, 저당, 신용카드, 담보설정 여부 등

㉨ 고용 정보 : 고용주, 회사주소, 상관의 이름, 직무수행 평가 기록, 훈련기록, 상벌기록 등

㉩ 법적 정보 : 전과기록, 구속기록, 이혼기록 등

㉪ 의료 정보 : 가족병력기록, 과거 의료기록, 신체장애, 혈액형 등

㉫ 조직 정보 : 노조가입, 정당가입, 클럽회원, 종교단체 활동 등

㉬ 습관 및 취미 정보 : 흡연/음주량, 여가활동, 도박성향, 비디오 대여기록 등

② 개인정보 유출방지 방법

㉠ 회원 가입 시 이용 약관을 읽는다.

㉡ 이용 목적에 부합하는 정보를 요구하는지 확인한다.

㉢ 비밀번호는 정기적으로 교체한다.

㉣ 정체불명의 사이트는 멀리한다.

㉤ 가입 해지 시 정보 파기 여부를 확인한다.

㉥ 남들이 쉽게 유추할 수 있는 비밀번호는 자제한다.

2 정보능력을 구성하는 하위능력

(1) 컴퓨터활용능력

① 인터넷 서비스 활용

㉠ 전자우편(E-mail) 서비스 : 정보 통신망을 이용하여 다른 사용자들과 편지나 여러 정보를 주고받는 통신 방법

㉡ 인터넷 디스크/웹 하드 : 웹 서버에 대용량의 저장 기능을 갖추고 사용자가 개인용 컴퓨터의 하드디스크와 같은 기능을 인터넷을 통하여 이용할 수 있게 하는 서비스

㉢ 메신저 : 인터넷에서 실시간으로 메시지와 데이터를 주고받을 수 있는 소프트웨어

㉣ 전자상거래 : 인터넷을 통해 상품을 사고팔거나 재화나 용역을 거래하는 사이버 비즈니스

② 정보검색 … 여러 곳에 분산되어 있는 수많은 정보 중에서 특정 목적에 적합한 정보만을 신속하고 정확하게 찾아내어 수집, 분류, 축적하는 과정

㉠ 검색엔진의 유형

- 키워드 검색 방식 : 찾고자 하는 정보와 관련된 핵심적인 언어인 키워드를 직접 입력하여 이를 검색 엔진에 보내어 검색 엔진이 키워드와 관련된 정보를 찾는 방식
- 주제별 검색 방식 : 인터넷상에 존재하는 웹 문서들을 주제별, 계층별로 정리하여 데이터베이스를 구축한 후 이용하는 방식
- 통합형 검색방식 : 사용자가 입력하는 검색어들이 연계된 다른 검색 엔진에게 보내고 이를 통하여 얻어진 검색 결과를 사용자에게 보여주는 방식

㉡ 정보 검색 연산자

기호	연산자	검색조건
*, &	AND	두 단어가 모두 포함된 문서를 검색
|	OR	두 단어가 모두 포함되거나 두 단어 중에서 하나만 포함된 문서를 검색
−, !	NOT	'−' 기호나 '!' 기호 다음에 오는 단어는 포함하지 않는 문서를 검색
~, near	인접검색	앞/뒤의 단어가 가깝게 있는 문서를 검색

③ 소프트웨어의 활용

㉠ 워드프로세서

- 특징 : 문서의 내용을 화면으로 확인하면서 쉽게 수정 가능, 문서 작성 후 인쇄 및 저장 가능, 글이나 그림의 입력 및 편집 가능
- 기능 : 입력기능, 표시기능, 저장기능, 편집기능, 인쇄기능 등

㉡ 스프레드시트

- 특징 : 쉽게 계산 수행, 계산 결과를 차트로 표시, 문서를 작성하고 편집 가능
- 기능 : 계산, 수식, 차트, 저장, 편집, 인쇄기능 등

예제 2

귀하는 커피 전문점을 운영하고 있다. 아래와 같이 엑셀 워크시트로 4개 지점의 원두 구매 수량과 단가를 이용하여 금액을 산출하고 있다. 귀하가 다음 중 D3셀에서 사용하고 있는 함수식으로 옳은 것은? (단, 금액 = 수량 × 단가)

	A	B	C	D	E
1	지점	원두	수량(100g)	금액	
2	A	케냐	15	150000	
3	B	콜롬비아	25	175000	
4	C	케냐	30	300000	
5	D	브라질	35	210000	
6					
7		원두	100g당 단가		
8		케냐	10,000		
9		콜롬비아	7,000		
10		브라질	6,000		
11					

① =C3*VLOOKUP(B3, $B$8:$C$10, 1, 1)
② =B3*HLOOKUP(C3, $B$8:$C$10, 2, 0)
③ =C3*VLOOKUP(B3, $B$8:$C$10, 2, 0)
④ =C3*HLOOKUP($B$8:$C$10, 2, B3)

[출제의도]
본 문항은 엑셀 워크시트 함수의 활용도를 확인하는 문제이다.
[해설]
"VLOOKUP(B3,$B$8:$C$10, 2, 0)"의 함수를 해설해보면 B3의 값(콜롬비아)을 B8:C10에서 찾은 후 그 영역의 2번째 열(C열, 100g당 단가)에 있는 값을 나타내는 함수이다. 금액은 "수량 × 단가"으로 나타내므로 D3셀에 사용되는 함수식은 "=C3*VLOOKUP(B3, $B$8: $C$10, 2, 0)"이다.
※ HLOOKUP과 VLOOKUP
㉠ HLOOKUP : 배열의 첫 행에서 값을 검색하여, 지정한 행의 같은 열에서 데이터를 추출
㉡ VLOOKUP : 배열의 첫 열에서 값을 검색하여, 지정한 열의 같은 행에서 데이터를 추출

답 ③

㉢ 프레젠테이션

- 특징 : 각종 정보를 사용자 또는 대상자에게 쉽게 전달
- 기능 : 저장, 편집, 인쇄, 슬라이드 쇼 기능 등

㉣ 유틸리티 프로그램 : 파일 압축 유틸리티, 바이러스 백신 프로그램

④ 데이터베이스의 필요성

㉠ 데이터의 중복을 줄인다.
㉡ 데이터의 무결성을 높인다.
㉢ 검색을 쉽게 해준다.
㉣ 데이터의 안정성을 높인다.
㉤ 개발기간을 단축한다.

(2) 정보처리능력

① 정보원 … 1차 자료는 원래의 연구성과가 기록된 자료이며, 2차 자료는 1차 자료를 효과적으로 찾아보기 위한 자료 또는 1차 자료에 포함되어 있는 정보를 압축 · 정리한 형태로 제공하는 자료이다.

㉠ 1차 자료 : 단행본, 학술지와 논문, 학술회의자료, 연구보고서, 학위논문, 특허정보, 표준 및 규격자료, 레터, 출판 전 배포자료, 신문, 잡지, 웹 정보자원 등

㉡ 2차 자료 : 사전, 백과사전, 편람, 연감, 서지데이터베이스, 통계자료 등

② 정보분석 및 가공

㉠ 정보분석의 절차 : 분석과제의 발생 → 과제(요구)의 분석 → 조사항목의 선정 → 관련정보의 수집(기존자료 조사/신규자료 조사) → 수집정보의 분류 → 항목별 분석 → 종합 · 결론 → 활용 · 정리

㉡ 가공 : 서열화 및 구조화

③ 정보관리

㉠ 목록을 이용한 정보관리

㉡ 색인을 이용한 정보관리

㉢ 분류를 이용한 정보관리

예제 3

인사팀에서 근무하는 J씨는 회사가 성장함에 따라 직원 수가 급증하기 시작하면서 직원들의 정보관리 방법을 모색하던 중 다음과 같은 A사의 직원 정보관리 방법을 보게 되었다. J씨는 A사가 하고 있는 이 방법을 회사에도 도입하고자 한다. 이 방법은 무엇인가?

> A사의 인사부서에 근무하는 H씨는 직원들의 개인정보를 관리하는 업무를 담당하고 있다. A사에서 근무하는 직원은 수천 명에 달하기 때문에 H씨는 주요 키워드나 주제어를 가지고 직원들의 정보를 구분하여 관리하여, 찾을 때도 쉽고 내용을 수정할 때도 이전보다 훨씬 간편할 수 있도록 했다.

① 목록을 활용한 정보관리
② 색인을 활용한 정보관리
③ 분류를 활용한 정보관리
④ 1 : 1 매칭을 활용한 정보관리

[출제의도]
본 문항은 정보관리 방법의 개념을 이해하고 있는가를 묻는 문제이다.
[해설]
주어진 자료의 A사에서 사용하는 정보관리는 주요 키워드나 주제어를 가지고 정보를 관리하는 방식인 색인을 활용한 정보관리이다. 디지털 파일에 색인을 저장할 경우 추가, 삭제, 변경 등이 쉽다는 점에서 정보관리에 효율적이다.

답 ②

출제예상문제

1 다음 중 '클라우드 컴퓨팅'에 대한 적절한 설명이 아닌 것은?

① 사용자들이 복잡한 정보를 보관하기 위해 별도의 데이터 센터를 구축할 필요가 없다.
② 정보의 보관보다 정보의 처리 속도와 정확성이 관건인 네트워크 서비스이다.
③ 장소와 시간에 관계없이 다양한 단말기를 통해 정보에 접근할 수 있다.
④ 클라우드 컴퓨팅을 활용하면 스마트 폰으로 이동 중에 시청하던 영상을 집에 도착하여 TV로 볼 수 있게 된다.
⑤ 주소록, 동영상, 음원, 오피스 문서, 게임, 메일 등 다양한 콘텐츠를 대상으로 한다.

Tip 클라우드 컴퓨팅이란 인터넷을 통해 제공되는 서버를 활용해 정보를 보관하고 있다가 필요할 때 꺼내 쓰는 기술을 말한다. 따라서 클라우드 컴퓨팅의 핵심은 데이터의 저장·처리·네트워킹 및 다양한 어플리케이션 사용 등 IT 관련 서비스를 인터넷과 같은 네트워크를 기반으로 제공하는데 있어, 정보의 보관 분야에 있어 획기적인 컴퓨팅 기술이라고 할 수 있다.

2 국내에서 사용하는 인터넷 도메인(Domain)은 현재 2단계 도메인으로 구성되어 있다. 다음 중 도메인 종류와 해당 기관의 성격이 올바르게 연결되지 않은 것은?

① re.kr – 연구기관
② pe.kr – 개인
③ kg.kr – 유치원
④ ed.kr – 대학
⑤ mil.kr – 국방

Tip 대학은 Academy의 약어를 활용한 'ac.kr'을 도메인으로 사용한다. 주어진 도메인 외에도 다음과 같은 것들을 참고할 수 있다.
㉠ co.kr – 기업/상업기관(Commercial)
㉡ ne.kr – 네트워크(Network)
㉢ or.kr – 비영리기관(Organization)
㉣ go.kr – 정부기관(Government)
㉤ hs.kr – 고등학교(High school)
㉥ ms.kr – 중학교(Middle school)
㉦ es.kr – 초등학교(Elementary school)

3 다음 중 네트워크 관련 장비의 이름과 해당 설명이 올바르게 연결되지 않은 것은?

① 게이트웨이(Gateway)란 주로 LAN에서 다른 네트워크에 데이터를 보내거나 다른 네트워크로부터 데이터를 받아들이는 데 사용되는 장치를 말한다.

② 리피터(Repeater)는 네트워크 계층의 연동 장치로, 최적 경로 설정에 이용되는 장치이다.

③ 스위칭 허브(Switching Hub)는 근거리통신망 구축 시 단말기의 집선 장치로 이용하는 스위칭 기능을 가진 통신 장비로, 통신 효율을 향상시킨 허브로 볼 수 있다.

④ 브리지(Bridge)는 두 개의 근거리통신망 시스템을 이어주는 접속 장치를 일컫는 말이며, 양쪽 방향으로 데이터의 전송만 해줄 뿐 프로토콜 변환 등 복잡한 처리는 불가능하다.

⑤ 허브(Hub)는 네트워크를 구성할 때 각 회선을 통합적으로 관리하여 한꺼번에 여러 대의 컴퓨터를 연결하는 장치를 말한다.

Tip ② 리피터(Repeater)는 장거리 전송을 위하여 전송 신호를 재생시키거나 출력 전압을 높여주는 장치를 말하며 디지털 데이터의 감쇠 현상을 방지하기 위해 사용된다. 네트워크 계층의 연동 장치로서 최적 경로 설정에 이용되는 장치는 라우터(Router)이다.

4 제시된 설명에 공통으로 해당되는 용어로 알맞은 것은?

- 인터넷 상에 존재하는 각종 자원들의 위치를 같은 형식으로 나타내기 위한 표준 주소 체계이다.
- 인터넷에 존재하는 정보나 서비스에 대해 접근 방법, 존재 위치, 자료 파일명 등의 요소를 표시한다.
- 형식은 '프로토콜://서버 주소[:포트 번호]/파일 경로/파일명'으로 표시된다.

① Domain name ② DNS

③ IP Address ④ URL

⑤ HTML

Tip 제시된 내용은 URL에 대한 설명이다. 방대한 컴퓨터 네트워크에서 자신이 원하는 정보 자원을 찾기 위해서는 해당 정보 자원의 위치와 종류를 정확히 파악할 필요가 있는데, 이를 나타내는 일련의 규칙을 URL(Uniform Resource Locator : 자원 위치 지정자)이라고 한다. URL에는 컴퓨터 네트워크 상에 퍼져있는 특정 정보 자원의 종류와 위치가 기록되어 있다.

Answer 1.② 2.④ 3.② 4.④

5 다음은 한글 Windows 10의 휴지통에 관한 설명이다. 올바른 설명을 모두 고른 것은?

> (가) 각 드라이브마다 휴지통의 크기를 다르게 설정하는 것이 가능하다.
> (나) 원하는 경우 휴지통에 보관된 폴더나 파일을 직접 실행할 수도 있고 복원할 수도 있다.
> (다) 지정된 휴지통의 용량을 초과하면 가장 오래 전에 삭제되어 보관된 파일부터 지워진다.
> (라) 휴지통은 지워진 파일뿐만 아니라 시간, 날짜, 파일의 경로에 대한 정보까지 저장하고 있다.

① (가), (나), (다), (라)
② (가), (나), (라)
③ (가), (나), (다)
④ (가), (다), (라)
⑤ (나), (다), (라)

Tip (나) 휴지통 내에 보관된 파일은 직접 사용할 수 없으며, 원래의 저장 위치로 복원한 다음 원래의 위치에서 실행이 가능하다.

6 워크시트에서 다음 〈보기〉의 표를 참고로 55,000원에 해당하는 할인율을 'C6'셀에 구하고자 할 때의 적절한 수식은?

	A	B	C	D	E	F
1		<보기>				
2		금액	30,000	50,000	80,000	150,000
3		할인율	3%	7%	10%	15%
4						
5		금액	55,000			
6		할인율	7%			
7						

① =VLOOKUP(C5, C2:F2, C3:F3)
② =LOOKUP(C5, C2:F2, C3:F3)
③ =HLOOKUP(C5, C2:F2, C3:F3)
④ =LOOKUP(C6, C2:F2, C3:F3)
⑤ =HLOOKUP(C6, C2:F2, C3:F3)

Tip LOOKUP 함수에 대한 설명이다. LOOKUP 함수는 찾을 값을 범위의 첫 행 또는 첫 열에서 찾은 후 범위의 마지막 행 또는 열의 같은 위치에 있는 값을 구하는 것으로, 수식은 '=LOOKUP(찾을 값, 범위, 결과 범위)'가 된다.

7 다음은 어느 회사의 사원 입사월일을 정리한 자료이다. 아래 워크시트에서 [C4] 셀에 수식 '=EOMONTH(C3,1)'를 입력하였을 때 결과 값은? (단, [C4] 셀에 설정되어 있는 표시형식은 '날짜'이다)

	A	B	C
1	**성명**	**성별**	**입사월일**
2	구현정	여	2013-09-07
3	황성욱	남	2014-03-22
4	최보람	여	
5			

① 2014-04-30
② 2014-03-31
③ 2014-02-28
④ 2013-09-31
⑤ 2013-08-31

Tip 'EOMONTH(start_date, months)' 함수는 시작일에서 개월수만큼 경과한 이전/이후 월의 마지막 날짜를 반환한다. 따라서 [C3] 셀에 있는 날짜 2014년 3월 22일의 1개월이 지난 4월의 마지막 날은 30일이다.

8 다음 워크시트에서 [A1:B2] 영역을 선택한 후 채우기 핸들을 사용하여 드래그 했을 때 [A5:B5]영역 값으로 바르게 짝지은 것은?

	A	B
1	A	13.9
2	B	14.9
3		
4		
5		

① A, 15.9
② B, 17.9
③ A, 17.9
④ C, 14.9
⑤ E, 16.9

Tip 'A'와 'B'가 번갈아 가면서 나타나므로 [A5] 셀에는 'A'가 입력되고 13.9에서 1씩 증가하면서 나타나므로 [B5] 셀에는 '17.9'가 입력된다.

Answer 5.④ 6.② 7.① 8.③

9 다음 워크시트에서 수식 '=POWER(A3, A2)'의 결과 값은 얼마인가?

	A
1	1
2	3
3	5
4	7
5	9
6	11

① 5 ② 81

③ 49 ④ 125

⑤ 256

Tip POWER(number, power) 함수는 number 인수를 power 인수로 제곱한 결과를 반환한다. 따라서 5의 3제곱은 125이다.

10 다음 중 아래 시트에서 'C6' 셀에 제시된 바와 같은 수식을 넣을 경우 나타나게 될 오류 메시지는 어느 것인가?

	A	B	C
1	직급	이름	수당(원)
2	과장	홍길동	750,000
3	대리	조길동	600,000
4	차장	이길동	830,000
5	사원	박길동	470,000
6	합계		=SUM(C2:C6)

① #NUM! ② #VALUE!

③ #DIV/0! ④ 순환 참조 경고

⑤ #N/A

Tip 수식에서 직접 또는 간접적으로 자체 셀을 참조하는 경우를 순환 참조라고 한다. 열려있는 통합 문서 중 하나에 순환 참조가 있으면 모든 통합 문서가 자동으로 계산되지 않는다. 이 경우 순환 참조를 제거하거나 이전의 반복 계산(특정 수치 조건에 맞을 때까지 워크시트에서 반복되는 계산) 결과를 사용하여 순환 참조와 관련된 각 셀이 계산되도록 할 수 있다.

11 다음 워크시트에서처럼 주민등록번호가 입력되어 있을 때, 이 셀의 값을 이용하여 [C1] 셀에 성별을 '남' 또는 '여'로 표시하고자 한다. [C1] 셀에 입력해야 하는 수식은? (단, 주민등록번호의 8번째 글자가 1이면 남자, 2이면 여자이다)

	A	B	C
1	임나라	870808-2235672	
2	정현수	850909-1358527	
3	김동하	841010-1010101	
4	노승진	900202-1369752	
5	은봉미	890303-2251547	

① =CHOOSE(MID(B1,8,1), "여", "남")

② =CHOOSE(MID(B1,8,2), "남", "여")

③ =CHOOSE(MID(B1,8,1), "남", "여")

④ =IF(RIGHT(B1,8)="1", "남", "여")

⑤ =IF(RIGHT(B1,8)="2", "남", "여")

Tip MID(text, start_num, num_chars)는 텍스트에서 원하는 문자를 추출하는 함수이다. 주민등록번호가 입력된 [B1] 셀에서 8번째부터 1개의 문자를 추출하여 1이면 남자, 2면 여자라고 하였으므로 답이 ③이 된다.

Answer 9.④ 10.④ 11.③

▌12~14▐ 다음 완소그룹 물류창고의 책임자와 각 창고 내 보관된 제품의 코드 목록을 보고 물음에 답하시오.

책임자	제품코드번호	책임자	제품코드번호
권두완	17015N0301200013	노완희	17028S0100500023
공덕영	17051C0100200015	박근동	16123G0401800008
심근동	17012F0200900011	양균호	17026P0301100004
정용준	16113G0100100001	박동신	17051A0200700017
김영재	17033H0301300010	권현종	17071A0401500021

ex) 제품코드번호

2017년 3월에 성남 3공장에서 29번째로 생산된 주방용품 앞치마 코드

1703	–	1C	–	01005	–	00029
(생산연월)		(생산공장)		(제품종류)		(생산순서)

생산연월	생산공장				제품종류				생산순서
	지역코드		고유번호		분류코드		고유번호		
• 1611 – 2016년 11월 • 1706 – 2017년 6월	1	성남	A	1공장	01	주방용품	001	주걱	• 00001부터 시작하여 생산 순서대로 5자리의 번호가 매겨짐
			B	2공장			002	밥상	
			C	3공장			003	쟁반	
	2	구리	D	1공장			004	접시	
			E	2공장			005	앞치마	
			F	3공장			006	냄비	
	3	창원	G	1공장	02	청소도구	007	빗자루	
			H	2공장			008	쓰레받기	
			I	3공장			009	봉투	
	4	서산	J	1공장			010	대걸레	
			K	2공장	03	가전제품	011	TV	
			L	3공장			012	전자레인지	
	5	원주	M	1공장			013	가스레인지	
			N	2공장			014	컴퓨터	
	6	강릉	O	1공장	04	세면도구	015	치약	
			P	2공장			016	칫솔	
	7	진주	Q	1공장			017	샴푸	
			R	2공장			018	비누	
	8	합천	S	1공장			019	타월	
			T	2공장			020	린스	

12 완소그룹의 제품 중 2017년 5월에 합천 1공장에서 36번째로 생산된 세면도구 비누의 코드로 알맞은 것은?

① 17058S0401800036
② 17058S0401600036
③ 17058T0402000036
④ 17058T0401800036
⑤ 17058S0401500036

Tip
- 2017년 5월 : 1705
- 합천 1공장 : 8S
- 세면도구 비누 : 04018
- 36번째로 생산 : 00036

13 2공장에서 생산된 제품들 중 현재 물류창고에 보관하고 있는 가전제품은 모두 몇 개인가?

① 1개
② 2개
③ 3개
④ 4개
⑤ 5개

Tip '17015N0301200013', '17033H0301300010', '17026P0301100004' 총 3개이다.

14 다음 중 창원 1공장에서 생산된 제품을 보관하고 있는 물류창고의 책임자들끼리 바르게 연결된 것은?

① 김영재 – 박동신
② 정용준 – 박근동
③ 권두완 – 양균호
④ 공덕영 – 권현종
⑤ 양균호 – 노완희

Tip ② 정용준(16113G0100100001) – 박근동(16123G0401800008)

Answer 12.① 13.③ 14.②

▌15~16▐ 다음은 H사의 물품 재고 창고에 적재되어 있는 제품 보관 코드 체계이다. 다음 표를 보고 이어지는 질문에 답하시오.

〈예시〉
2010년 12월에 중국 '2 Stars' 사에서 생산된 아웃도어 신발의 15번째 입고 제품
→1012 - 1B - 04011 - 00015

생산 연월	공급처				입고 분류				입고품 수량
	원산지 코드		제조사 코드		용품 코드		제품별 코드		
2012년 9월 - 1209 2010년 11월 - 1011	1	중국	A	All-8	01	캐주얼	001	청바지	00001부터 다섯 자리 시리얼 넘버가 부여됨
			B	2 Stars			002	셔츠	
			C	Facai	02	여성	003	원피스	
	2	베트남	D	Nuyen			004	바지	
			E	N-sky			005	니트	
	3	멕시코	F	Bratos			006	블라우스	
			G	Fama	03	남성	007	점퍼	
	4	한국	H	혁진사			008	카디건	
			I	K상사			009	모자	
			J	영스타	04	아웃도어	010	용품	
	5	일본	K	왈러스			011	신발	
			L	토까이			012	래쉬가드	
			M	히스모	05	베이비	013	내복	
	6	호주	N	오즈본			014	바지	
			O	Island					
	7	독일	P	Kunhe					
			Q	Boyer					

15 2011년 10월에 생산된 '왈러스' 사의 여성용 블라우스로 10,215번째 입고된 제품의 코드로 알맞은 것은 무엇인가?

① 1010 - 5K - 02006 - 00215
② 1110 - 5K - 02060 - 10215
③ 1110 - 5K - 02006 - 10215
④ 1110 - 5L - 02005 - 10215
⑤ 2011 - 5K - 02006 - 01021

Tip 2011년 10월 생산품이므로 1110의 코드가 부여되며, 일본 '왈러스' 사는 5K, 여성용 02와 블라우스 해당 코드 006, 10,215번째 입고품의 시리얼 넘버 10215가 제품 코드로 사용되므로 1110 - 5K - 02006 - 10215가 된다.

16 제품 코드 0810 – 3G – 04011 – 00910에 대한 설명으로 옳지 않은 것은 무엇인가?

① 해당 제품의 입고 수량은 적어도 910개 이상이다.

② 중남미에서 생산된 제품이다.

③ 여름에 생산된 제품이다.

④ 캐주얼 제품이 아니다.

⑤ 아웃도어용 비의류 제품이다.

Tip 2008년 10월에 생산되었으며, 멕시코 Fama사의 생산품이다. 또한, 아웃도어용 신발을 의미하며 910번째로 입고된 제품임을 알 수 있다.

17 다음은 H회사의 승진후보들의 1차 고과 점수 및 승진시험 점수이다. "생산부 사원"의 승진시험 점수의 평균을 알기 위해 사용해야 하는 함수는 무엇인가?

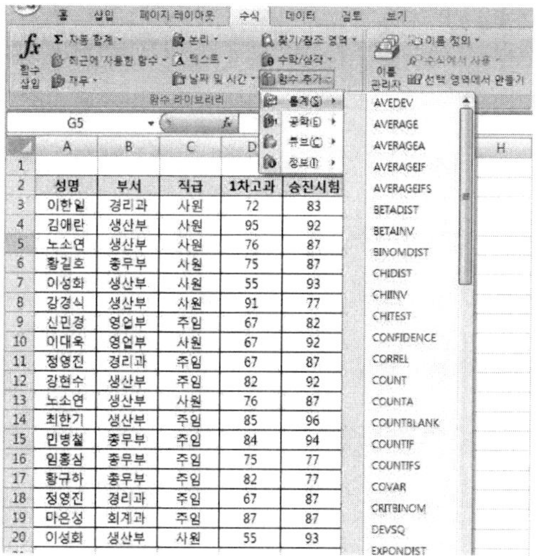

	A	B	C	D	E
1					
2	성명	부서	직급	1차고과	승진시험
3	이한일	경리과	사원	72	83
4	김애란	생산부	사원	95	92
5	노소연	생산부	사원	76	87
6	황길호	총무부	사원	75	87
7	이성화	생산부	사원	55	93
8	강경식	생산부	사원	91	77
9	신민경	영업부	주임	67	82
10	이대욱	영업부	사원	67	92
11	정영진	경리과	주임	67	87
12	강현수	생산부	주임	82	92
13	노소연	생산부	사원	76	87
14	최한기	생산부	주임	85	96
15	민병철	총무부	주임	84	94
16	임홍삼	총무부	주임	75	77
17	황규하	총무부	주임	82	77
18	정영진	경리과	주임	67	87
19	마은성	회계과	주임	87	87
20	이성화	생산부	사원	55	93

① AVERAGE

② AVERAGEA

③ AVERAGEIF

④ AVERAGEIFS

⑤ COUNTIF

Tip 구하고자 하는 값은 "생산부 사원"의 승진시험 점수의 평균이다. 주어진 조건에 따른 평균값을 구하는 함수는 AVERAGEIF와 AVERAGEIFS인데 조건이 1개인 경우에는 AVERAGEIF, 조건이 2개 이상인 경우에는 AVERAGEIFS를 사용한다.
[=AVERAGEIFS(E3:E20,B3:B20,"생산부",C3:C20,"사원")]

Answer 15.③ 16.③ 17.④

| 18~20 | 다음 자료는 J회사 창고에 있는 가전제품 코드 목록이다. 다음을 보고 물음에 답하시오.

SE－11－KOR－3A－1512	CH－08－CHA－2C－1308	SE－07－KOR－2C－1503
CO－14－IND－2A－1511	JE－28－KOR－1C－1508	TE－11－IND－2A－1411
CH－19－IND－1C－1301	SE－01－KOR－3B－1411	CH－26－KOR－1C－1307
NA－17－PHI－2B－1405	AI－12－PHI－1A－1502	NA－16－IND－1B－1311
JE－24－PHI－2C－1401	TE－02－PHI－2C－1503	SE－08－KOR－2B－1507
CO－14－PHI－3C－1508	CO－31－PHI－1A－1501	AI－22－IND－2A－1503
TE－17－CHA－1B－1501	JE－17－KOR－1C－1506	JE－18－IND－1C－1504
NA－05－CHA－3A－1411	SE－18－KOR－1A－1503	CO－20－KOR－1C－1502
AI－07－KOR－2A－1501	TE－12－IND－1A－1511	AI－19－IND－1A－1503
SE－17－KOR－1B－1502	CO－09－CHA－3C－1504	CH－28－KOR－1C－1308
TE－18－IND－1C－1510	JE－19－PHI－2B－1407	SE－16－KOR－2C－1505
CO－19－CHA－3A－1509	NA－06－KOR－2A－1401	AI－10－KOR－1A－1509

〈코드 부여 방식〉
[제품 종류]－[모델 번호]－[생산 국가]－[공장과 라인]－[제조연월]

〈예시〉
TE－13－CHA－2C－1501
2015년 1월에 중국 2공장 C라인에서 생산된 텔레비전 13번 모델

제품 종류 코드	제품 종류	생산 국가 코드	생산 국가
SE	세탁기	CHA	중국
TE	텔레비전	KOR	한국
CO	컴퓨터	IND	인도네시아
NA	냉장고	PHI	필리핀
AI	에어컨		
JE	전자레인지		
GA	가습기		
CH	청소기		

18 위의 코드 부여 방식을 참고할 때 옳지 않은 내용은?

① 창고에 있는 기기 중 세탁기는 모두 한국에서 제조된 것들이다.
② 창고에 있는 기기 중 컴퓨터는 모두 2015년에 제조된 것들이다.
③ 창고에 있는 기기 중 청소기는 있지만 가습기는 없다.
④ 창고에 있는 기기 중 2013년에 제조된 것은 청소기 뿐이다.
⑤ 창고에 텔레비전은 5대가 있다.

Tip NA－16－IND－1B－1311가 있으므로 2013년에 제조된 냉장고도 창고에 있다.

19 J회사에 다니는 Y씨는 가전제품 코드 목록을 파일로 불러와 검색을 하고자 한다. 검색의 결과로 옳지 않은 것은?

① 창고에 있는 세탁기가 몇 개인지 알기 위해 'SE'를 검색한 결과 7개임을 알았다.
② 창고에 있는 기기 중 인도네시아에서 제조된 제품이 몇 개인지 알기 위해 'IND'를 검색한 결과 10개임을 알았다.
③ 모델 번호가 19번인 제품을 알기 위해 '19'를 검색한 결과 4개임을 알았다.
④ 1공장 A라인에서 제조된 제품을 알기 위해 '1A'를 검색한 결과 6개임을 알았다.
⑤ 2015년 1월에 제조된 제품을 알기 위해 '1501'를 검색한 결과 3개임을 알았다.

Tip ② 인도네시아에서 제조된 제품은 9개이다.

20 2017년 4월에 한국 1공장 A라인에서 생산된 에어컨 12번 모델의 코드로 옳은 것은?

① AI － 12 － KOR － 2A － 1704
② AI － 12 － KOR － 1A －1704
③ AI － 11 － PHI － 1A － 1704
④ CH － 12 － KOR － 1A － 1704
⑤ CH － 11 － KOR － 3A － 1705

Tip [제품 종류] － [모델 번호] － [생산 국가] － [공장과 라인] － [제조연월]
AI(에어컨) － 12 － KOR － 1A －1704

Answer 18.④ 19.② 20.②

21 다음의 알고리즘에서 인쇄되는 S는?

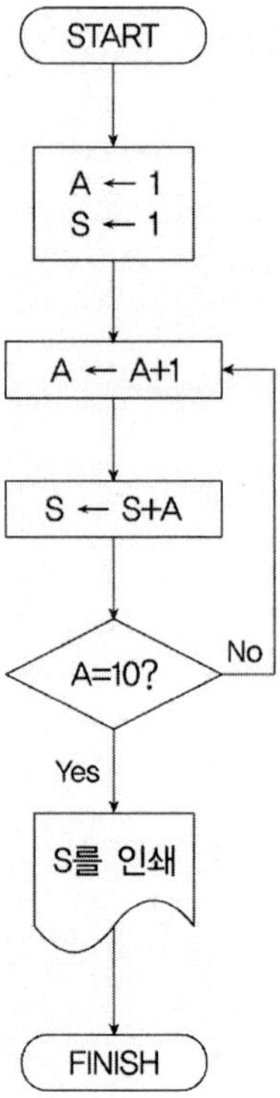

① 36　　② 45

③ 55　　④ 66

⑤ 77

Tip

A=1, S=1

A=2, S=1+2

A=3, S=1+2+3

…

A=10, S=1+2+3+…+10

∴ 출력되는 S의 값은 55이다.

22 다음의 알고리즘에서 인쇄되는 A는?

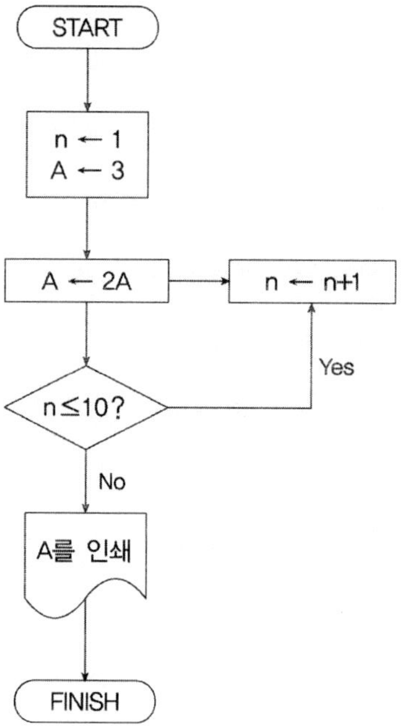

① $2^8 \cdot 3$
② $2^9 \cdot 3$
③ $2^{10} \cdot 3$
④ $2^{11} \cdot 3$
⑤ $2^{12} \cdot 3$

Tip

n=1, A=3
n=1, A=2 · 3
n=2, $A=2^2 \cdot 3$
n=3, $A=2^3 \cdot 3$
…
n=11, $A=2^{11} \cdot 3$
∴ 출력되는 A의 값은 $2^{11} \cdot 3$이다.

Answer 21.③ 22.④

23 T회사에서 근무하고 있는 N씨는 엑셀을 이용하여 작업을 하고자 한다. 엑셀에서 바로 가기 키에 대한 설명이 다음과 같을 때 괄호 안에 들어갈 내용으로 알맞은 것은?

> 통합 문서 내에서 (㉠) 키는 다음 워크시트로 이동하고 (㉡) 키는 이전 워크시트로 이동한다.

	㉠	㉡
①	〈Ctrl〉+〈Page Down〉	〈Ctrl〉+〈Page Up〉
②	〈Shift〉+〈Page Down〉	〈Shift〉+〈Page Up〉
③	〈Tab〉+←	〈Tab〉+→
④	〈Alt〉+〈Shift〉+↑	〈Alt〉+〈Shift〉+↓
⑤	〈Ctrl〉+〈Shift〉+〈Page Down〉	〈Ctrl〉+〈Shift〉+〈Page Up〉

Tip 엑셀 통합 문서 내에서 다음 워크시트로 이동하려면 〈Ctrl〉+〈Page Down〉을 눌러야 하며, 이전 워크시트로 이동하려면 〈Ctrl〉+〈Page Up〉을 눌러야 한다.

24 다음과 같이 매장별 판매금액을 정리하여 A매장의 판매 합계금액을 별도로 계산하고자 한다. 'B11' 셀에 들어가야 할 수식으로 알맞은 것은?

	A	B
1	매장명	판매액(원)
2	A매장	180,000
3	B매장	190,000
4	B매장	200,000
5	C매장	150,000
6	A매장	100,000
7	A매장	220,000
8	C매장	140,000
9		
10	매장명	합계금액
11	A매장	

① =SUMIF(A2:A8, A11, B2:B8)

② =SUMIF(A2:B8, A11, B2:B8)

③ =SUMIF(A1:B8, A11, B1:B8)

④ =SUMIF(A2:A8, A11, B1:B8)

⑤ =SUMIF(A1:A8, A11, B2:B8)

Tip SUMIF 함수는 주어진 조건에 의해 지정된 셀들의 합을 구할 때 사용하는 함수이다. '=SUMIF(범위, 함수 조건, 합계 범위)'로 표시하게 된다. 따라서 찾고자 하는 이름의 범위인 A2:A8, 찾고자 하는 이름(조건)인 A11, 합계를 구해야 할 범위인 B2:B8을 순서대로 기재한 '=SUMIF(A2:A8, A11, B2:B8)'가 올바른 수식이 된다.

Answer 23.① 24.①

25 다음 중 아래 시트에서 야근일수를 구하기 위해 [B9] 셀에 입력할 수식으로 옳은 것은?

	A	B	C	D	E
1			**4월 야근 현황**		
2	날짜	도준영	전아롱	이진주	강석현
3	4월15일		V		V
4	4월16일	V		V	
5	4월17일	V	V	V	
6	4월18일		V	V	V
7	4월19일	V		V	
8	4월20일	V			
9	**야근일수**				
10					

① =COUNTBLANK(B3:B8)

② =COUNT(B3:B8)

③ =COUNTA(B3:B8)

④ =SUM(B3:B8)

⑤ =AVERAGEA(B3:B8)

Tip COUNTBLANK 함수는 비어있는 셀의 개수를 세어준다. COUNT 함수는 숫자가 입력된 셀의 개수를 세어주는 반면 COUNTA 함수는 숫자는 물론 문자가 입력된 셀의 개수를 세어준다. 즉, 비어있지 않은 셀의 개수를 세어주기 때문에 이 문제에서는 COUNTA 함수를 사용해야 한다.

26 다음 워크시트에서 [A2] 셀 값을 소수점 첫째자리에서 반올림하여 [B2] 셀에 나타내도록 하고자 한다. [B2] 셀에 알맞은 함수식은?

	A	B
1	숫자	반올림한 값
2	987.9	
3	247.6	
4	864.4	
5	69.3	
6	149.5	
7	75.9	

① ROUND(A2, −1)

② ROUND(A2, 0)

③ ROUNDDOWN(A2, 0)

④ ROUNDUP(A2, −1)

⑤ ROUND(A3, 0)

Tip ROUND(number, num_digits)는 반올림하는 함수이며, ROUNDUP은 올림, ROUNDDOWN은 내림하는 함수이다. ROUND(number, num_digits)에서 number는 반올림하려는 숫자를 나타내며, num_digits는 반올림할 때 자릿수를 지정한다. 이 값이 0이면 소수점 첫째자리에서 반올림하고 −1이면 일의자리 수에서 반올림한다. 따라서 주어진 문제는 소수점 첫째 자리에서 반올림하는 것이므로 ②가 답이 된다.

Answer 25.③ 26.②

▌27~28▐ 다음은 선택정렬에 관한 설명과 예시이다. 이를 보고 물음에 답하시오.

선택정렬(Selection sort)는 주어진 데이터 중 최솟값을 찾고 최솟값을 정렬되지 않은 데이터 중 맨 앞에 위치한 값과 교환한다. 교환은 두 개의 숫자가 서로 자리를 맞바꾸는 것을 말한다. 정렬된 데이터를 제외한 나머지 데이터를 같은 방법으로 교환하여 반복하면 정렬이 완료된다.

〈예시〉

68, 11, 3, 82, 7을 정렬하려고 한다.

• 1회전 (최솟값 3을 찾아 맨 앞에 위치한 68과 교환)

68	11	3	82	7

3	11	68	82	7

• 2회전 (정렬이 된 3을 제외한 데이터 중 최솟값 7을 찾아 11과 교환)

3	11	68	82	7

3	7	68	82	11

• 3회전 (정렬이 된 3, 7을 제외한 데이터 중 최솟값 11을 찾아 68과 교환)

3	7	68	82	11

3	7	11	82	68

• 4회전 (정렬이 된 3, 7, 11을 제외한 데이터 중 최솟값 68을 찾아 82와 교환)

3	7	11	82	68

3	7	11	68	82

27 다음 수를 선택정렬을 이용하여 오름차순으로 정렬하려고 한다. 2회전의 결과는?

5, 3, 8, 1, 2

① 1, 2, 8, 5, 3
② 1, 2, 5, 3, 8
③ 1, 2, 3, 5, 8
④ 1, 2, 3, 8, 5
⑤ 1, 2, 8, 3, 5

Tip ㉠ 1회전

5	3	8	1	2

1	3	8	5	2

㉡ 2회전

1	3	8	5	2

1	2	8	5	3

28 다음 수를 선택정렬을 이용하여 오름차순으로 정렬하려고 한다. 3회전의 결과는?

55, 11, 66, 77, 22

① 11, 22, 66, 55, 77
② 11, 55, 66, 77, 22
③ 11, 22, 66, 77, 55
④ 11, 22, 55, 77, 66
⑤ 11, 22, 55, 66, 77

Tip ㉠ 1회전

55	11	66	77	22

11	55	66	77	22

㉡ 2회전

11	55	66	77	22

11	22	66	77	55

㉢ 3회전

11	22	66	77	55

11	22	55	77	66

Answer 27.① 28.④

▌29~30▐ 다음은 시스템 모니터링 중에 나타난 화면이다. 다음 화면에 나타나는 정보를 이해하고 시스템 상태를 파악하여 적절한 input code를 고르시오.

〈시스템 화면〉

System is checking........
Run.....

Error Found!
Index GTEMSHFCBA of file WODRTSUEAI

input code : __________

항목	세부사항
index '_' of file '_'	• 오류 문자 : Index 뒤에 나타나는 10개의 문자 • 오류 발생 위치 : File 뒤에 나타나는 10개의 문자
Error Value	오류 문자와 오류 발생 위치를 의미하는 문자에 사용된 알파벳을 비교하여 일치하는 알파벳의 개수를 확인(단, 알파벳의 위치와 순서는 고려하지 않으며 동일한 알파벳이 속해 있는지만 확인한다.)
input code	Error Value를 통하여 시스템 상태를 판단

판단 기준	시스템 상태	input code
일치하는 알파벳의 개수가 0개인 경우	안전	safe
일치하는 알파벳의 개수가 1~3개인 경우	경계	alert
일치하는 알파벳의 개수가 4~6개인 경우		vigilant
일치하는 알파벳의 개수가 7~10개인 경우	위험	danger

29

〈시스템 화면〉

System is checking........
Run.....

Error Found!
Index DRHIZGJUMY of file OPAULMBCEX

input code : ___________

① safe ② alert
③ vigilant ④ danger

Tip 알파벳 중 U, M 2개가 일치하기 때문에 시스템 상태는 경계 수준이며, input code는 alert이다.

30

〈시스템 화면〉

System is checking........
Run.....

Error Found!
Index QWERTYUIOP of file POQWIUERTY

input code : ___________

① safe ② alert
③ vigilant ④ danger

Tip 10개의 알파벳이 모두 일치하기 때문에 시스템 상태는 위험 수준이며, input code는 danger이다.

Answer 29.② 30.④

PART III

면접

CHAPTER

01 면접의 기본

1 면접준비

(1) 면접의 기본 원칙

① **면접의 의미** … 다양한 면접기법을 활용하여 지원한 직무에 필요한 능력을 지원자가 보유하고 있는지를 확인하는 절차라고 할 수 있다. 즉, 지원자의 입장에서는 채용 직무수행에 필요한 요건들과 관련하여 자신의 환경, 경험, 관심사, 성취 등에 대해 기업에 직접 어필할 수 있는 기회를 제공받는 것이며, 기업의 입장에서는 서류전형만으로 알 수 없는 지원자에 대한 정보를 직접적으로 수집하고 평가하는 것이다.

② **면접의 특징** … 면접은 기업의 입장에서 서류전형이나 필기전형에서 드러나지 않는 지원자의 능력이나 성향을 볼 수 있는 기회로, 면대면으로 이루어지며 즉흥적인 질문들이 포함될 수 있기 때문에 지원자가 완벽하게 준비하기 어려운 부분이 있다. 하지만 지원자 입장에서도 서류전형이나 필기전형에서 모두 보여주지 못한 자신의 능력 등을 기업의 인사담당자에게 어필할 수 있는 추가적인 기회가 될 수도 있다.

[서류 · 필기전형과 차별화되는 면접의 특징]

- 직무수행과 관련된 다양한 지원자 행동에 대한 관찰이 가능하다.
- 면접관이 알고자 하는 정보를 심층적으로 파악할 수 있다.
- 서류상의 미비한 사항과 의심스러운 부분을 확인할 수 있다.
- 커뮤니케이션 능력, 대인관계 능력 등 행동 · 언어적 정보도 얻을 수 있다.

③ **면접의 유형**

㉠ **구조화 면접** : 구조화 면접은 사전에 계획을 세워 질문의 내용과 방법, 지원자의 답변 유형에 따른 추가 질문과 그에 대한 평가 역량이 정해져 있는 면접 방식으로 표준화 면접이라고도 한다.

- 표준화된 질문이나 평가요소가 면접 전 확정되며, 지원자는 편성된 조나 면접관에 영향을 받지 않고 동일한 질문과 시간을 부여받을 수 있다.

- 조직 또는 직무별로 주요하게 도출된 역량을 기반으로 평가요소가 구성되어, 조직 또는 직무에서 필요한 역량을 가진 지원자를 선발할 수 있다.
- 표준화된 형식을 사용하는 특성 때문에 비구조화 면접에 비해 신뢰성과 타당성, 객관성이 높다.

㉡ **비구조화 면접** : 비구조화 면접은 면접 계획을 세울 때 면접 목적만을 명시하고 내용이나 방법은 면접관에게 전적으로 일임하는 방식으로 비표준화 면접이라고도 한다.

- 표준화된 질문이나 평가요소 없이 면접이 진행되며, 편성된 조나 면접관에 따라 지원자에게 주어지는 질문이나 시간이 다르다.
- 면접관의 주관적인 판단에 따라 평가가 이루어져 평가 오류가 빈번히 일어난다.
- 상황 대처나 언변이 뛰어난 지원자에게 유리한 면접이 될 수 있다.

④ 경쟁력 있는 면접 요령

㉠ 면접 전에 준비하고 유념할 사항

- 예상 질문과 답변을 미리 작성한다.
- 작성한 내용을 문장으로 외우지 않고 키워드로 기억한다.
- 지원한 회사의 최근 기사를 검색하여 기억한다.
- 지원한 회사가 속한 산업군의 최근 기사를 검색하여 기억한다.
- 면접 전 1주일간 이슈가 되는 뉴스를 기억하고 자신의 생각을 반영하여 정리한다.
- 찬반토론에 대비한 주제를 목록으로 정리하여 자신의 논리를 내세운 예상답변을 작성한다.

㉡ 면접장에서 유념할 사항

- 질문의 의도 파악 : 답변을 할 때에는 질문 의도를 파악하고 그에 충실한 답변이 될 수 있도록 질문사항을 유념해야 한다. 많은 지원자가 하는 실수 중 하나로 답변을 하는 도중 자기 말에 심취되어 질문의 의도와 다른 답변을 하거나 자신이 알고 있는 지식만을 나열하는 경우가 있는데, 이럴 경우 의사소통능력이 부족한 사람으로 인식될 수 있으므로 주의하도록 한다.
- 답변은 두괄식 : 답변을 할 때에는 두괄식으로 결론을 먼저 말하고 그 이유를 설명하는 것이 좋다. 미괄식으로 답변을 할 경우 용두사미의 답변이 될 가능성이 높으며, 결론을 이끌어 내는 과정에서 논리성이 결여될 우려가 있다. 또한 면접관이 결론을 듣기 전에 말을 끊고 다른 질문을 추가하는 예상치 못한 상황이 발생될 수 있으므로 답변은 자신이 전달하고자 하는 바를 먼저 밝히고 그에 대한 설명을 하는 것이 좋다.

- 지원한 회사의 기업정신과 인재상을 기억 : 답변을 할 때에는 회사가 원하는 인재라는 인상을 심어주기 위해 지원한 회사의 기업정신과 인재상 등을 염두에 두고 답변을 하는 것이 좋다. 모든 회사에 해당되는 두루뭉술한 답변보다는 지원한 회사에 맞는 맞춤형 답변을 하는 것이 좋다.
- 나보다는 회사와 사회적 관점에서 답변 : 답변을 할 때에는 자기중심적인 관점을 피하고 좀 더 넓은 시각으로 회사와 국가, 사회적 입장까지 고려하는 인재임을 어필하는 것이 좋다. 자기중심적 시각을 바탕으로 자신의 출세만을 위해 회사에 입사하려는 인상을 심어줄 경우 면접에서 불이익을 받을 가능성이 높다.
- 난처한 질문은 정직한 답변 : 난처한 질문에 답변을 해야 할 때에는 피하기보다는 정면 돌파로 정직하고 솔직하게 답변하는 것이 좋다. 난처한 부분을 감추고 드러내지 않으려 회피하려는 지원자의 모습은 인사담당자에게 입사 후에도 비슷한 상황에 처했을 때 회피할 수도 있다는 우려를 심어줄 수 있다. 따라서 직장생활에 있어 중요한 덕목 중 하나인 정직을 바탕으로 솔직하게 답변을 하도록 한다.

(2) 면접의 종류 및 준비 전략

① 인성면접

㉠ 면접 방식 및 판단기준

- 면접 방식 : 인성면접은 면접관이 가지고 있는 개인적 면접 노하우나 관심사에 의해 질문을 실시한다. 주로 입사지원서나 자기소개서의 내용을 토대로 지원동기, 과거의 경험, 미래 포부 등을 이야기하도록 하는 방식이다.
- 판단기준 : 면접관의 개인적 가치관과 경험, 해당 역량의 수준, 경험의 구체성 · 진실성 등

㉡ **특징** : 인성면접은 그 방식으로 인해 역량과 무관한 질문들이 많고 지원자에게 주어지는 면접질문, 시간 등이 다를 수 있다. 또한 입사지원서나 자기소개서의 내용을 토대로 하기 때문에 지원자별 질문이 달라질 수 있다.

㉢ 예시 문항 및 준비전략

• 예시 문항

> • 3분 동안 자기소개를 해 보십시오.
> • 자신의 장점과 단점을 말해 보십시오.
> • 학점이 좋지 않은데 그 이유가 무엇입니까?
> • 최근에 인상 깊게 읽은 책은 무엇입니까?
> • 회사를 선택할 때 중요시하는 것은 무엇입니까?
> • 일과 개인생활 중 어느 쪽을 중시합니까?
> • 10년 후 자신은 어떤 모습일 것이라고 생각합니까?
> • 휴학 기간 동안에는 무엇을 했습니까?

• 준비전략 : 인성면접은 입사지원서나 자기소개서의 내용을 바탕으로 하는 경우가 많으므로 자신이 작성한 입사지원서와 자기소개서의 내용을 충분히 숙지하도록 한다. 또한 최근 사회적으로 이슈가 되고 있는 뉴스에 대한 견해를 묻거나 시사상식 등에 대한 질문을 받을 수 있으므로 이에 대한 대비도 필요하다. 자칫 부담스러워 보이지 않는 질문으로 가볍게 대답하지 않도록 주의하고 모든 질문에 입사 의지를 담아 성실하게 답변하는 것이 중요하다.

② 발표면접

㉠ 면접 방식 및 판단기준

• 면접 방식 : 지원자가 특정 주제와 관련된 자료를 검토하고 그에 대한 자신의 생각을 면접관 앞에서 주어진 시간 동안 발표하고 추가 질의를 받는 방식으로 진행된다.

• 판단기준 : 지원자의 사고력, 논리력, 문제해결력 등

㉡ 특징 : 발표면접은 지원자에게 과제를 부여한 후, 과제를 수행하는 과정과 결과를 관찰 · 평가한다. 따라서 과제수행 결과뿐 아니라 수행과정에서의 행동을 모두 평가할 수 있다.

㉢ 예시 문항 및 준비전략

• 예시 문항

[신입사원 조기 이직 문제]

※ 지원자는 아래에 제시된 자료를 검토한 뒤, 신입사원 조기 이직의 원인을 크게 3가지로 정리하고 이에 대한 구체적인 개선안을 도출하여 발표해 주시기 바랍니다.

※ 본 과제에 정해진 정답은 없으나 논리적 근거를 들어 개선안을 작성해 주십시오.

• A기업은 동종업계 유사기업들과 비교해 볼 때, 비교적 높은 재무안정성을 유지하고 있으며 업무강도가 그리 높지 않은 것으로 외부에 알려져 있음
• 최근 조사결과, 동종업계 유사기업들과 연봉을 비교해 보았을 때 연봉 수준도 그리 나쁘지 않은 편이라는 것이 확인되었음
• 그러나 지난 3년간 1~2년차 직원들의 이직률이 계속해서 증가하고 있는 추세이며, 경영진 회의에서 최우선 해결과제 중 하나로 거론되었음
• 이에 따라 인사팀에서 현재 1~2년차 사원들을 대상으로 개선되어야 하는 A기업의 조직문화에 대한 설문조사를 실시한 결과, '상명하복식의 의사소통'이 36.7%로 1위를 차지했음
• 이러한 설문조사와 함께, 신입사원 조기 이직에 대한 원인을 분석한 결과 파랑새 증후군, 셀프홀릭 증후군, 피터팬 증후군 등 3가지로 분류할 수 있었음

〈동종업계 유사기업들과의 연봉 비교〉

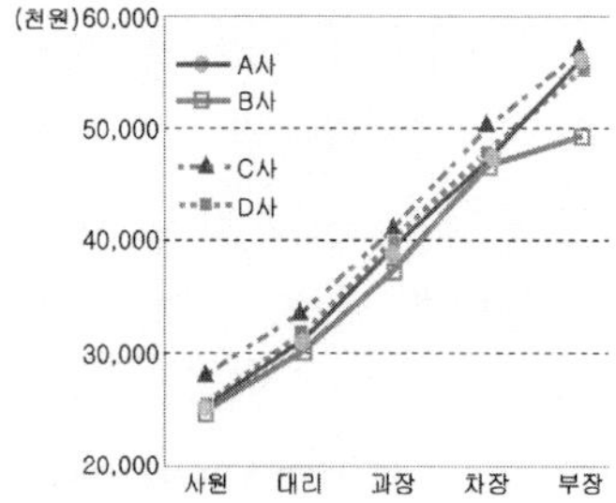

〈우리 회사 조직문화 중 개선되었으면 하는 것〉

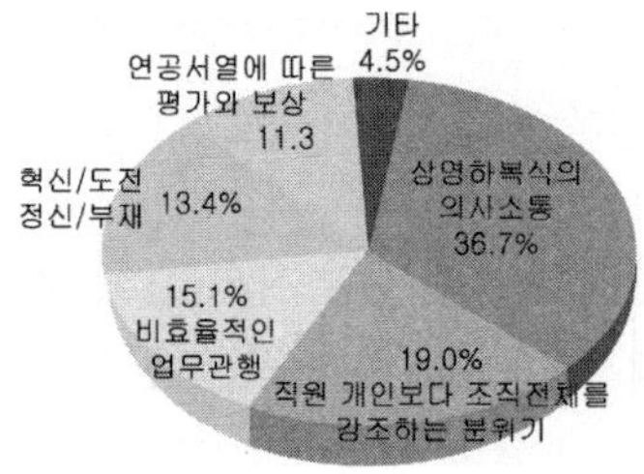

〈신입사원 조기 이직의 원인〉

• 파랑새 증후군

-현재의 직장보다 더 좋은 직장이 있을 것이라는 막연한 기대감으로 끊임없이 새로운 직장을 탐색함

-학력 수준과 맞지 않는 '하향지원', 전공과 적성을 고려하지 않고 일단 취업하고 보자는 '묻지마 지원'이 파랑새 증후군을 초래함

• 셀프홀릭 증후군

-본인의 역량에 비해 가치가 낮은 일을 주로 하면서 갈등을 느낌

• 피터팬 증후군

-기성세대의 문화를 무조건 수용하기보다는 자유로움과 변화를 추구함

-상명하복, 엄격한 규율 등 기성세대가 당연시하는 관행에 거부감을 가지며 직장에 답답함을 느낌

• 준비전략 : 발표면접의 시작은 과제 안내문과 과제 상황, 과제 자료 등을 정확하게 이해하는 것에서 출발한다. 과제 안내문을 침착하게 읽고 제시된 주제 및 문제와 관련된 상황의 맥락을 파악한 후 과제를 검토한다. 제시된 기사나 그래프 등을 충분히 활용하여 주어진 문제를 해결할 수 있는 해결책이나 대안을 제시하며, 발표를 할 때에는 명확하고 자신 있는 태도로 전달할 수 있도록 한다.

③ 토론면접

㉠ 면접 방식 및 판단기준

• 면접 방식 : 상호갈등적 요소를 가진 과제 또는 공통의 과제를 해결하는 내용의 토론 과제를 제시하고, 그 과정에서 개인 간의 상호작용 행동을 관찰하는 방식으로 면접이 진행된다.

• 판단기준 : 팀워크, 적극성, 갈등 조정, 의사소통능력, 문제해결능력 등

㉡ 특징 : 토론을 통해 도출해 낸 최종안의 타당성도 중요하지만, 결론을 도출해 내는 과정에서의 의사소통능력이나 갈등상황에서 의견을 조정하는 능력 등이 중요하게 평가되는 특징이 있다.

㉢ 예시 문항 및 준비전략

• 예시 문항

> • 군 가산점제 부활에 대한 찬반토론
> • 담뱃값 인상에 대한 찬반토론
> • 비정규직 철폐에 대한 찬반토론
> • 대학의 영어 강의 확대 찬반토론
> • 워크숍 장소 선정을 위한 토론

• 준비전략 : 토론면접은 무엇보다 팀워크와 적극성이 강조된다. 따라서 토론과정에 적극적으로 참여하며 자신의 의사를 분명하게 전달하며, 갈등상황에서 자신의 의견만 내세울 것이 아니라 다른 지원자의 의견을 경청하고 배려하는 모습도 중요하다. 갈등상황을 일목요연하게 정리하여 조정하는 등의 의사소통능력을 발휘하는 것도 좋은 전략이 될 수 있다.

④ 상황면접

㉠ 면접 방식 및 판단기준

• 면접 방식 : 상황면접은 직무 수행 시 접할 수 있는 상황들을 제시하고, 그러한 상황에서 어떻게 행동할 것인지를 이야기하는 방식으로 진행된다.

• 판단기준 : 해당 상황에 적절한 역량의 구현과 구체적 행동지표

ⓛ 특징 : 실제 직무 수행 시 접할 수 있는 상황들을 제시하므로 입사 이후 지원자의 업무수행능력을 평가하는 데 적절한 면접 방식이다. 또한 지원자의 가치관, 태도, 사고방식 등의 요소를 통합적으로 평가하는 데 용이하다.

ⓒ 예시 문항 및 준비전략

• 예시 문항

> 당신은 생산관리팀의 팀원으로, 생산팀이 기한에 맞춰 효율적으로 제품을 생산할 수 있도록 관리하는 역할을 맡고 있습니다. 3개월 뒤에 제품A를 정상적으로 출시하기 위해 생산팀의 생산 계획을 수립한 상황입니다. 그러나 원가가 곧 실적으로 이어지는 구매팀에서는 최대한 원가를 줄여 전반적 단가를 낮추려고 원가절감을 위한 제안을 하였으나, 연구개발팀에서는 구매팀이 제안한 방식으로 제품을 생산할 경우 대부분이 구매팀의 실적으로 산정될 것이므로 제대로 확인도 해보지 않은 채 적합하지 않은 방식이라고 판단하고 있습니다. 당신은 어떻게 하겠습니까?

• 준비전략 : 상황면접은 먼저 주어진 상황에서 핵심이 되는 문제가 무엇인지를 파악하는 것에서 시작한다. 주질문과 세부질문을 통하여 질문의 의도를 파악하였다면, 그에 대한 구체적인 행동이나 생각 등에 대해 응답할수록 높은 점수를 얻을 수 있다.

⑤ 역할면접

㉠ 면접 방식 및 판단기준

• 면접 방식 : 역할면접 또는 역할연기 면접은 기업 내 발생 가능한 상황에서 부딪히게 되는 문제와 역할을 가상적으로 설정하여 특정 역할을 맡은 사람과 상호작용하고 문제를 해결해 나가도록 하는 방식으로 진행된다. 역할연기 면접에서는 면접관이 직접 역할연기를 하면서 지원자를 관찰하기도 하지만, 역할연기 수행만 전문적으로 하는 사람을 투입할 수도 있다.

• 판단기준 : 대처능력, 대인관계능력, 의사소통능력 등

ⓛ 특징 : 역할면접은 실제 상황과 유사한 가상 상황에서의 행동을 관찰함으로서 지원자의 성격이나 대처 행동 등을 관찰할 수 있다.

ⓒ 예시 문항 및 준비전략

• 예시 문항

> [금융권 역할면접의 예]
> 당신은 ㅇㅇ은행의 신입 텔러이다. 사람이 많은 월말 오전 한 할아버지(면접관 또는 역할담당자)께서 ㅇㅇ은행을 사칭한 보이스피싱으로 500만 원을 피해 보았다며 소란을 일으키고 있다. 실제 업무상황이라고 생각하고 상황에 대처해 보시오.

- 준비전략 : 역할연기 면접에서 측정하는 역량은 주로 갈등의 원인이 되는 문제를 해결 하고 제시된 해결방안을 상대방에게 설득하는 것이다. 따라서 갈등해결, 문제해결, 조정·통합, 설득력과 같은 역량이 중요시된다. 또한 갈등을 해결하기 위해서 상대방에 대한 이해도 필수적인 요소이므로 고객 지향을 염두에 두고 상황에 맞게 대처해야 한다.
  역할면접에서는 변별력을 높이기 위해 면접관이 압박적인 분위기를 조성하는 경우가 많기 때문에 스트레스 상황에서 불안해하지 않고 유연하게 대처할 수 있도록 시간과 노력을 들여 충분히 연습하는 것이 좋다.

2 면접 이미지 메이킹

(1) 성공적인 이미지 메이킹 포인트

① 복장 및 스타일

㉠ 남성

- 양복 : 양복은 단색으로 하며 넥타이나 셔츠로 포인트를 주는 것이 효과적이다. 짙은 회색이나 감청색이 가장 단정하고 품위 있는 인상을 준다.
- 셔츠 : 흰색이 가장 선호되나 자신의 피부색에 맞추는 것이 좋다. 푸른색이나 베이지색은 산뜻한 느낌을 줄 수 있다. 양복과의 배색도 고려하도록 한다.
- 넥타이 : 의상에 포인트를 줄 수 있는 아이템이지만 너무 화려한 것은 피한다. 지원자의 피부색은 물론, 정장과 셔츠의 색을 고려하며, 체격에 따라 넥타이 폭을 조절하는 것이 좋다.
- 구두 & 양말 : 구두는 검정색이나 짙은 갈색이 어느 양복에나 무난하게 어울리며 깔끔하게 닦아 준비한다. 양말은 정장과 동일한 색상이나 검정색을 착용한다.
- 헤어스타일 : 머리스타일은 단정한 느낌을 주는 짧은 헤어스타일이 좋으며 앞머리가 있다면 이마나 눈썹을 가리지 않는 선에서 정리하는 것이 좋다.

㉡ 여성

• 의상 : 단정한 스커트 투피스 정장이나 슬랙스 슈트가 무난하다. 블랙이나 그레이, 네이비, 브라운 등 차분해 보이는 색상을 선택하는 것이 좋다.
• 소품 : 구두, 핸드백 등은 같은 계열로 코디하는 것이 좋으며 구두는 너무 화려한 디자인이나 굽이 높은 것을 피한다. 스타킹은 의상과 구두에 맞춰 단정한 것으로 선택한다.
• 액세서리 : 액세서리는 너무 크거나 화려한 것은 좋지 않으며 과하게 많이 하는 것도 좋은 인상을 주지 못한다. 착용하지 않거나 작고 깔끔한 디자인으로 포인트를 주는 정도가 적당하다.
• 메이크업 : 화장은 자연스럽고 밝은 이미지를 표현하는 것이 좋으며 진한 색조는 인상이 강해 보일 수 있으므로 피한다.
• 헤어스타일 : 커트나 단발처럼 짧은 머리는 활동적이면서도 단정한 이미지를 줄 수 있도록 정리한다. 긴 머리의 경우 하나로 묶거나 단정한 머리망으로 정리하는 것이 좋으며, 짙은 염색이나 화려한 웨이브는 피한다.

② 인사

㉠ 인사의 의미 : 인사는 예의범절의 기본이며 상대방의 마음을 여는 기본적인 행동이라고 할 수 있다. 인사는 처음 만나는 면접관에게 호감을 살 수 있는 가장 쉬운 방법이 될 수 있기도 하지만 제대로 예의를 지키지 않으면 지원자의 인성 전반에 대한 평가로 이어질 수 있으므로 각별히 주의해야 한다.

㉡ 인사의 핵심 포인트

• 인사말 : 인사말을 할 때에는 밝고 친근감 있는 목소리로 하며, 자신의 이름과 수험번호 등을 간략하게 소개한다.
• 시선 : 인사는 상대방의 눈을 보며 하는 것이 중요하며 너무 빤히 쳐다본다는 느낌이 들지 않도록 주의한다.
• 표정 : 인사는 마음에서 우러나오는 존경이나 반가움을 표현하고 예의를 차리는 것이므로 살짝 미소를 지으며 하는 것이 좋다.
• 자세 : 인사를 할 때에는 가볍게 목만 숙인다거나 흐트러진 상태에서 인사를 하지 않도록 주의하며 절도 있고 확실하게 하는 것이 좋다.

③ 시선처리와 표정, 목소리

㉠ 시선처리와 표정 : 표정은 면접에서 지원자의 첫인상을 결정하는 중요한 요소이다. 얼굴표정은 사람의 감정을 가장 잘 표현할 수 있는 의사소통 도구로 표정 하나로 상대방에게 호감을 주거나, 비호감을 사기도 한다. 호감이 가는 인상의 특징은 부드러운 눈썹, 자연스러운 미간, 적당히 볼록한 광대, 올라간 입 꼬리 등으로 가볍게 미소를 지을 때의 표정과 일치한다. 따라서 면접 중에는 밝은 표정으로 미소를 지어 호감을 형성할 수 있도록 한다. 시선은 면접관과 고르게 맞추되 생기 있는 눈빛을 띄도록 하며, 너무 빤히 쳐다본다는 인상을 주지 않도록 한다.

㉡ 목소리 : 면접은 주로 면접관과 지원자의 대화로 이루어지므로 목소리가 미치는 영향이 상당하다. 답변을 할 때에는 부드러우면서도 활기차고 생동감 있는 목소리로 하는 것이 면접관에게 호감을 줄 수 있으며 적당한 제스처가 더해진다면 상승효과를 얻을 수 있다. 그러나 적절한 답변을 하였음에도 불구하고 콧소리나 날카로운 목소리, 자신감 없는 작은 목소리는 답변의 신뢰성을 떨어뜨릴 수 있으므로 주의하도록 한다.

④ 자세

㉠ 걷는 자세

- 면접장에 입실할 때에는 상체를 곧게 유지하고 발끝은 평행이 되게 하며 무릎을 스치듯 11자로 걷는다.
- 시선은 정면을 향하고 턱은 가볍게 당기며 어깨나 엉덩이가 흔들리지 않도록 주의한다.
- 발바닥 전체가 닿는 느낌으로 안정감 있게 걸으며 발소리가 나지 않도록 주의한다.
- 보폭은 어깨넓이만큼이 적당하지만, 스커트를 착용했을 경우 보폭을 줄인다.
- 걸을 때도 미소를 유지한다.

㉡ 서있는 자세

- 몸 전체를 곧게 펴고 가슴을 자연스럽게 내민 후 등과 어깨에 힘을 주지 않는다.
- 정면을 바라본 상태에서 턱을 약간 당기고 아랫배에 힘을 주어 당기며 바르게 선다.
- 양 무릎과 발뒤꿈치는 붙이고 발끝은 11자 또는 V형을 취한다.
- 남성의 경우 팔을 자연스럽게 내리고 양손을 가볍게 쥐어 바지 옆선에 붙이고, 여성의 경우 공수자세를 유지한다.

㉢ 앉은 자세

• 남성

> • 의자 깊숙이 앉고 등받이와 등 사이에 주먹 1개 정도의 간격을 두며 기대듯 앉지 않도록 주의한다. (남녀 공통 사항)
> • 무릎 사이에 주먹 2개 정도의 간격을 유지하고 발끝은 11자를 취한다.
> • 시선은 정면을 바라보며 턱은 가볍게 당기고 미소를 짓는다. (남녀 공통 사항)
> • 양손은 가볍게 주먹을 쥐고 무릎 위에 올려놓는다.
> • 앉고 일어날 때에는 자세가 흐트러지지 않도록 주의한다. (남녀 공통 사항)

• 여성

> • 스커트를 입었을 경우 왼손으로 뒤쪽 스커트 자락을 누르고 오른손으로 앞쪽 자락을 누르며 의자에 앉는다.
> • 무릎은 붙이고 발끝을 가지런히 하며, 다리를 왼쪽으로 비스듬히 기울이면 단정해 보이는 효과가 있다.
> • 양손을 모아 무릎 위에 모아 놓으며 스커트를 입었을 경우 스커트 위를 가볍게 누르듯이 올려놓는다.

(2) 면접 예절

① 행동 관련 예절

㉠ **지각은 절대금물** : 시간을 지키는 것은 예절의 기본이다. 지각을 할 경우 면접에 응시할 수 없거나, 면접 기회가 주어지더라도 불이익을 받을 가능성이 높아진다. 따라서 면접장소가 결정되면 교통편과 소요시간을 확인하고 가능하다면 사전에 미리 방문해 보는 것도 좋다. 면접 당일에는 서둘러 출발하여 면접 시간 20~30분 전에 도착하여 회사를 둘러보고 환경에 익숙해지는 것도 성공적인 면접을 위한 요령이 될 수 있다.

㉡ **면접 대기 시간** : 지원자들은 대부분 면접장에서의 행동과 답변 등으로만 평가를 받는다고 생각하지만 그렇지 않다. 면접관이 아닌 면접진행자 역시 대부분 인사실무자이며 면접관이 면접 후 지원자에 대한 평가에 있어 확신을 위해 면접진행자의 의견을 구한다면 면접진행자의 의견이 당락에 영향을 줄 수 있다. 따라서 면접 대기 시간에도 행동과 말을 조심해야 하며, 면접을 마치고 돌아가는 순간까지도 긴장을 늦춰서는 안 된다. 면접 중 압박적인 질문에 답변을 잘 했지만, 면접장을 나와 흐트러진 모습을 보이거나 욕설을 한다면 면접 탈락의 요인이 될 수 있으므로 주의해야 한다.

㉢ **입실 후 태도** : 본인의 차례가 되어 호명되면 또렷하게 대답하고 들어간다. 만약 면접장 문이 닫혀 있다면 상대에게 소리가 들릴 수 있을 정도로 노크를 두세 번 한 후 대답을 듣고 나서 들어가야 한다. 문을 여닫을 때에는 소리가 나지 않게 조용히 하며 공손한 자세로 인사한 후 성명과 수험번호를 말하고 면접관의 지시에 따라 자리에 앉는다. 이 경우 착석하라는 말이 없는데 먼저 의자에 앉으면 무례한 사람으로 보일 수 있으므로 주의한다. 의자에 앉을 때에는 끝에 앉지 말고 무릎 위에 양손을 가지런히 얹는 것이 예절이라고 할 수 있다.

㉣ **옷매무새를 자주 고치지 마라.** : 일부 지원자의 경우 옷매무새 또는 헤어스타일을 자주 고치거나 확인하기도 하는데 이러한 모습은 과도하게 긴장한 것 같아 보이거나 면접에 집중하지 못하는 것으로 보일 수 있다. 남성 지원자의 경우 넥타이를 자꾸 고쳐 맨다거나 정장 상의 끝을 너무 자주 만지작거리지 않는다. 여성 지원자는 머리를 계속 쓸어 올리지 않고, 특히 짧은 치마를 입고서 신경이 쓰여 치마를 끌어 내리는 행동은 좋지 않다.

㉤ **다리를 떨거나 산만한 시선은 면접 탈락의 지름길** : 자신도 모르게 다리를 떨거나 손가락을 만지는 등의 행동을 하는 지원자가 있는데, 이는 면접관의 주의를 끌 뿐만 아니라 불안하고 산만한 사람이라는 느낌을 주게 된다. 따라서 가능한 한 바른 자세로 앉아 있는 것이 좋다. 또한 면접관과 시선을 맞추지 못하고 여기저기 둘러보는 듯한 산만한 시선은 지원자가 거짓말을 하고 있다고 여겨지거나 신뢰할 수 없는 사람이라고 생각될 수 있다.

② 답변 관련 예절

㉠ **면접관이나 다른 지원자와 가치 논쟁을 하지 않는다.** : 질문을 받고 답변하는 과정에서 면접관 또는 다른 지원자의 의견과 다른 의견이 있을 수 있다. 특히 평소 지원자가 관심이 많은 문제이거나 잘 알고 있는 문제인 경우 자신과 다른 의견에 대해 이의가 있을 수 있다. 하지만 주의할 것은 면접에서 면접관이나 다른 지원자와 가치 논쟁을 할 필요는 없다는 것이며 오히려 불이익을 당할 수도 있다. 정답이 정해져 있지 않은 경우에는 가치관이나 성장배경에 따라 문제를 받아들이는 태도에서 답변까지 충분히 차이가 있을 수 있으므로 굳이 면접관이나 다른 지원자의 가치관을 지적하고 고치려 드는 것은 좋지 않다.

㉡ 답변은 항상 정직해야 한다. : 면접이라는 것이 아무리 지원자의 장점을 부각시키고 단점을 축소시키는 것이라고 해도 절대로 거짓말을 해서는 안 된다. 거짓말을 하게 되면 지원자는 불안하거나 꺼림칙한 마음이 들게 되어 면접에 집중을 하지 못하게 되고 수많은 지원자를 상대하는 면접관은 그것을 놓치지 않는다. 거짓말은 그 지원자에 대한 신뢰성을 떨어뜨리며 이로 인해 다른 스펙이 아무리 훌륭하다고 해도 채용에서 탈락하게 될 수 있음을 명심하도록 한다.

㉢ 경력직일 경우 전 직장에 대해 험담하지 않는다. : 지원자가 전 직장에서 무슨 업무를 담당했고 어떤 성과를 올렸는지는 면접관이 관심을 둘 사항일 수 있지만, 이전 직장의 기업문화나 상사들이 어땠는지는 그다지 궁금해 하는 사항이 아니다. 전 직장에 대해 험담을 늘어놓는다든가, 동료와 상사에 대한 악담을 하게 된다면 오히려 지원자에 대한 부정적인 이미지만 심어줄 수 있다. 만약 전 직장에 대한 말을 해야 할 경우가 생긴다면 가능한 한 객관적으로 이야기하는 것이 좋다.

㉣ 자기 자신이나 배경에 대해 자랑하지 않는다. : 자신의 성취나 부모 형제 등 집안사람들이 사회 · 경제적으로 어떠한 위치에 있는지에 대한 자랑은 면접관으로 하여금 지원자에 대해 오만한 사람이거나 배경에 의존하려는 나약한 사람이라는 이미지를 갖게 할 수 있다. 따라서 자기 자신이나 배경에 대해 자랑하지 않도록 하고, 자신이 한 일에 대해서 너무 자세하게 얘기하지 않도록 주의해야 한다.

3 면접 질문 및 답변 포인트

(1) 가족 및 대인관계에 관한 질문

① 당신의 가정은 어떤 가정입니까?

면접관들은 지원자의 가정환경과 성장과정을 통해 지원자의 성향을 알고 싶어 이와 같은 질문을 한다. 비록 가정 일과 사회의 일이 완전히 일치하는 것은 아니지만 '가화만사성'이라는 말이 있듯이 가정이 화목해야 사회에서도 화목하게 지낼 수 있기 때문이다. 그러므로 답변 시에는 가족사항을 정확하게 설명하고 집안의 분위기와 특징에 대해 이야기하는 것이 좋다.

② 친구 관계에 대해 말해 보십시오.

지원자의 인간성을 판단하는 질문으로 교우관계를 통해 답변자의 성격과 대인관계능력을 파악할 수 있다. 새로운 환경에 적응을 잘하여 새로운 친구들이 많은 것도 좋지만, 깊고 오래 지속되어온 인간관계를 말하는 것이 더욱 바람직하다.

(2) 성격 및 가치관에 관한 질문

① 당신의 PR포인트를 말해 주십시오.

PR포인트를 말할 때에는 지나치게 겸손한 태도는 좋지 않으며 적극적으로 자기를 주장하는 것이 좋다. 앞으로 입사 후 하게 될 업무와 관련된 자기의 특성을 구체적인 일화를 더하여 이야기하도록 한다.

② 당신의 장 · 단점을 말해 보십시오.

지원자의 구체적인 장 · 단점을 알고자 하기 보다는 지원자가 자기 자신에 대해 얼마나 알고 있으며 어느 정도의 객관적인 분석을 하고 있나, 그리고 개선의 노력 등을 시도하는지를 파악하고자 하는 것이다. 따라서 장점을 말할 때는 업무와 관련된 장점을 뒷받침할 수 있는 근거와 함께 제시하며, 단점을 이야기할 때에는 극복을 위한 노력을 반드시 포함해야 한다.

③ 가장 존경하는 사람은 누구입니까?

존경하는 사람을 말하기 위해서는 우선 그 인물에 대해 알아야 한다. 잘 모르는 인물에 대해 존경한다고 말하는 것은 면접관에게 바로 지적당할 수 있으므로, 추상적이라도 좋으니 평소에 존경스럽다고 생각했던 사람에 대해 그 사람의 어떤 점이 좋고 존경스러운지 대답하도록 한다. 또한 자신에게 어떤 영향을 미쳤는지도 언급하면 좋다.

(3) 학교생활에 관한 질문

① 지금까지의 학교생활 중 가장 기억에 남는 일은 무엇입니까?

가급적 직장생활에 도움이 되는 경험을 이야기하는 것이 좋다. 또한 경험만을 간단하게 말하지 말고 그 경험을 통해서 얻을 수 있었던 교훈 등을 예시와 함께 이야기하는 것이 좋으나 너무 상투적인 답변이 되지 않도록 주의해야 한다.

② 성적은 좋은 편이었습니까?

면접관은 이미 서류심사를 통해 지원자의 성적을 알고 있다. 그럼에도 불구하고 이 질문을 하는 것은 지원자가 성적에 대해서 어떻게 인식하느냐를 알고자 하는 것이다. 성적이 나빴던 이유에 대해서 변명하려 하지 말고 담백하게 받아들이고 그것에 대한 개선노력을 했음을 밝히는 것이 적절하다.

③ 학창시절에 시위나 집회 등에 참여한 경험이 있습니까?

기업에서는 노사분규를 기업의 사활이 걸린 중대한 문제로 인식하고 거시적인 차원에서 접근한다. 이러한 기업문화를 제대로 인식하지 못하여 학창시절의 시위나 집회 참여 경험을 자랑스럽게 답변할 경우 감점요인이 되거나 심지어는 탈락할 수 있다는 사실에 주의한다. 시위나 집회에 참가한 경험을 말할 때에는 타당성과 정도에 유의하여 답변해야 한다.

(4) 지원동기 및 직업의식에 관한 질문

① 왜 우리 회사를 지원했습니까?

이 질문은 어느 회사나 가장 먼저 물어보고 싶은 것으로 지원자들은 기업의 이념, 대표의 경영능력, 재무구조, 복리후생 등 외적인 부분을 설명하는 경우가 많다. 이러한 답변도 적절하지만 지원 회사의 주력 상품에 관한 소비자의 인지도, 경쟁사 제품과의 시장점유율을 비교하면서 입사동기를 설명한다면 상당히 주목받을 수 있을 것이다.

② 만약 이번 채용에 불합격하면 어떻게 하겠습니까?

불합격할 것을 가정하고 회사에 응시하는 지원자는 거의 없을 것이다. 이는 지원자를 궁지로 몰아넣고 어떻게 대응하는지를 살펴보며 입사 의지를 알아보려고 하는 것이다. 이 질문은 너무 깊이 들어가지 말고 침착하게 답변하는 것이 좋다.

③ 당신이 생각하는 바람직한 사원상은 무엇입니까?

직장인으로서 또는 조직의 일원으로서의 자세를 묻는 질문으로 지원하는 회사에서 어떤 인재상을 요구하는 가를 알아두는 것이 좋으며, 평소에 자신의 생각을 미리 정리해 두어 당황하지 않도록 한다.

④ 직무상의 적성과 보수의 많음 중 어느 것을 택하겠습니까?

이런 질문에서 회사 측에서 원하는 답변은 당연히 직무상의 적성에 비중을 둔다는 것이다. 그러나 적성만을 너무 강조하다 보면 오히려 솔직하지 못하다는 인상을 줄 수 있으므로 어느 한 쪽을 너무 강조하거나 경시하는 태도는 바람직하지 못하다.

⑤ 상사와 의견이 다를 때 어떻게 하겠습니까?

과거와 다르게 최근에는 상사의 명령에 무조건 따르겠다는 수동적인 자세는 바람직하지 않다. 회사에서는 때에 따라 자신이 판단하고 행동할 수 있는 직원을 원하기 때문이다. 그러나 지나치게 자신의 의견만을 고집한다면 이는 팀원 간의 불화를 야기할 수 있으며 팀 체제에 악영향을 미칠 수 있으므로 선호하지 않는다는 것에 유념하여 답해야 한다.

⑥ 근무지가 지방인데 근무가 가능합니까?

근무지가 지방 중에서도 특정 지역은 되고 다른 지역은 안 된다는 답변은 바람직하지 않다. 직장에서는 순환 근무라는 것이 있으므로 처음에 지방에서 근무를 시작했다고 해서 계속 지방에만 있는 것은 아님을 유의하고 답변하도록 한다.

(5) 여가 활용에 관한 질문 – 취미가 무엇입니까?

기초적인 질문이지만 특별한 취미가 없는 지원자의 경우 대답이 애매할 수밖에 없다. 그래서 가장 많이 대답하게 되는 것이 독서, 영화감상, 혹은 음악감상 등과 같은 흔한 취미를 말하게 되는데 이런 취미는 면접관의 주의를 끌기 어려우며 설사 정말 위와 같은 취미를 가지고 있다하더라도 제대로 답변하기는 힘든 것이 사실이다. 가능하면 독특한 취미를 말하는 것이 좋으며 이제 막 시작한 것이라도 열의를 가지고 있음을 설명할 수 있으면 그것을 취미로 답변하는 것도 좋다.

(6) 지원자를 당황하게 하는 질문

① 성적이 좋지 않은데 이 정도의 성적으로 우리 회사에 입사할 수 있다고 생각합니까?

비록 자신의 성적이 좋지 않더라도 이미 서류심사에 통과하여 면접에 참여하였다면 기업에서는 지원자의 성적보다 성적 이외의 요소, 즉 성격 · 열정 등을 높이 평가했다는 것이라고 할 수 있다. 그러나 이런 질문을 받게 되면 지원자는 당황할 수 있으나 주눅 들지 말고 침착하게 대처하는 면모를 보인다면 더 좋은 인상을 남길 수 있다.

② 우리 회사 회장님 함자를 알고 있습니까?

회장이나 사장의 이름을 조사하는 것은 면접일을 통고받았을 때 이미 사전 조사되었어야 하는 사항이다. 단답형으로 이름만 말하기보다는 그 기업에 입사를 희망하는 지원자의 입장에서 답변하는 것이 좋다.

③ 당신은 이 회사에 적합하지 않은 것 같군요.

이 질문은 지원자의 입장에서 상당히 곤혹스러울 수밖에 없다. 질문을 듣는 순간 그렇다면 면접은 왜 참가시킨 것인가 하는 생각이 들 수도 있다. 하지만 당황하거나 흥분하지 말고 침착하게 자신의 어떤 면이 회사에 적당하지 않는지 겸손하게 물어보고 지적당한 부분에 대해서 고치겠다는 의지를 보인다면 오히려 자신의 능력을 어필할 수 있는 기회로 사용할 수도 있다.

④ 다시 공부할 계획이 있습니까?

이 질문은 지원자가 합격하여 직장을 다니다가 공부를 더 하기 위해 회사를 그만 두거나 학습에 더 관심을 두어 일에 대한 능률이 저하될 것을 우려하여 묻는 것이다. 이때에는 당연히 학습보다는 일을 강조해야 하며, 업무 수행에 필요한 학습이라면 업무에 지장이 없는 범위에서 야간학교를 다니거나 회사에서 제공하는 연수 프로그램 등을 활용하겠다고 답변하는 것이 적당하다.

⑤ 지원한 분야가 전공한 분야와 다른데 여기 일을 할 수 있겠습니까?

수험생의 입장에서 본다면 지원한 분야와 전공이 다르지만 서류전형과 필기전형에 합격하여 면접을 보게 된 경우라고 할 수 있다. 이는 결국 해당 회사의 채용 방침상 전공에 크게 영향을 받지 않는다는 것이므로 무엇보다 자신이 전공하지는 않았지만 어떤 업무도 적극적으로 임할 수 있다는 자신감과 능동적인 자세를 보여주도록 노력하는 것이 좋다.

CHAPTER

02 면접기출

한국교통안전공단의 면접은 1차 면접인 개별 과제에 대한 그룹별 토론(약 30분)과 2차 면접인 경험면접으로 진행된다. 그룹별 토론은 주로 직무 관련 주제에 대한 문제해결능력 및 상황대처능력을 파악하기 위한 형식으로 진행되며, 경험면접은 지원자의 인성과 기존 경험을 토대로 한국교통안전공단에 적절한 인재인가를 파악하기 위한 내용으로 이루어진다.

❁ 한국교통안전공단 면접기출

(1) 경험면접

① 자기소개를 해 보시오.

② 지원동기를 말해 보시오.

③ 자신의 꿈에 대해서 말해 보시오.

④ 우리 공단에 대해 알고 있는 대로 말해 보시오.

⑤ 자동차 검사의 목적이 무엇이라고 생각하는가?

⑥ 우리 공단의 주 업무에 대해 말해 보시오.

⑦ 아르바이트나 직장생활 중 곤란했던 경험과 처리방법에 대해 말해 보시오.

⑧ 지원한 직무에 대해 알고 있는 대로 설명해 보시오.

⑨ 소위 말하는 진상고객(악성민원)이 있다면 어떻게 대응할 것인가?

⑩ 최저임금제에 대한 자신의 생각을 말해 보시오.

⑪ 출장 업무가 많을 수 있는 데 이에 대해 어떻게 생각하는가?

⑫ 다른 공기업이나 공사 · 공단에 지원한 경험이 있다면?

⑬ 사기업과 공기업의 경영에 있어서 가장 큰 차이점은 무엇이라고 생각하는가?

⑭ 우리 공단 자동차검사소에 방문해 본 경험이 있다면 말해 보시오.

⑮ 최근에 읽은 책이나 본 영화가 있다면 소개해 보시오.

⑯ 로드킬에 대한 생각과 방지할 수 있는 대책을 말해 보시오.

⑰ 4차 산업혁명에 대해 설명해 보시오.

⑱ 자율주행의 3단계와 적용기술에 대해 설명해 보시오.

⑲ MTBF에 대해 설명해 보시오.

⑳ 마지막으로 하고 싶은 말이나 자신을 뽑아야 하는 이유에 대해 말해 보시오.

㉑ 당사에 대해 아는 대로 말해보시오.

㉒ 직장경력을 소개해 보시오.

㉓ 자신의 장점(강점)을 말해보시오 .

㉔ 자신의 전공을 소개해 보시오.

㉕ 가족소개를 해 보시오.

㉖ 동아리 경험이 있다면 말해보시오.

㉗ 학창시절 학점이 낮았다면 그 이유는 무엇인지 말해보시오.

㉘ 자신이 취득한 자격증에 대해 설명해 보시오.

㉙ 자신의 성격은 어떠한지 말해보시오.

㉚ 전공이 업종과 맞지 않은데 지원한 이유는 무엇인가?

㉛ 집이 먼데 회사에 어떻게 출근할 것인지 말해보시오.

㉜ 당사와 경쟁사를 선정하여 비교 · 설명해 보시오.

㉝ 교외활동(대외활동)을 말해 보시오.

㉞ 만약, 휴일근무를 계속해야 한다면 어떻게 하겠는가?

㉟ 회사에서 몇 년까지 일할 생각인지 말해보시오.

㊱ 엑셀에서 활용하는 함수에 대해 아는 것이 있다면 말해보시오.

㊲ 최근의 경제상황에 대한 지원자의 견해를 말해보시오.

㊳ 운전정밀검사란 무엇인지 말해보시오.

㊴ 한국교통안전공단이 외국의 유사한 회사에 비해 떨어지는 부분이 있다면 무엇인지 말해보시오.

㊵ MMPI란 무엇인지 설명해 보시오.

㊶ 온실가스를 줄이기 위해서 가장 중요한 부분은 무엇인지 말해보시오.

㊷ 교통사고 발생 시 어떻게 할지 말해보시오.

(2) 토론 면접

① 공기업 민영화에 대해 토론해 보시오.

② 소셜 네트워크 규제 및 검열에 대한 찬반토론을 해 보시오.

③ 회사의 조직문화 활성화를 위한 회식활용에 대해 토론해 보시오.

④ 자율주행 자동차 상용화 찬반토론을 해 보시오.

⑤ 기계식 주차장 이용률을 높일 수 있는 방안에 대해 토론해 보시오.

⑥ 자율주행 시대에 5G 활용방안에 대해 토론해 보시오.